v. Lamoen (Hrsg.)
Biologische Information
und Regulation

Biologische Information und Regulation

Beiträge zu einer integralen Medizin

Herausgegeben von

Gysbertus Johannus van Lamoen, M. A.

Mit Beiträgen von

O. Bergsmann, M. Bottu, J. Dumrese, I. Engler,
H. Heine, G. J. van Lamoen, W. Linnemans, F. Perger,
F. A. Popp, R. van Wijk, K. Windstosser

Mit 75 Abbildungen und 7 Tabellen

HAUG

Karl F. Haug Verlag · Heidelberg

Die Deutsche Bibliothek – CIP-Einheitsaufnahme

Biologische Information und Regulation : Beiträge zu einer integralen Medizin / hrsg. von Gysbertus Johannus von Lamoen. Mit Beitr. von O. Bergsmann ... – Heidelberg : Haug, 1993
ISBN 3-7760-1325-7
NE: Lamoen, Gysbertus Johannus von [Hrsg.]; Bergsmann, Otto

Titel-Nr. 2325 · ISBN 3-7760-1325-7

Satz: Filmsatz Unger & Sommer GmbH, 6940 Weinheim/Bergstraße

Druck und Verarbeitung: Progressdruck GmbH, 6720 Speyer/Rhein

Inhalt

Vorwort

Das Buch, das jetzt fertig vor Ihnen liegt, hat eine Geschichte, die eigentlich schon viele Jahre vor diesem Zeitpunkt des Erscheinens liegt. Weil meine eigene persönliche medizinische Lebensgeschichte von der Wurzel her hiermit verbunden ist, hat der Herausgeber mich gebeten, einiges dazu zu sagen.

Es hat erstens zu tun mit meiner persönlichen Freundschaft und meinem wissenschaftlichen Kontakt mit Dr. med. Dr. sc. nat. *P. G. Seeger.* Bis zu seinem Tode (26. 4. 1991) bin ich viele Jahre sehr eng mit ihm verbunden gewesen.

Als ich bei der Tagung in Baden-Baden im Herbst 1990 Dr. *Seeger* in seinem Hotel Atlantis aufsuchte, traf ich ihn zusammen mit einigen Kollegen. Am gleichen Tag beschlossen meine Freunde und Mitglieder des Vorstands der ECIM (European Council of Integrated Medicine), Dr. med. *Gisela Draczynski,* Dr. med. *Mark Bottu* und Dr. *Bert van Lamoen,* wichtige medizinische und biologische Themen, die auch mit der Arbeit von Dr. *Seeger* in der Forschung in Relation stehen, in einem Buch herauszugeben.

Denn schon 1938 entdeckte *Seeger* in seiner Forschung, daß die Entstehung der Krankheit Krebs und die Verkrebsung, also die Molekularstrukturveränderung der Zelle, dann beginnt, wenn das Energie-Potential der Cytochromoxydase, und da speziell des Cytochrom a/a3, im überwiegenden Teil der Mitochondrien zusammengebrochen ist.

Auf biochemischem Wege vielfärberisch experimentell konnte er nachweisen, daß der Zusammenbruch der Cytochromoxydase einhergeht mit der Utilisationsunfähigkeit des Sauerstoffs, und daß dieser relative und nicht absolute Sauerstoffmangel verantwortlich dafür ist, daß die Zelle auf den anaeroben Stoffwechsel der Gärung, also auf Glykolyse umschaltet, was gleichbedeutend ist mit der Erkrankung der Zelle.

Welche biophysikalischen Gesetze hier im Spiel sein könnten, wußte er damals nicht, aber mit meinem Freund, dem Grundlagen- und Krebsforscher *L. W. Göring,* und mit mir stellte er in den letzten Jahren eine biophysikalische Theorie auf.

Außerdem möchte ich als Andenken an den verstorbenen Prof. Dr. *Leo Priebe,* bis Ende 1990 Professor in der Bio-Physik in Marburg, darauf hinweisen, daß auch er viele Jahre lang mit uns bemüht war, eine Integration der Bio-Kybernetik als Wissenschaftsmodell für die Ganzheitsmedizin in die heutzutage hochentwickelte lineare, kausal-analytische medizinische Wissenschaft zu bewirken.

Er akzentuierte Funktionsstörungen und das Versagen solcher biologischen Regelsysteme, mit denen wir es heute bei der überwiegenden Zahl unserer Kranken zu tun haben. Seine Erkenntnisse waren unterstützende Elemente, die uns in vielen Bereichen weiterhelfen konnten.

Er starb ganz plötzlich ebenfalls im Frühjahr dieses Jahres, als wir uns eigentlich alle zusammen auf eine Begegnung mit ihm auf der DAH-Tagung im April 1991 freuten. Hier haben wir zusammen seine voraussehende Strategie für Ganzheitsmedizin und ihre Grundlagen miteinander besprochen und in unser Konzept mit aufgenommen.

Die ECIM, die durch uns zusammen mit den Vorständen der Ärzte der Erfahrungsmedizin aller europäischen Länder geschaffen wurde und die das Grundsystem – bzw. das BBRS (Basis-Bio-Regulations-System) in den niederländisch/flämisch sprechenden Ländern – sowie das Herd- und Fokus-Geschehen als medizinische Ganzheitsvision als zentrale Grundlage des lebendigen Seins ansieht, gibt mit der ersten Ausgabe dieses Buches diesen beiden vorausstrebenden kompetenten Wissenschaftlern und Wegbereitern im Namen der ECIM und im Namen aller Referenten eine Ehrenbezeugung.

Wir hoffen, daß wir mit dem in diesem Buch Geschriebenen Denkansätze in die Medizin einbringen für einen neuen Weg in ein neues Medizinisches Denken.

Harry Lamers
Allgemein-Arzt und Arzt für Neuraltherapie und Naturheilverfahren
General-Sekretär der ECIM

Von der Bio-Medizin zur Info-Medizin

Ein Beitrag von seiten fundamentaler Methodologie

Von *G.J. van Lamoen*

„Wer heilt, hat Recht" gilt im Grunde nur für Patienten. Ein Paradigma-Wechsel in der **wissenschaftlichen Medizin** benötigt zwei **Anreger**:

- eine neue erklärende Strategie oder fundamentale Methodologie und, was wahrscheinlich noch schwieriger ist,
- einen sozio-kulturellen Wechsel.

Max Planck drückte es in negativer Weise aus: „Eine neue wissenschaftliche Wahrheit gewinnt nicht durch Überzeugen, sondern durch die Auslöschung der Gegenseite und das Heranwachsen einer neuen Generation, der diese neue Wahrheit bekannt ist."

Ein wissenschaftlich medizinisches Modell hat drei Komponenten:

1. die erklärende Strategie (fundamentelle Methodologie)
2. bio-physikalisches Grundlagenwissen und
3. angewandtes medizinisches Wissen (z. B. Pathophysiologie)

Heutzutage sind die neuen Modelle und Forschungsergebnisse der Physik und Biologie äußerst wichtig für einen Paradigma-Wechsel in der Medizin – doch noch wichtiger ist die gründliche Ausarbeitung von Punkt 1 – **der grundlegende Weg, auf welche Weise wir die Welt wahrnehmen.**

Von Bertalanffy sagt uns, daß die Geschichte der Wissenschaft beweist, daß der Ausdruck in gewöhnlicher Sprache (sprich: ein verbales Modell) sogar der mathematischen Formulierung vorausgeht. Es ist unser Bewußtsein und unsere Art und Weise, die Objekte zu beobachten, die bestimmen, durch welche mathematischen Ausdrücke diese beschrieben werden können, und nicht das Gegenteil.

Dieser Beitrag konzentriert sich auf den fundamentalen 1. Bereich und bietet ein verbales Modell.

Was bedeutet nun dieser 1. Bereich? Legen wir unsere Gedanken zugrunde, so implizieren unsere Wahrnehmungen und Erfahrungen Annahmen darüber, wie die Welt ist. Im Bereich der Wissenschaftsphilosophie sprach *Thomas Kuhn* von dem (bekannten) Paradigma. In der Psychologie kennen wir den Begriff „mindset". In der fundamentalen Methodologie sprechen wir von „Denkmodellen".

Zum Beispiel versorgen beim „Sehen“ unsere Augen das Gehirn mit Informationen der Wahrnehmung der äußeren Welt. Doch bevor diese Informationen zu einer bedeutenden Erfahrung führen, müssen sie zunächst vom Gehirn gedeutet und geordnet werden, wozu ein Weltbild vorhanden sein muß. Ohne einen vorhandenen Bezugsrahmen bleibt bloße visuelle Information bedeutungslos.

Heutzutage existieren viele Definitionen des Begriffes „Paradigma“, und ich werde ihnen keine neuen zufügen.

Tatsache ist, daß der Begriff Paradigma mehr und mehr im Sinne von Denkmodellen verwendet wird. Beide Begriffe sind **ein Weg, sich mit einem Problem zu befassen.** So sind eine Theorie, eine Hypothese, aber auch eine Struktur ein Paradigma.

Sprechen wir zum Beispiel über den „Menschen“, können wir über ihn sprechen als ein Bild von Gott, als eine Maschine oder einen Computer, einen gefallenen Engel oder als ein Tier. Auf diese Weise ist es nicht schwierig zu erkennen, daß über das „Maschinen-Paradigma“ oder das „Bild-Gottes-Paradigma“ sehr unterschiedliche Theorien aufgestellt wurden.

Also das Studium dieser a priori Bezugsrahmen, dieser Denkmodelle, ist außerordentlich wichtig.

Nun entstehen wahrscheinlich die meisten Probleme dann, wenn wir eines der grundlegendsten Modelle übersehen: das **Selbst-Bild**. Das Bild, wie wir uns selbst sehen, und die Beziehung dieses Selbst zu allem andern. Dieses Modell bedingt jeden Gedanken, jede Wahrnehmung und jedes Tun.

Und wie wir alle wissen, ist das meist verbreitetste Selbst-Bild das, in dem wir das individuelle Selbst **getrennt** und unterschieden vom Rest der Welt sehen. In einfacher Sprache: eine Subjekt-Objekt-Spaltung. Von dieser Selbst-Sicht ist unsere westlich-wissenschaftliche Welt so durchdrungen, daß nur wenige sich je bewußt machen, daß es nur eine Gedankenvorstellung ist, oder bemerken, wie sie ihre Erfahrung oder Gedanken beeinflußt. Nicht vergessen dürfen wir dabei, daß diese Vorstellung selbst bei den „weitsichtigen“ holistisch denkenden Therapeuten noch höchst effektiv ist.

Dieses Selbst-Bild steht in enger Beziehung zu unserem sozio-kulturellen Hintergrund. Und hier begeben wir uns in den Bereich der sogenannten **kulturellen Codes**.

Aus phänomenologischer Sicht können wir unsere Welt in **fünf kulturelle Hauptcodes** einteilen:

1. den chinesisch-japanischen Code
2. den indisch-tibetanischen Code

3. den schamanischen Code
4. den jüdisch-christlichen Code
5. den westlich-wissenschaftlichen Code

Zum besseren Verständnis muß ich die 5 kulturellen Hauptcodes etwas näher erläutern.

Jeder der 5 kulturellen Hauptcodes muß eine Antwort auf fundamentale Fragen geben. Und, wie der große Historiker *Arnold Toynbee* schon betonte, eine gute Antwort zu finden oder in seinen Worte ein „response" auf die kultur-historische Frage oder historische Herausforderung, ist sehr wichtig für die Entwicklung einer Kultur.

Versuchen wir nun eine Formulierung für das Wesentliche dieser 5 Codes zu finden, so können wir sagen, daß der

1. westlich-wissenschaftliche Code uns hilft, eine Antwort auf die Frage zu finden: Was hast Du getan, um die **Wahrheit** zu finden und mehr Wahrheit in die Welt zu bringen?
2. Der biblisch-islamische Code lehrt uns den Willen Gottes, er hilft uns, für die Welt von morgen, für die **Zukunft** zu arbeiten.
3. Der indisch-tibetanische Code sagt uns, wie wir die höchste Form von **Bewußtheit** (samadhi, moksha, nirwana) erreichen und unser Bewußtsein reinigen können.
4. Der chinesisch-japanische Code zeigt uns den Weg, das **kosmische Gleichgewicht** zu stimulieren, durch wu-wei zu handeln (Nicht-Handeln) und der ganzen Welt die Qualität des Tao zu geben.
5. Der schamanische Code öffnet den Weg zu den **inneren Kräften** des Menschen.

Um Mißverständnisse zu vermeiden, wenn wir vom westlichen Code sprechen, so meinen wir nicht die westliche Kultur als Ganzes, sondern den wissenschaftlich-technologischen Aspekt, der in Verbindung gebracht wird mit *Aristoteles, Euklid, Newton, Darwin, Einstein* etc. Es besteht kein Zweifel darüber, daß auch die biblische Religion in der westlichen Zivilisation tief verwurzelt ist. Doch aus phänomenologischer Sicht ist es besser, die zwei Codes zu trennen und den biblisch-islamischen Code als ein kulturelles System getrennt zu behandeln.

Nun ist es wichtig zu verstehen, daß man nicht immer die richtige Antwort auf gewisse Fragen in seinem eigenen kulturellen Code finden kann.

Es ist wahrscheinlich **fast unmöglich, alle menschlichen Probleme innerhalb des Bezugsrahmens eines Codes zu lösen.**

Zum Beispiel sind im westlich-wissenschaftlichen Denkmodell Mathematik und Physik die grundlegenden Wissenschaften. Biologie ist schon ein wenig problematischer, da wir hier mit dem Faktor Leben umgehen müssen. So ist es schon für Biologie nicht möglich, sich in der gleichen Weise zu entwickeln, wie die Physik es im Westen getan hat.

Das Konzept des Lebens übersteigt die Gedanken-Welt des westlich-wissenschaftlichen Codes. Aus diesem Grunde gibt es zwei Wege in der Biologie, einer, der nur eine Anwendung von Physik und Chemie darstellt, und zum anderen die vitalistische Sicht, in der Leben als eine höhere Kraft als die Schwerkraft angesehen wird.

Kommt man zur Psychologie, tauchen alle Arten von Problemen auf. Wir glauben, und hoffentlich sind wir nicht die einzigen, daß es notwendig ist, den indisch-tibetanischen Code zu studieren, um Psychologie vollends zu begreifen.

Wir westlichen Menschen können eine Menge lernen aus einer Kultur, die sich mit dem Problem der Bewußtheit schon fast drei Jahrtausende befaßt.

Die Theologie muß in erster Linie den biblisch-islamischen Code studieren. Und eine neue Wissenschaft wie die Parapsychologie wird sich nie in der richtigen Weise entwickeln, wenn sie nicht den schamanischen (den nicht-industriellen Kulturen) Code berücksichtigt.

Nun könnten wir tagelang über diese Hauptcodes sprechen, doch wichtig ist in diesem Moment, daß wir uns klar darüber werden, daß jeder dieser kulturellen Codes seine eigenen spezifischen Arten der Medizin hervorgebracht hat.

Zum Beispiel ging aus dem chinesisch-japanischen Code die Akupunktur hervor, die in der westlich-wissenschaftlichen Welt (in der Biomedizin) als alternativ galt (gilt?). In anderen Worten ausgedrückt, die westlich-wissenschaftliche Biomedizin besitzt nicht die (höchste) Wahrheit; im chinesisch-japanischen Code ist die Akupunktur vollkommen gültig – sie ist die Wahrheit. Eine andere wichtige Schlußfolgerung dieses Modells ist die fundamentale Idee, daß man, um ein ausgezeichneter Akupunkteur zu werden, den chinesischen kulturellen Code tiefgehend studieren muß.

Sehen wir uns die Situation des westlich-wissenschaftlichen Codes und speziell der Biomedizin in der letzten Zeit an, so erkennen wir zwei Entwicklungen:

– Einerseits **das Versagen der Alternativen, eine Lösung zu finden**. Es wird immer deutlicher, daß die Alternativen (allein) nicht die Macht besitzen, ein neues und einheitliches Modell in der Medizin aufzustellen.

In anderen Worten: Die Kontroverse (orthodoxe oder Schulmedizin versus alternative Medizin) ist nicht dadurch zu lösen, daß man die Formen der alternativen Medizin herausstellt.

– Andererseits zeichnet sich mit Sicherheit eine Tendenz des Wachstums einer sogenannten **integralen Gesundheitsfürsorge** ab.

Integral leitet sich vom lateinischen „integer" ab, was bedeutet, ein Ganzes zu formen. Alternative oder holistische Gesundheitsfürsorge ist daher nicht länger eine passende Bezeichnung, da sie zu sehr das „Entweder – Oder" in den Vordergrund stellt.

Was wir benötigen, ist ein **„Sowohl-als-auch"**, sowohl die orthodoxe (Bio-)Medizin als auch die alternative Medizin.

Eine integrale Gesundheitsfürsorge beinhaltet die **optimale** Kombination beider Richtungen. Was wir benötigen, ist eine **neue Einheit**, in der beide Seiten, die alte und die neue, die orthodoxe und die alternative, die holistische und die spezialisierte zusammengehen. Diese neue Einheit kann ein Synonym sein für integrale Gesundheitsfürsorge.

Von der fundamentalen Methodologie können wir lernen, daß letztere wahrscheinlich die beste Wahl von allen ist, denn studieren wir die Regeln des Übergangs, erkennen wir, daß jede wirkliche (erfolgreiche) **Umwandlung** zwei Aspekte besitzt:
das **Progressive** (die Erschaffung des Neuen) und das **Konservative** (das Bewahren des Alten).

Aus diesem Grund sprach der Methodologe *Paul Watzlawick* von zwei Formen des Wandels: Ein Wandel innerhalb einer bestehenden Struktur oder Vorstellung – was kein allzu großer Wandel ist (mit den Worten *Watzlawicks* ausgedrückt, bringt er eine Steigerung des Vorhandenen). Und ein Wandel, der die Struktur als solche verändert – ein Wandel auf einer höheren System-(geistigen) Ebene, der wirklich etwas Neues bringt.

Demnach ist nicht die orthodoxe oder alternative Medizin besser, sondern wir benötigen eine neue Einheit (eine wirklich integrale Gesundheitsfürsorge), mit der wir Zukünftigem, mit Respekt vor der Vergangenheit, entsprechen können.

Unter Berücksichtigung all dessen können wir festhalten, daß der Paradigma-Wechsel, der eine wirkliche integrale Gesundheitsfürsorge hervorbringt, eines **Meta-Codes** bzw. einer **Meta-Sprache** bedarf.

Ein Meta-Code beinhaltet Übereinkünfte auf einer höheren Ebene, und in bezug auf die Methodologie können wir nur so einen fundamentalen Wechsel erreichen.

Gleichzeitig beschert uns ein Meta-Code eine gemeinsame Sprache – (wie jeder Code; nebenbei bemerkt, ist eine schöne Definition des Begriffs Code die folgende: das, was vordem bekannt ist aus einer Botschaft) und eine Vereinfachung komplexer Fakten.

Im westlich-wissenschaftlichen Code gibt es **7 Modelle**, die den **Wandel in der Medizin** stützen. Aus Zeitgründen möchte ich sie nur nennen:

- Systemdenken und Regelkreisdenken (einschließlich des plurikausalen Denkens statt des monokausalen Denkens)
- die Quantenmechanik, und die Akzeptanz des in der Physik normalen Doppelaspekts der Materie als Teilchen und Welle
- das Grundsystem *Pischingers*
- die dissipativen Strukturen *Prigogines*
- Morphogenese nach *Sheldrake*
- das holografische Modell
- das deterministische Chaos (Fraktaltheorie von *Mandelbrot, Feigenbaum* etc.)

In den letzten 10 Jahren führte das **deterministische Chaos** zu einer stillen Revolution in der Physik und Biologie. Als eine Wissenschaft der globalen Natur von Systemen gibt es Aufschluß über das **universale Verhalten** der **Komplexität**. Wissenschaftler stießen auf die erstaunliche Tatsache, daß Chaos, Formlosigkeit, Unregelmäßigkeit eine Ordnung halten, Muster beinhalten. Wie ein Biologe sagte: Leben saugt Ordnung aus einem Meer von Unordnung.

Die Chaos-Theorie schuf neue Werkzeuge, um Unregelmäßigkeit als einen Formgebungsfaktor des Lebens zu analysieren. Chaos brachte schon eine neue Art der Physiologie ins Leben, gestützt auf die Idee, daß die Werkzeuge der Mathematik Wissenschaftlern helfen könnten, globalkomplexe Systeme unabhängig von lokalen Einzelfaktoren zu sehen. Wissenschaftler erkannten zunehmend den Körper als einen Ort der Bewegung und Strahlung – und sie entwickelten Methoden zur Analyse dieser Phänomene. Und ohne Zweifel wird die Chaos-Theorie ein wichtiges neues Licht auf die Naturheilverfahren werfen.

Doch als Methodologe habe ich zwei Anmerkungen zu machen. Erstens: eine Betonung des Begriffs Chaos bringt Verwirrung. In der Literatur zeichnet sich eine Tendenz ab zu glauben, daß chaotische Nahrung allein zu Ordnung führen kann. **Zur Erschaffung neuer Strukturen halten wir die Information für das den Wandel Bringende – nicht Chaos.**

Und zweitens sind die oben genannten 7 Modelle allein nicht in der Lage, uns die geliebte integrale Gesundheitsfürsorge zu bringen – wir benötigen einen **Meta-Code**. Um irgend eine Form der Übereinkunft zu erreichen, müssen wir eine gemeinsame Sprache sprechen. Aufbauend auf unseren verstorbenen Lehrer Prof. *H. van Praag*, schlagen wir hier einen Meta-Code vor, der zwei Fundamente besitzt, **zwei grundlegende Kategorien: Information (I)** und **Energie (E)**.

Das beinhaltet, daß in allen Wissenschaftsbereichen Information und Energie existent sind – und alle fundamentalen Relationen im Kosmos sind Information-Energie-Relationen. Es zeigt sich immer deutlicher, daß durch die Verwendung dieser zwei Begriffe viele traditionelle Probleme eine bessere Lösung erhalten können. Die gleiche I-E-Polarität finden wir in Theorie und Praxis, in Ideal und Realität, Subjekt und Objekt, Psyche und Soma, Sensorik und Motorik usw. – als solch grundlegende Polaritäten, die wir nun in eine **universelle Beziehung** bringen.

Diverse Probleme wie kybernetisches Gleichgewicht, DNA, Senso-motorisches System und auch z. B. schöpferischer Ausdruck stellen sich als Probleme der **Informationsverarbeitung** heraus. Und gerade diese Informationsverarbeitung bringt die Polarität I und E zu einer Synthese.

Von größter Wichtigkeit ist es daher, die Begriffe Information und Energie zu definieren. Welches sind die Unterschiede, und wo sind Übereinstimmungen?

Kurz nach dem 2. Weltkrieg entstand die Informations-Theorie dank der berühmten Arbeiten von *Shannon* und *Weaver* „Saillant Detail" (interessantes Faktum): In diesen frühen Tagen sprachen sie von der „mathematischen Theorie der **Kommunikation**", aber berühmt wurden sie durch die Quantifikation der Information, so daß der Begriff Informations-Theorie steckenblieb. *Shannon* bezog Information auf Unvorhersagbarkeit. In einfachen Worten: Wer liefert die meiste Information in dieser Botschaft? Er/sie, der/die das höchst Unvorhersagbare mitteilt. Sonst wären es keine neuen Informationen. Doch Hardware bestimmte die Form der Theorie. Da Information in binären An-/Aus-Schaltern gespeichert war, bezeichnet als Bits, wurden Bits das grundlegende Maß der Information.

Bis heute hat die Informations-Theorie einigen Fortschritt gebracht, doch wie wir alle wissen, bedeutet Quantifikation der Information nicht, daß Information als solche einen quantitativen Charakter hat. In der Biologie und heutzutage sogar in der Chaos-Theorie wissen wir, daß in der Evolution – in Systemen mit höherer Komplexität – es immer schwieriger wird,

Energie (z.B. im menschlichen Körper) und Information (z.B. in der Sprache) zu quantifizieren.

Der französische Methodologe *A. Moles* bewies, daß in der intrahumanen Kommunikation eine **optimale** Information vonnöten ist, nicht ein Maximum an Information. Und optimale Information ist nicht vollständig quantifizierbar.

Obwohl es nicht leicht ist, sich mit dem Thema „Information“ in einer Nußschale zu befassen, möchte ich auf Information als solche etwas näher eingehen.

Information kommt vom lateinischen informatio. Informatio ist abgeleitet von dem Verb „informare“, das bedeutet: „in Form bringen“ oder „Form geben“.

Es liegt somit auf der Hand, daß Information eine neue universelle Grundkategorie ist. Anhand des Begriffs Information sind wir in der Lage, eine Reihe von Erfahrungsgegebenheiten aus verschiedenen Wirklichkeitsregionen einzuordnen.

Das Problem ist nun, daß bei der Anwendung des Terms Information auf verschiedenen Gebieten auch unterschiedliche Bedeutungen existieren. Verwendet man den Begriff Information in den Bereichen Psychologie, Biochemie und Journalistik, so liegt es auf der Hand, daß ihm auch unterschiedliche Bedeutungen zukommen.

Es ist von großer Wichtigkeit, daß diese Unterschiede deutlich gemacht werden. Doch in Ausweitung der Auffassung, daß Information eine interdisziplinäre Grundkategorie ist, erscheint es noch belangreicher festzustellen, daß **es hier nicht um gegenseitig verschiedene Bedeutungen geht, die durch einen gleichlautenden Term umrissen sind, sondern um verschiedene Niveaus und Dimensionen ein und derselben Kategorie.**

Eine fundamentale Unterscheidung hinsichtlich des Niveaus haben wir einer Gruppe von Gelehrten zu verdanken, die unter dem Namen „Wiener Kreis“ bekannt sind. Ihrem Kreis entstammt die sogenannte Regel der 4 ‚s‘.

Vor allem die grundlegenden Arbeiten von *Kurt Gödel, Otto Neurath, Rudolf Carnap, Alfred Tarski* und *Ludwig Wittgenstein* sind hier wichtig.

Was beeinhaltet nun die Regel der 4 ‚s‘?

Zusammengefaßt bedeutet sie: Jedes rationale System von Wissen (Erkenntnis) besteht aus Elementen. Die Elemente können in bestimmte Kombinationen gebracht werden. Diese Kombinationen haben eine Bedeutung und können in Anwendung gebracht werden. Zusammen formen die Elemente das Material. Die Kombinationen bilden gemeinsam die Syntax des Systems. Die Bedeutungen bilden die Semantik und die Anwendungen die Pragmatik bzw. die Signifikanz.

Die Regel der 4 ‚s' besagt nun, daß jedes rationale System des Wissens vier Anforderungen gerecht werden muß, wobei jedes System eine

- Symbolik
- Syntax
- Semantik und
- Signifikanz (oder Pragmatik)

beinhaltet.

Das Obengesagte impliziert, daß Information drei Niveaus hat.

Information unter dem Aspekt ihrer Auswirkung betrachtet, also unter dem Aspekt der Pragmatik, funktioniert in erster Linie als Orientierung im menschlichen Leben und ist somit auch nah verbunden mit dem Wissen, das dem Handeln unterliegt.

Information in ihrer Bedeutung betrachtet, also gedeutet unter dem Aspekt der Semantik, funktioniert in erster Linie als Hinweis auf den Hergang (Zustände – Stand der Dinge) in der Welt und ist dann auch nah verbunden mit Beschreibungen. Information hinsichtlich ihrer formalen Struktur und Meßbarkeit betrachtet, also unter dem Aspekt der Syntax, funktioniert in erster Instanz als Maß von Regulierbarkeit und Berechenbarkeit und ist somit auch nah verbunden mit operationellem Wissen, d. h. Wissen, das durch die Feststellung von Kombinationsregeln für Anzeichen (Signale) zustandekommt.

Letzteres ist das beste Mittel, um das ungefähre Ganze durch unzweideutige Aussagen zu regulieren. Das sind die Angaben, die in einen Computer eingegeben werden können, woraufhin der Apparat Befehle ausführen kann.

Die pragmatische oder signifikante Information dagegen können wir als Verständigung zwischen zwei Anwendern der Sprache bezeichnen. Hier befinden wir uns in der menschlichen Welt, die durch unendlich viele Nuancierungen gekennzeichnet ist. Das Gebiet, auf dem die syntaktische Information funktioniert, ist geschlossen, abgegrenzt und wird gekennzeichnet durch eine endliche Anzahl von Operationsmöglichkeiten.

Der Begriff pragmatische Information spielt in den neuen Entwicklungen rund um Information und Kommunikation eine äußerst belangreiche Rolle.

Bei der Definition, was Information nun eigentlich ist, stoßen wir in der Literatur auf eine entsetzliche Begriffsverwirrung, zumal manche Information aus einer sogenannten Signal-Theorie (also aus syntaktischer Information) heraus bestimmen wollen, derweil andere wieder aus der reichsten Information Verständnis schaffen wollen, also von der Pragmatik aus.

Hinzu kommt noch, daß in der Literatur die semantische und pragmatische Information gegenseitig gebraucht werden. Eine schwierige Situation entsteht in der internationalen Literatur durch das Wort „meaning", Bedeutung. So wird in vielen Publikationen über die „meaning of a message" gesprochen, womit man sowohl das semantische als auch das pragmatische Wort meint.

Lassen wir nun das Vorhergesagte noch einmal aus einem anderen Blickwinkel rekapitulieren. In der Kommunikationswissenschaft, insbesondere in der Semiotik (semiotics) oder allgemeinen Zeichenlehre ist die Regel der 4 ‚s' näher erläutert.

Ohne zu tief ins Detail zu gehen, können wir sagen, daß hier Information als eine Zusammenstellung einerseits von Signalen und andrerseits von Symbolen gesehen wird. Die Signale sind die Informationsträger, man denke an die Schallwellen beim Sprechen oder die elektrischen Wellen bei Radio und Fernsehen.

Signale sind als solche bedeutungslos. Signale können jedoch zu Symbolen werden, vor allem aufgrund von sozialen Absprachen und Gewohnheiten.

Ein gutes Beispiel ist die Farbe Rot an einer Ampel. Die rote Lampe hat an sich keine Bedeutung, doch aufgrund einer sozialen Absprache wird die Farbe zum Symbol für ein Haltegebot. Es muß deutlich sein, daß die Signale zur syntaktischen Information gehören; dabei geht es um die Struktur, um eine bestimmte Folge von Signalen.

Das Symbol ist abhängig von der Weise, in der man den Begriff definiert, auf jeden Fall semantische Information, aber meistens auch pragmatische Information. Die semantische Information verweist dann auf die Bedeutung, die Signalen gegeben werden kann. Und in der pragmatischen Information geht es darum, wie der Anwender auf die Information reagiert; welchen Effekt Tatsachen und Berichte auf das Tun und Lassen des Empfängers der Information haben.

So ist die Pragmatik letztendlich die Endstation der Informationsweitergabe von einem Sender an einen Empfänger. Tatsachen und Berichte, die die Endstation nicht erreichen, verdienen eigentlich kaum den Namen Information.

Wir sind nun durch die Hintertür zu unserem zweiten Begriff gekommen, den wir beschreiben möchten, und zwar die Kommunikation.

In der Semiotik der allgemeinen Deutungslehre sind das Stoplicht, ein Knoten in einem Taschentuch, das Schwanzwedeln eines Hundes oder ein Augenzwinkern physische Begebenheiten, die als solche keinen Inhalt oder Bedeutung haben. Sie haben nur **für jemanden** Bedeutung aufgrund dessen, daß der Sender eine Bedeutung hineingelegt hat oder daß der Empfänger darin eine Bedeutung sieht.

Information und Kommunikation sind somit sehr verwandte Begriffe. Kommunikation ist die Übertragung von Information von einem Sender zu einem Empfänger – via eines Kanals. Die Botschaft oder Gedanken, die ein Sender einem anderen vermitteln will, müssen verständlich, begreifbar gemacht werden.

Dieses Verständlichmachen heißt incodieren, in einen Code setzen. Semantische Information durch den Sender wird zu syntaktischer Information. Der Empfänger muß seinerseits die Signale, die ihn erreichen, decodieren: syntaktische Information wird zur semantischen Information durch den Empfänger, die er in Folge verwenden und so in pragmatische Information verwandeln kann.

In diesem Kommunikationsbereich ist der Prozeß des Incodierens und Decodierens von großem Belang.

Der Schlüssel zu einer erfolgreichen Kommunikation ist der Code. Der Code ist gestützt auf eine Absprache, die Bezug hat auf die Bedeutung (die semantische Information) aber auch auf die Beziehung, die Verständigung (die pragmatische oder signifikante Information) zwischen Sender und Empfänger.

Der Informationstheoretiker *Moles* definiert einen **Code** prächtig als **das, was a priori gegeben ist in einer Mitteilung (Botschaft).**

Kommunikation erfordert somit ein Auf-der-Höhe-Sein (Auf-dem-Laufenden-Sein) der semantischen Funktion von Signalen, aber auch von ihrer signifikanten/pragmatischen Funktion. Letzteres ist auch von großem Belang bei gekreuzter (inter-)kultureller Forschung. Das Vertrautmachen mit Denkmodellen und Verhaltensweisen von anderen Individuen und Gruppen führt zu besserer Kommunikation.

Aufbauend auf das vorab Gesagte wollen wir noch kurz etwas über den Begriff Dialog sagen. Ein Dialog ist wörtlich ein Zwiegespräch oder Miteinandersprechen. Der Dialog ist eine Form von Kommunikation, die aus einem bestimmten Verhalten zu einem bestimmten Zweck stattfindet. Das Führen des Dialogs kann man dann wie folgt umschreiben: mit Respekt dem anderen entgegentreten; versuchen, ihn zu begreifen; ins Visier zu bekommen, was uns von ihm scheidet. Zentral in dem Dialog steht somit die Beziehung von Mensch zu Mensch.

In der westlich-wissenschaftlichen Tradition, zu einem großen Teil auf das griechische Denken zurückzuführen, ist die belangreichste Frage „Was ist die Wahrheit?“. Für uns Westliche ist die Frage nach der „Wahrheit von Fakten“, die semantische Wahrheitsfrage, viel belangreicher geworden als die Frage, wozu die Wahrheit dient und/oder worin die Wahrheit eingebettet ist.

Mit dem Dialog betreten wir nun das Gebiet der **inter-persönlichen** oder zwischenmenschlichen Kommunikation und direkt damit verbunden die pluriforme Wahrheitsidee; und wir werden sehen, daß hier gerade das pragmatische Niveau der Information eine Hauptrolle spielt.

Excursus 1

Im ersten Quartal unseres Jahrhunderts wurde das „dialogische Prinzip“ entdeckt, oder besser gesagt, wiederentdeckt, ihm neues Leben eingeblasen.

Vielleicht der bedeutendste Denker dieser Strömung ist *Martin Buber. Buber* hat in einer Anzahl Schriften deutlich gemacht, daß der Mensch Bürger zweier Welten ist: von der Ich-Es-Welt (Erfahrungswelt, die Welt der Sachlichkeit) und der Ich-Du-Welt (die Begegnungswelt, die Welt der Persönlichkeit).

Die höchste Norm der Erfahrungswelt ist die Wahrheit. Die höchste Form der Begegnungswelt ist die Liebe. Der Mensch, der Liebe hat, erweitert sein Weltbild, er integriert das Wissen um den (oder vom) anderen in seine Erfahrung.

Die Wahrheit entdeckt alle Dinge, und die Liebe bedeckt alle Dinge. Darum ist Wahrheit ohne Liebe kalt und Liebe ohne Wahrheit blind.

Auf der Basis dieses Gedankens und im selben Kontext bewegt sich der Personalismus, woran Denker wie *Berdjajew, Gabriel Marcel, Franz Rosenzweig, Ph. Kohnstamm* und auch *E. Levinas* gekoppelt werden können.

Der Personalismus plädiert für **das offene Denken**, die Bereitwilligkeit, vom anderen zu lernen, dem anderen zuzuhören.

Kohnstamm verkündigte dann auch die Pluriformität der Wahrheit.

In den modernen Naturwissenschaften hat man das uniforme Wahrheitsbild schon vor einem Jahrhundert verlassen: man kennt verschiedene Mathematika, Naturkunden, Logiken, die ebensoviel Bestandsrecht haben.

Auf dem Gebiet der Kulturwissenschaften inkl. der medizinischen Wissenschaften muß nun ebenfalls ein pluriformes Wahrheitsbild bestehen. Der Personalismus sieht somit ein Zusammenfügen menschlicher Erfahrung (oder: menschlichen Wissens) vor – die inter-personale Wahrheit.

Wissenschaft und Philosophie sind nicht nur Taten des Einzelnen, sie sind lebendige Dialoge zwischen den Menschen.

Excursus 2

Ende der sechziger Jahre publizierten *Watzlawick*, *Beavin* und *Jackson* ihre „Pragmatics of Communication".

Hierin veröffentlichten sie fünf vortreffliche Kommunikations-Axiome. Es würde zu weit führen, sie alle fünf zu besprechen. Wir möchten hier nur das anführen, was für unser heutiges Thema am relevantesten ist.

Das Axiom lautet: Jede Kommunikation hat einen inhaltlichen Aspekt und einen Bezugsaspekt. Die Autoren nennen dies respektiv Kommunikation und Metakommunikation. Der erste Aspekt ist die rein inhaltliche Seite des Geschehens und mehr eine Beschreibung. Der zweite Punkt deutet auf eine Beziehung zwischen den Partnern, ihre gegenseitige Verbindung. Der erste ist rational, diskursiv, bewußt; der zweite nicht-verbal, oftmals unbewußt. Unter dem ersten Aspekt bieten die Partner ihre Botschaften an, im zweiten Bereich bieten sie sich selbst an, **sind sie** die Botschaft.

Dieses Axiom von *Watzlawick* impliziert außerdem, daß die Kommunikation ein Prozeß ist, bei dem konstant Verhältnisse umschrieben werden. Wir definierten pragmatische Information schon als die Verständigung zwischen zwei Anwendern der Sprache oder zwischen dem Sender und dem Empfänger. *Watzlawick* betont dann auch nachdrücklich das pragmatische Niveau im Kommunikationsprozeß.

Letzteres auch zur Unterscheidung von einer anderen wichtigen Theorie auf diesem Gebiet, die von *Habermas*.

1981 erschien seine umfangreiche „Theorie kommunikativen Handelns", worin er den Gedanken verteidigt, daß die strikte diskursive inhaltliche Kommunikationswissenschaft der Schlüssel zum Auflösen menschlicher Probleme des Zusammenlebens ist. Die theoretische diskursive Kommunikation führt mittels Argumentation zu einem Konsens, der zu einer Rationalisierung von Lebensformen und Weltbildern führen muß, wobei die mythischen und die religiös-metaphysischen Weltbilder überwunden werden können.

Nach *Habermas* ist die rationale, theoretische Kommunikation der Wegbereiter für ein gutes oder ideales Zusammenleben. Er versucht mittels einer Verbreiterung der Rationalität zu einer Auflösung der Weltproblematik zu kommen, aber er bleibt zu sehr gebunden an das westlich-wissenschaftliche Denkmodell, wodurch er gerade das Recht des Anderen, anders zu sein, beschneidet oder Schaden zufügt. Auf diesem Wege ist unseres Erachtens kein echter zwischenmenschlicher (c.q. interkultureller) Dialog möglich. *Habermas* bleibt zu intellektuell.

Zuletzt möchten wir noch anmerken, daß im Hinblick auf die Fragestellung des Dialogs und vor allem hinsichtlich des Bezugsaspekts in der Kommunikation *Emmanuel Levinas* einer der originellsten Denker der heutigen Zeit ist.

Innerhalb der sozialen Wirtschaftsbereiche und Philosophie kann der Term Information insbesondere als interdisziplinäres Bindeglied fungieren. Aber nicht allein hier. Auch in den Naturwissenschaften spielt die Kategorie Information eine bedeutende Rolle. Da es letztendlich um dieselbe Kategorie geht, werden überdies mit dieser Grundkategorie die Natur- und Kulturwissenschaften beiderseits methodologisch vergleichbar, und sie können als komplementäre Wege der Annäherung an die Wirklichkeit angesehen werden.

Information ist unentbehrlich, wenn es darum geht, einen durchlaufenden Zusammenhang aller möglichen Regionen der Wirklichkeit anzugeben.

Eine wichtige Frage haben wir noch nicht vollends beantwortet. Das ist die Frage, warum nun „Information" eine dermaßen verbindende und integrierende Rolle spielen kann. Die Antwort ist, daß Information eine **Funktion** von wirklichen Prozessen zu sein scheint, aber nicht selbst solch ein Prozeß ist.

Information fällt somit auch nicht zusammen mit Materie (oder Energie).

Information hat zu tun mit Formen, Selektivität oder mit Ordnung.

Wenn wir zum Beispiel die Menge an Information einer Reihe von materiellen Signalen betrachten, dann analysieren wir keine Materie, sondern die **selektive Ordnung** von Signalen in Beziehung zu einem Sender oder Empfänger.

Die (materiellen) Signale sind somit **Träger** der Information. Die Materie oder Energie fällt nicht zusammen mit der Information. Und hiermit sind wir bei unserer Feststellung zu Beginn dieses Kapitels angelangt, das heißt: Information ist, wie Energie (nochmals, seit *Einstein* können wir alle Materie als Energie betrachten), eine universelle Grundkategorie.

Mit dem zuletzt Gesagten haben wir Information als Grundkategorie nicht nur eine **denkstrukturelle** (oder epistemologische) Bedeutung, sondern auch eine **reale** (oder systematische) Bedeutung gegeben.

Das heißt, Information ist nicht nur ein universelles Ordnungsprinzip innerhalb unseres Denkens, sondern auch ein reales Prinzip, das der Mensch in der ihn umgebenden Realität entdecken kann. Information ist somit im Grunde genommen ein formendes oder ordnendes Prinzip **im** Menschen und **außerhalb** von ihm.

Nun gibt es einige erstaunliche Übereinstimmungen und Unterschiede zwischen Information und Energie.

Ein grundsätzliches Gesetz in der Physik sagt uns, daß Energie nie verloren geht – das **Energieerhaltungsgesetz**. Charakteristisch ist das Phänomen, daß Energie mittels eines Mediums von einer Quelle zu einer anderen wandern kann, in der Weise, daß in A der Energiebetrag abnimmt, während er in B zunimmt. Nebenbei: seit *Einstein* wissen wir, daß wir Materie als „gefrorene (erstarrte) Energie" bezeichnen können.

Charakteristisch für Information ist, daß sie von einer Quelle zur anderen gesandt werden kann, in der Weise, daß sie an der Empfangsstelle zunimmt, ohne an der Senderstelle abzunehmen – das **Informationserhaltungsgesetz**.

Auf diese Weise haben wir zwei Hauptgebiete der Umwandlung oder Translation. Eine im Bereich der Energie und eine im Bereich der Information. Bei der Umwandlung von Energie geht immer etwas „nützliche" Energie aufgrund des Wärmeanstiegs verloren. Dies ist das bekannte Prinzip der **Entropie.** Nun ist es erstaunlich festzustellen, daß in der Welt der Information eine Parallele existiert. Hier findet der gleiche Verlauf von Degradierung statt – aber hier wird Entropie als Lärm bezeichnet. Diese Erkenntnisse haben Wissenschaftler in einige Verwirrung versetzt: in der Informations-Theorie benutzen wir das Entropie-Prinzip – und sogar mit der gleichen Formel wie in der Physik.

Ein Teil der Schwierigkeiten entsteht dadurch, daß, wenn Entropie auf den physischen Zustand eines physischen Systems angewandt wird, es ein Maß der Unordnung dieses Systems ist. Und Unordnung ist nicht vollkommen objektiv feststellbar. Der menschliche Beobachter kann nicht vollkommen ausgeschlossen werden, da die Vorstellung von Ordnung untrennbar mit dem Bewußtsein verbunden ist. Aus diesem Grund stellt der französische Physiker *Olivier Costa de Beauregard* fest, daß Entropie zur gleichen Zeit subjektiv und objektiv ist.

Nach dem Methodologen *John Pierce* ist Entropie das Maß von **Ungewißheit** oder Wahl. In der Physik und in der Informations-Theorie gibt es Ungewißheit in Systemen hinsichtlich des nächsten Stadiums. Ein nächstes Stadium ist nicht mit Sicherheit vom vorhergehenden zu deduzieren. Daher können wir schlußfolgern: die Erhaltungsgesetze sagen etwas aus über die allgemeine Situation eines Systems, aber aufgrund der Entropie oder des Lärms ist es nicht möglich, jedes Stadium oder jede Phase dieses Systems im vorhinein zu beschreiben. Diese Parallele zwischen den Systemen der Mechanik (E-Welt) und der Information (I-Welt) bergen enorme Möglichkeiten.

Wie sieht nun die Beziehung zwischen Information und Energie aus?

Wie wir bereits gesehen haben, gibt es zwei grundlegende Übereinstimmungen zwischen I und E: Beide wurzeln in einem Erhaltungsgesetz. Was bedeutet, daß insgesamt (letztendlich) keine Energie und keine Information verlorengeht. Und für beide, I und E, gilt das Entropie-Prinzip.

Jedoch mit einem **klaren Unterschied**: bei der Weitergabe von Energie wird **Energie verbraucht**, verschwendet. Bei der Weitergabe von Information verliert der Sender diese **Information nicht**.

Dieser wichtige Unterschied verdeutlicht, daß Energie im Verhältnis zur Information zweitrangig ist.

Energie (Materie) ist der Träger der Information.

Und die I-E-Polarität wird durch ein kybernetisches Prinzip (das heißt positives Feedback) aufrechterhalten.

In der Physik kennen wir keine Information, die nicht in Beziehung steht zu (oder gebunden ist an) einem physischen Substrat. Doch ist dies kein Beweis dafür, daß Information verlorengeht , wenn das physische Substrat verschwindet. Zu behaupten, daß Information verlorengeht, wenn das physische Substrat verschwindet, ist eine sogenannte Tautologie, da der Informationsaspekt via physisches Substrat geprüft wird.

Das Informationserhaltungsgesetz wird stark gestützt durch die morphogenetische Resonanz von *Rupert Sheldrake* und das holografische Modell – und damit sind viele Probleme leichter lösbar.

Unter Berücksichtigung dieser Gegebenheiten wollen wir einen kleinen Ausflug in der Praxis machen.

Der russische Physiologe *Filatow*, Pionier der Cornea-Transplantation, entdeckte, daß bei Eintritt des Todes die Cornea Extra-Energie speichert.

Es erklärt die Tatsache, daß nach dem Tode Fingernägel und Haare weiterwachsen.

Nun können wir feststellen, daß im Falle einer Krankheit besonders schwache oder **leidende Zellen** zu **Informationsträgern** werden. Aufgrund dessen wird Krankheit in erster Linie zu einem Informations-Weitergabe- oder **Informations-Verarbeitungs-Problem**.

Aus dieser Sicht könnte eine Diagnose wie folgt lauten: Ein Kranker ist jemand, der nicht in der Lage ist, seine Erfahrungen vollständig zu verarbeiten. Er schafft für sich selbst – unbewußt – ein neues Wahrnehmungsorgan – gegebenenfalls das kranke Organ –, um die zusätzlichen (oder das Überangebot an) Informationen zu kompensieren. Durch die Heilung des kranken Organs allein ist das Problem der Informationsverarbeitung noch nicht gelöst. Es wurde lediglich eine Kompensation auf der Energie-Ebene erreicht. In vielen Fällen weicht die Krankheit auf andere Körperteile aus. Eine Lösung kann dann nur dadurch erreicht werden, daß auf der Informations-Ebene geholfen wird.

Es gibt hier viele Möglichkeiten, doch eine effektive Methode ist die einer Entspannungs-Technik, die Ähnlichkeit mit alten Yogaformen zeigt. Wichtig ist hierbei, daß in erster Linie nicht versucht wird, das kranke Organ zu heilen. Sondern man muß das erkrankte Teil des Körpers sozusagen „beruhigen". Man ist bereit, die durch das Organ akkumulierte Information in die Psyche zu integrieren. In den meisten Fällen verschwindet dann die Krankheit.

Diese Denkweise bietet auch eine schöne Definition und Erklärung des **Störfeld-Problems** an. Nach *Kellner* finden wir auf klinischer Ebene eine sub-chronische Entzündung im Interstitium – dies ist das materielle Substrat oder der E(nergie)-Aspekt. Doch daneben haben wir das Störfeld als Quelle chronischer irritativer Impulse, den kybernetischen und somit den I(nformations)-Aspekt. Außerdem birgt dies etwas Wichtiges: ohne eine Therapie, die eine Kur unter dem Informations-Aspekt einschließt, ist das Störfeld reif zu rezidivieren.

Hinsichtlich der Beziehung zwischen I und E möchte ich nun eine Schlußbemerkung anfügen. In der Quantenmechanik existiert die seit langem akzeptierte **Komplementärbeziehung** zwischen Masse (Materie) und Energie (*Heisenberg* usw.). In Erweiterung dieser Erkenntnisse ist es höchstwahrscheinlich, I und E als eine Komplementärbeziehung anzusehen. Als solche bilden I und E auf einer höheren Systemebene eine Einheit.

Nun stellt sich die Frage: Gibt es in einem der kulturellen Codes Parallelen zu diesen Erkenntnissen?

Die Antwort ist ja, denn es gibt mehrere synonyme Vorstellungen. Im indisch-tibetanischen Code finden wir die Vorstellung des **Prana**. Bei gründlicher Suche stoßen wir in den Heiligen Büchern Indiens auf eine Definition, die Prana als **Sonnenenergie plus Gedankenkraft** beschreibt. Auf der Grundlage dieser Vorstellung ist das gesamte Yoga-System aufgebaut, durch die Atmung wird versucht, kosmische Energie in spirituelle Energie umzuwandeln.

Wenn wir also von einer einheitlichen Form von Information-Energie sprechen, finden wir in anderen kulturellen Codes schöne Antworten. Nebenbei, der japanische Forscher *H. Motoyama* fand während 30jähriger Research heraus, daß die Vorstellung des Chi oder Ki (aus dem chinesisch-japanischen Code) parallel zu der des Prana ist.

Zusammenfassend können wir dann das Störfeld als den E-Aspekt einer Blockade von Prana (I-Aspekt) sehen.

Ich hoffe, daß ich Ihnen einige Einblicke geben konnte in die interessante Rolle, die die Methodologie beim Aufbau einer neuen und integralen Gesundheitsfürsorge spielt – zusammen können wir es erreichen.

Literatur

Bateson, G.: Mind and Nature. Dutton, U.S.A., 1979.

Bergsmann, O., Bergsmann, R., Kellner, M.: Grundsystem und Regulationsstörungen. Karl F. Haug Verlag, Heidelberg 1984.

Buber, M.: Die Schriften über das dialogische Prinzip. Lambert Schneider Verlag, Heidelberg 1954.

Campbell, J.: Grammatical Man. Simon & Schuster, U.S.A., 1982.

Foss, L., Rothenberg, K.: The Second Medical Revolution. New Science Library, Boston 1987.

Frankl, V.: The Will to Meaning. The World Publishing Company, New York 1969.

Gleick, J.: Chaos, making a new science. Penguin Books, New York 1988.

Jantsch, E.: Design for Evolution. Int. Library of Systems Theory, New York 1975.

Kohnstamm, Ph.A.: Mens en Wereld. Scheltema en Holkema, Amsterdam 1947.

Kuhn, T.: The Structure of Scientific Revolution. University of Chicago Press, 1970.

Lamers, H.: Neuraaltherapie en het BBRS. Ankh-Hermes, Deventer 1988.

van Lamoen, G.J.: Informatiegeneeskunde. In: *Epyone*, Sliedrecht, 4-12 (1991).

van Lamoen, G.J.: Paranormale geneeswijzen. Ankh-Hermes, Deventer 1988.

van Lamoen, G.J.: De invloed van geest op lichaam. In: Prana, 49 (1987).

van Lamoen, G.J.: Neuraaltherapie. In: Arts en Alternatief, 4-4 (1990).

van Lamoen, G.J.: Sjamanisme. In: Prana, 37 (1984).

van Lamoen, G.J.: De informatiemaatschappij en de culturele revolutie. In: Prana, 41 (1985).

Levinas, E.: Totalite et Infini. Nijhoff, La Haye 1971.

Mandelbrot, B.: The Fractal Geometry of Nature. Freeman, New York 1977.
Motoyama, H.: Science and the Revolution of Consciousness. Autum Press, U.S.A., 1978.
Pischinger, A.: Das System der Grundregulation. Karl F. Haug Verlag, Heidelberg 1989.
Popp, F.A.: Neue Horizonte in der Medizin. Karl F. Haug Verlag, Heidelberg 1987.
Toynbee, A.J.: A Study of History. Weathervane Books, New York 1972.
van Praag, H.: Informatie en energie. De Haan, Bussum 1970.
van Praag, H.: Verandering. Uitgeverij Pandata, Rijswijk 1986.
von Bertalanffy, L.: Perspectives on General System Theory. George Braziller Inc., New York 1975.
Watzlawick, P., Weakland, J., Fisch, R.: Change. Palo Alto 1974.

Das biologische Fließgleichgewicht

Von Prof. Dr. rer. nat. med. habil. *H. Heine*

Organismen sind in der Lage, mit ihrer Umgebung Energie und Materie auszutauschen. Im Unterschied zu den klassischen, energetisch abgeschlossenen *Newton*schen Systemen sind Organismen energetisch offen. Ein charakteristisches Merkmal dieser Systeme ist ihre Fähigkeit, bei Zufuhr geeigneter Energie sehr schnell in einen anderen Ordnungszustand übergehen zu können. Dieser kann dann wiederum autokatalytisch die Entwicklung weiterer, auch höherer Ordnungszustände auslösen. Dagegen führt in abgeschlossenen Systemen Energiezufuhr letztlich zum Zerfall geordneter Strukturen. Die Stabilität energetisch offener Systeme, wie wir sie z. B. von der DNS kennen und die sonst nur von Mineralien erreicht wird, stellt daher kein thermodynamisches Gleichgewicht dar, sondern Oszillationen um stationäre Zustände, die durch ständige Energiezu- und -abfuhr über lange Zeit im Gleichgewicht gehalten werden können. Die ablaufenden biologischen Reaktionen sind irreversibel und zwingen durch ständigen Neuaufbau allen organismischen Funktionen ein rhythmisches Verhalten auf. Dies ist offenbar eine notwendige Voraussetzung zur Entwicklung von Form und Gestalt.

Molekulare Spontanrhythmen dürfen nicht mit zufälligen Reaktionen verwechselt werden, die es lediglich in den abgeschlossenen *Newton*schen Systemen gibt und thermodynamisch letztlich immer zu einem stabilen Gleichgewicht führen, das mit dem Leben nicht vereinbar ist. Spontaneität ist dagegen immer an ein autokatalytisches Zsammenwirken aller Moleküle in einem System gebunden, wodurch Erhalt oder Entwicklung neuer Organstrukturen ermöglicht werden. Biorhythmen sind gleichzeitig Ausdruck der Polarität alles Lebendigen: Zur Anregung gehört Hemmung, zum Synergismus der Antagonismus, zur Strukturbildung die Strukturbrechung usw.. Diese ganzheitsmedizinische Denkweise unterscheidet sich erheblich von der erkenntnistheoretischen Basis der Schulmedizin: der *Virchow*schen Zellularpathologie (*Virchow* 1858). Diese ist an der klassischen *Newton*schen Physik ausgerichtet und daher stets bemüht, lineare, quantifizierbare Ursache-Wirkungsbeziehungen aufzusuchen.

Die Schulmedizin ist mit diesem geistigen Hintergrund derzeit, vor allem angesichts rasch zunehmender chronischer Erkrankungen und Tumoren, in erhebliche Bedrängnis geraten, da kausalanalytisch immer nur das akute Ereignis bzw. Anfall, das sogenannte Syndrom therapierbar ist. Ein Unterschied zwischen Wirkung und Wirksamkeit ist dann kaum mehr zu treffen (*Fülgraff* 1985).

Der außerordentlich komplexe und vernetzte Aufbau von Organismen zwingt jedoch dazu, den Boden monokausalen Denkens zu verlassen, da, um es in der Sprache der Kybernetiker auszudrücken, sehr oft kein kausaler Zusammenhang zwischen steuernden Eingaben und Ergebnissen an den Ausgängen des Systems besteht. „Wer aber eindimensionale Kausalketten auf vernetzte Systeme anzuwenden versucht, kann für seine Arbeiten nicht mehr den Anspruch der Wissenschaftlichkeit erheben" (*Thomas* 1884). Der dominierende Begriff der Objektivität im eindimensionalen Denken wandelt sich derzeit in Physik und Kybernetik zu Intersubjektivität oder schlicht zur Reproduzierbarkeit. In der Medizin wird dagegen weiterhin krampfhaft versucht, über randomisierte Doppelblindstudien objektive Linearität zu erzeugen.

Die Grundsubstanz als übergeordnetes Regelprinzip

Das lebensimmanente Streben nach Erhalt verlangt ein übergeordnetes Ordnungsprinzip, das sowohl Zellindividualität wie soziale Gemeinsamkeit aller Strukturen gewährleistet, d.h. den gesamten Organismus durchzieht. Dieses Lebensprinzip ist bei Wirbeltieren und hochentwickelten Wirbellosen durch die Trias Kapillare-Grundsubstanz-Zelle gegeben. Bei niederen Tieren fehlen die Kapillaren, und bei den Einzellern vertritt das umgebende Milieu die Grundsubstanz (auch hier gibt es Analogien zu Pflanzen, was auf einen langen gemeinsamen phylogenetischen Weg verweist). Es darf daher auch nicht verwundern, daß das ursprünglichste Milieu der Zelle, das Meerwasser, sich in der ionalen Zusammensetzung des Gewebswassers erhalten hat. Von besonderer Bedeutung für die Wasserbindung sind die Proteoglykane, die als Zuckereiweißbiopolymere die gesamte Grundsubstanz als Molekularsieb strukturieren. Aufgrund ihrer Negativladung sind sie neben der Wasserbindung auch zum Ionenaustausch befähigt und damit die Garanten für Isoionie, Isoosmie und Isotonie in der Grundsubstanz (*Hauss* und *Junge-Hülsing* 1961). Dadurch entsteht ein meßbares Redoxpotential als summarischer Ausdruck der Homöostase. Die Grundsubstanz stellt aus phylogenetischer Sicht auch den Vorläufer des Nerven- und Hormonsystems dar. Entsprechend wird sie in ihrem Auf- und Abbau von einem stammesgeschichtlich sehr ursprünglichen Zellsystem kompensatorisch geregelt: dem Fibrozyten-Makrophagen-System. Beide Zellformen stammen von der primitiven omnipotenten Mesenchymzelle ab (*Maximow* 1927).

Der gesamte über die Kapillaren in die Körperperipherie gebrachte metabolische Strom muß daher, um in eine Zelle gelangen zu können, immer eine mehr oder minder breite Strecke („Transitstrecke“) durch die Grundsubstanz zurücklegen, wobei bereits eine molekulare Auswahl und enzymatische Aufbereitung der Metaboliten erfolgt. Jeder Zelle ist daher stets ein organtypischer Abschnitt Grundsubstanz eingeschaltet.

Da es sich bei der Grundsubstanz um ein energetisch offenes System handelt, ist es funktionell „dissipativ“, d. h. zugeführte geeignete Energie kann sich schlagartig über das gesamte System ausbreiten und zu neuen Ordnungszuständen führen. Ursprung präevolutorischer ganzheitlicher Reaktionsmöglichkeiten scheint daher das System Sauerstoff-Wasser-Zucker gewesen zu sein, wodurch die bei chemischen und biochemischen Umsetzungen freiwerdenden Elektronen und Protonen in Form von hoch reaktiven Sauerstoff- und Hydroxylradikalen abgefangen werden konnten (*Levine* und *Kidd* 1985). Da von diesem System aus die Bildung von Karbonsäuren leicht möglich ist, liegt hier vielleicht auch der Anstoß zur Entwicklung der Lebensbausteine Aminosäuren, Proteine, Fettsäuren, Karbohydrate und Lipide. Die Fähigkeit zum Radikalfang, zur Wasserbindung und Ionenaustausch bleibt auf allen evolutiven Stufen in den Zuckerbiopolymeren der Grundsubstanz aller höheren Lebewesen erhalten.

Die Metabolisierung von Sauerstoff als Lebensgrundlage zeigt sofort auch die Janusköpfigkeit dieses evolutiven Schrittes. Auf der einen Seite ist für höhere organisierte Lebewesen die Energiegewinnung aus Sauerstoff, über die Bildung von ATP entlang der mitochondrialen Atmungskette, lebensnotwendig, auf der anderen Seite muß die dabei entstehende hohe Energie von Sauerstoff- und Hydroxylradikalen u. U. durch entzündliche Reaktionen der Grundsubstanz unschädlich gemacht werden. Ähnlich verhält es sich mit hochenergetischen Elektronen, die aus dem oxidativen Aufbruch von Kohlenhydratverbindungen stammen, wie z. B. bei der Glukosespaltung (*Levine* und *Kidd* 1985). Die dabei freiwerdende Energie kann von den Wasser-Zuckerpolymeren der Grundsubstanz abgefangen werden, wodurch eine sehr ursprüngliche Temperaturregulation und Energieverteilung im Organismus erfolgt, die wiederum entscheidend für die Aufrechterhaltung der Homöostase ist. Daneben haben sich im Verlauf der Evolution hochwirksame Antioxidanssysteme entwickelt, wie die intrazelluläre Superoxiddismutase, Catalase, Gluthathionperoxidase und extrazellulär u.a. die Ascorbinsäure und bestimmte Vitamine (Vitamin A und E). Das System Wasser-Zuckerpolymere erfährt in allen Organismen eine energetische Stabilisierung durch Bindung an ein Proteinrückgrad, wodurch die vielfältigen Gruppierungen der Proteoglykane, Glykosaminoglykane, Glykoproteine und Strukturglykoproteine der Grundsubstanz, der Zelloberfläche und des Zellplasmas zustande kommen. Dabei sind die Proteoglykane der Grundsubstanz aufgrund ihrer hohen Wasserbindungs- und Ionenaustauschfähigkeit besonders zur Informationsleitung und Speicherung geeignet.

Die Struktur eines Proteoglykanmoleküls ist einer Bürste vergleichbar, deren Stiele durch ein Proteinrückgrad gebildet werden und die nach allen Seiten abstehenden Borsten Zuckerpolymere darstellen. Die Länge der Bürste beträgt ca. 300 nm, der Borstenabstand ca. 30 nm (*Hascall* und *Hascall* 1983). Das zwischen den Borsten gebundene Wasser liegt offensichtlich in flüssigkristalliner Form vor. Nach *Trincher* (1978) besteht Wasser bei Körpertemperatur zu ca. 50 % aus Flüssigkeitskristallen, wobei die molekulare Anordnung wesentlich vom Elektrolytgehalt abhängt. Um Wasser in diesem Zustand halten zu können, soll es bei 37,5 °C den geringsten Energiebedarf haben (*Trincher* 1978). Allgemein kennzeichnend für kristalline Flüssigkeiten ist die Bildung parallel und zweidimensional angeordneter Molekülschwärme, die auf kleine Bezirke beschränkt und zeitlich nicht stabil sind. Sie befinden sich in ständiger Bildung und Auflösung und weisen relativ zueinander statistisch ungeordnete Lagen auf. Die Größe dieser Schwärme liegt etwa im Lichtwellenbereich. Bereits schwache äußere Kräfte genügen, um einen höheren Ordnungszustand hervorzurufen (*Hollemann-Richter* 1961). Die Zuckerbiopolymeren der Grundsubstanz verdichten somit das Wasser in ihrer Umgebung zu Molekülschwärmen bestimmter Ordnungszustände, die erheblich anfälliger sind gegenüber jeder Veränderung in diesem Zucker-Wasser-System als sie es in reinem Wasser wären. Die Zuckerbiopolymeren der Grundsubstanz sind daher als hydrophile Substanzen in bezug auf das angelagerte Wasser „Strukturbrecher" (*Gutmann* und *Resch* 1988). Umgekehrt können in Wasser gelöste Gase, z.B. O, N, CO oder andere hydrophobe Stoffe als „Strukturmacher" in bezug auf Wasser betrachtet werden (*Gutmann* und *Resch* 1988). Diese Autoren weisen darauf hin, daß „Strukturmacher" in ihrer Umgebung eine Lockerung und damit Dynamisierung der Wasserstruktur bedingen. Röntgenspektren kristallisierter Gashydrate zeigen, daß Gasmoleküle in Hohlräume eingebettet sind, die größer sind als es zu ihrer Unterbringung erforderlich wäre. Dadurch haben die Gasmoleküle eine gewisse Bewegungsfreiheit. An den inneren Oberflächen der Hohlräume sind z.B. die O-O-Abstände kürzer, es treten dadurch innere Oberflächenspannungen auf, die die Erhaltung der Hohlräume ermöglichen. *Gutmann* und *Resch* (1988) weisen weiter darauf hin, daß die eingeschränkten Drehschwingungen der Gasmoleküle in den Hohlräumen auf bestimmte Schwingmuster einstimmbar sind und in rhythmischer Weise mit dem Schwingungsverhalten der Flüssigkeit in Einklang stehen müssen. Dies ist wiederum abhängig vom Bindungsverhalten zu den „Strukturbrechern", z.B. den Zuckerbiopolymeren der Grundsubstanz. Durch die Veränderungen, die durch die wechselseitigen Beziehungen zwischen „Strukturbrecher" und „Strukturmacher" zustande kommen, wird grundsätzlich das gesamte System Grundsubstanz-Zelle, wenn auch regional in verschiedener Weise, erfaßt. „Strukturbrecher" und „Strukturmacher" üben dabei verschiedene, sich ergänzende „Funktionen" im Sinne des Erhaltens der Homöostase aus. „Im Hinblick auf die Strukturprägung kommt den Strukturbrechern höhere hierarchische Bedeutung zu, aber im Hinblick auf die Bewahrung der Strukturinformation den Strukturmachern" (*Gutmann* und *Resch* 1988).

Auf diese Weise entstehen, vermittelt durch die Grundsubstanz, von Zelle zu Zelle schnell leitende Informationsbrücken aus Wasser-Zuckerpolymeren, die bereits auf geringste Energieveränderungen reagieren können (Homöopathie!). Fehlinformationen in diesem System könnten u.a. durch Temperaturerhöhung (Fieber!) und damit Übergang zu mehr homogenem Wasser gelöscht werden. Die Strukturkombinationen aus Wasser und Zuckerbiopolymeren sind daher vorzüglich geeignet, jede die Grundsubstanz erreichende biologische Information weitreichend und wechselwirkend zu leiten.

Ein mit dem Alter zunehmender Verlust dieser dynamischen Verhältnisse ist daher auf eine Zunahme der hydrophoben Strukturmacher zurückzuführen. Altersbedingt wird die Grundsubstanz zunehmend zu einer Deponie von exogenem und endogenem Stoffwechselmüll. Fremdproteine, nicht abgebaute und aufgrund altersbedingter Immunschwächen nicht abbaubare Reste von Schadstoffen jedweder Genese werden auf Basalmembranen und im Netz der Zuckerbiopolymeren der Grundsubstanz niedergeschlagen und können zu einem breiten Spektrum an Autoimmunerkrankungen, nicht infektiösen chronischen Gelenks-, Gewebe- und Gefäßentzündungen führen. Außerdem werden die Transitstrecken zwischen Kapillaren und Zellen zunehmend unphysiologisch verändert und verlegt. Dadurch treten atypische Zellreaktionen auf (z.B. Insulinrezeptorverlust der Fettzellen bei Altersdiabetes), die möglicherweise auch Tumorentstehung und -wachstum begünstigen (*Heine* 1987). Dieses Mißverhältnis von Strukturbrechern und pathologischen Strukturmachern zugunsten der letzteren, scheint ein besonderes Problem moderner Zivilisation zu sein. Dabei tritt ein weiteres, bisher nur wenig beachtetes Phänomen auf, das die verschlackende Grundsubstanz weiter in einen Prozeß pathologischer Strukturbildung treibt, die nicht-enzymatische Glykosilierung (*Cerami* et al. 1987, *Heine* 1988): Bei Diabetikern, deren Charakteristikum vorzeitige Alterserscheinungen mit einem breiten Spektrum von Mißempfindungen darstellt, konnte ein mit der Höhe des Blutzuckerspiegels ansteigendes Hämoglobin A_{1c} beobachtet werden (*Cerami* et al. 1987). Die chemische Analyse ergab eine hohe nichtenzymatische Bindung von Glukose an Protein. Die Reaktion wird durch Bindung von Aldehydgruppen (CHO) eines Glukosemoleküls an eine NH_2-Gruppe eines Proteins gestartet, wobei über Bildung einer *Schiff*schen Base durch Umlagerung eine stabile, aber immer noch reversible Bindungsform, ein sogenanntes *Amadori*-Produkt entsteht.

Wenn ein derart glykosiliertes Protein monate- oder jahrelang im Körper verweilt, verlieren einige seiner *Amadori*-Produkte Wasser und bilden neue Strukturen, die sich dann unter Beteiligung wieder von Glukose mit den verschiedensten Arten von Molekülen (Zellmembranen, Kollagen, Elastin, Proteoglykanen, Myelin der Nervenscheiden) zu irreversiblen Endprodukten quervernetzen können. Gleichzeitig verlieren die Abwehrzellen altersbedingt zunehmend Rezeptoren für diese Endprodukte nichtenzymatischer Glykosilierung (EnG). Besondere Bedeutung hat dabei das langlebige Kollagen, das dem Quervernetzungsprozeß der *Amadori*-Produkte besonders förderlich ist. EnGs können viele, normalerweise kurzlebige Plasmaproteine u.a. Lipoproteine auf Kollagen der Arterienwand und auf Basalmembranen niederschlagen. *Cerami* et al. (1987) vermuten darüber hinaus, daß auch die DNS nicht-enzymatisch glykosiliert werden kann. Diese EnGs könnten daher auch u.a. an dem bekannten altersbezogenen Anstieg chromosomaler Veränderungen mitwirken und damit auch an der Abnahme von Reparationsvorgängen, der Reduplikation und Transkription der DNS.

Grundsubstanz und Ganzheitlichkeit

Das System Kohlenstoff-Wasserstoff-Sauerstoff ist in kosmischen Reaktionsmöglichkeiten verwurzelt. Nach kürzlich publizierten Untersuchungen sowjetischer und britischer Forscher (*Goldanski* 1986; *Hoyle* und *Wickramasinghe* 1984) können in kosmischer Strahlung aufgrund quantenchemischer Reaktionen von hochenergetischen Protonen und anderer geladener Teilchen bei den tiefen Temperaturen des interstellaren Raumes Kohlen-Wasserstoff-Verbindungen entstehen. Unter diesen extremen Bedingungen braucht nämlich nicht das für derartige Reaktionen unter normalen Temperaturen benötigte Energieniveau erreicht zu werden, es kann quantenchemisch umgangen, d. h. „untertunnelt" werden. Wie die genannten Forscher zeigten, hat der auf diese Weise interstellar nachweisbare Formaldehyd besondere Bedeutung, da er, wie experimentell gezeigt wurde, sich unter diesen extremen Bedingungen zu Ketten von Formaldehyd-Polymeren zusammenschließen kann. Derzeit steht in der Diskussion „ob interstellare Formaldehyd-Moleküle sich nicht tatsächlich in stabile Polysaccharide wie Zellulose und Stärke verwandeln können" (*Goldanski* 1986). Es gibt bereits Hinweise, daß in Biopolymeren auch unter physiologischen Temperaturen quantenchemische Tunneleffekte auftreten können (*Goldanski* 1986). Es berührt daher eigentümlich, daß damit naturphilosophische Gedanken von *Giordano Bruno*, *Schelling* und *Goethe* von der kosmischen Allgegenwart des Prinzips Leben einen naturwissenschaftlichen Unterbau erhalten.

Die Grundsubstanz in ihrer Vermittlereigenschaft zwischen Endstrombahn und Zelle stellt daher als übergeordnetes Ordnungsprinzip das Allgemeine wie das individuell Bestimmende dar; sie wird als Spiegel des Kosmos zum Instrument der Seele und des individuellen Geistes des Menschen.

Zusammenfassung

Die Grundsubstanz stellt ein allen Zellen vorgeschaltetes Molekularsieb dar. Dessen Grundstruktur aus Zuckerbiopolymeren ist Voraussetzung für die vielfältigen informativen Wechselwirkungen zwischen Zellen und Grundsubstanz. Das regelhafte biologische Fließgleichgewicht der Grundsubstanz stellt die Grundlage aller Lebensäußerungen dar. Regulationsstörungen der Grundsubstanz haben Veränderungen ihrer Molekularsiebwirkung zur Folge, mit entsprechend veränderten Zellreaktionen. Da sich in energetisch offenen Systemen sehr leicht Fehlinformationen zu einem Circulus vitiosus entwickeln können, besteht in der Grundsubstanz latent die Gefahr der Chronifizierung krankhafter Prozesse. Fortschritte in der Diagnostik und Therapie chronischer Erkrankungen sind daher nur unter Berücksichtigung der Regulation der Grundsubstanz zu erwarten.

Literatur

Cerami, A., Vlassara, H., Brownlee, M.: Spektrum d. Wissenschaft (Heft 7) 1987.

Fülgraff, G.: Pharmazeut. Ztg. 130 (1985) 3309

Goldanski, W.I.: Spektrum d. Wissenschaft (Heft 4) 1986.

Gutmann, V., Resch, G.: Therapeutikon 4 (1988), 245

Hascall, V.C., Hascall, G.: Proteoglycans. In: *Hay, E.* (Ed.): Cell Biology of Extracellular Matrix, P. 39–64. Plenum Press, New York and London 1983.

Hauss, W., Junge-Hülsing, G.: Dtsch. med. Wschr. 86 (1961), 763.

Heine H.: Dtsch. Zschr. Onkol. 19 (1987), 67.

Heine, H.: Z. mikrosk.-anat. Forsch. 102 (1988), 54.

Hollemann, A.F., Richter, F.: Lehrbuch der organischen Chemie, 37–41. Auflage, W. de Gruyter u. C., Berlin 1963.

Hoyle, F., Wickramasinghe, E.: From Grains to Baceteria. University College Cardiff Press, 1984.

Hunter, R.: Spektrum d. Wissenschaft, (Heft 10) 1984.

Levine, St.A., Kidd, M.P.: Antoxidant Adaption. Its Role in Free Radical Pathology. Biocurrent Division, San Leandro, California, 1985.

Maximow, A.: Bindegewebe und blutbildendes Gewebe. In: Handbuch d. mikroskop. Anat. d. Menschen, Bd II/1, 232–583. Springer-Verlag, Berlin, 1927

Thomas, F.: Die Anwendung einfacher Prinzipien der Regelung komplexer Systeme auf die Humanmedizin. DFVLR-Mitt. 84–13, Braunschweig, 1984.

Trincher, K.: Biological Cybernetics 30 (1978), 141.

Virchow, R.: Die Cellularpathologie in ihrer Bedeutung auf physiologische und pathologische Gewebslehre. Hirschwald, Berlin 1858.

The Basic Regulatory System

A system theoretical concept behind chronic diseases

Dr. *Roeland van Wijk*[1] and Dr. *Wilbert A. Linnemans*[2]

Summary

Modern, academic medicine is very successful with diseases caused by dysfunctioning cells, and fairly successful at the level of homeostasis, but has overlooked the importance of the basic bioregulatory system. Recent developments of molecular biology, and especially that of extracellular matrix biology, (psycho-)immunology and neuropeptide research, however, have shed light on how cells interact in order to create a proper conditioned system-world for all body cells.

Introduction

Modern health care and biomedical research is firmly rooted in the concept for cell pathology originally put forward by *Virchow* in 1859. This concept fathered many, scientifically reliable biomedical disciplines like immunology, biochemistry, biophysics, virology, molecular- and cell biology, pharmacology, etc. In the past 130 years much detailed insight and knowledge on especially the molecular, cellular and physiological levels of the human body have been accumulated. Understanding the complex causal relationships between these (individual) processes and (dys)functioning of the body as a **whole,** however, is lagging far behind.

At this moment the need for a (theoretical) concept, that places the wealth of scientific details within the wholeness of the human being, is badly felt. Too often we have to deal with systemic diseases that furthermore often show high therapy resistance. Our ability to treat efficiently chronical illnesses are meager in comparison with the high level of sophistication of treatments for other kinds of ailments. The recent developments on ARDS (Adult Respiratory Distress Syndrome) and MOF

[1] Department of Molecular Cell Biology, State University Utrecht, Holland.
[2] Department of Molecular Cell Biology; present adress: Human Sense Consultation, Maarssen Holland.

(Multiple Organ Failure), diseases responsible for a large proportion of the death causes in the intensive care unit (*Nuytink*, 1986; *Nuytink* & *Goris*, 1985; *Nuytink* et al., 1986), underlines this statement. New, but even more difficult to meet, challenges in this respect form the complex, hardly understood, (a) specific health threatening environmental conditions.

The original critics on *Virchow*'s creative proposal still hold: *"It is couragious and purposefull to propose that local somatic disturbancies are caused by dysfunctioning individual parenchym cells. This liberates pathology from overemphasis of humoral and neuristic picturing. But, Virchow overshoots his intentions by narrowing everything to cell pathology. It probably is wiser to acknowledge the individuality of cells, while, at the same time, a physiological condition is considered that confines their nutritive and functional autonomy.* (*Von Rindfleisch*, 1869).

The concept of the basic bioregulatory system (German: Das Grundsystem), enriched with system theoretics, meets these critics substantially. This concept has a long history, has been developed alongside the cell pathology model, and now becomes more and more a central theme within the scientific and medical communities of naturopathists, acupuncturists and neural therapists. In this paper we plead that it is **a matured, classical concept supported by extensive and divers modern scientific research and thinking.**

Especially the fields of **extracellular matrix** and **neuropeptide** research, with important implications for diagnostics and therapies, are major contributors in this sense (*van Wijk* et al., 1990).

The basic bioregulatory system

The physiological condition that confines the autonomy of parenchym cells in fact is a well spread, voluminous and continuous tissue network situated in between (probably) all parenchymous tissues and the capillary system (blood and lymphe). Each compound, be it nutritive, oxygen or cellular waste material, has to traffic through this tissue from capillary to parenchymous cell or vice versa (figure 1, page 38).

The system is identified as the **loose connective tissue** which has its own regulatory procedures and metabolism. It plays a fundamental role in (probably) all homeostatic processes and hence is called the **basis** bio**regulatory** system or **Grundsystem** (*Pischinger*, 1975) (figure 2, page 38).

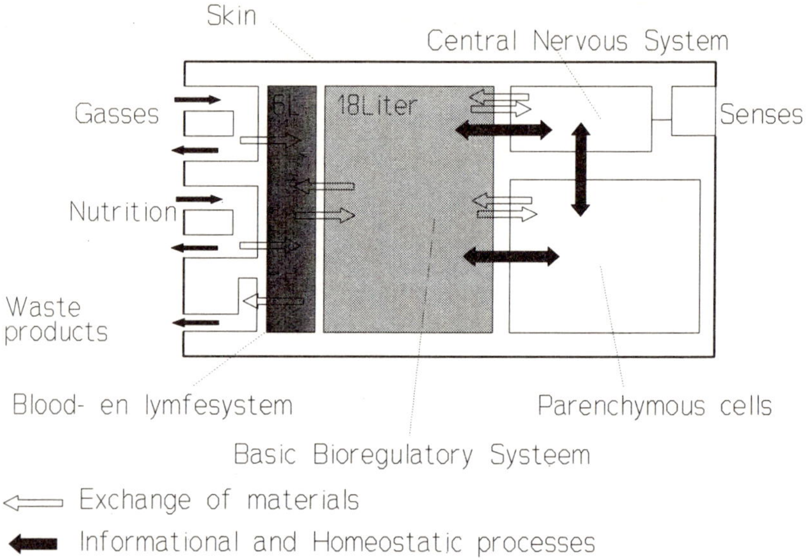

Fig. 1: A scheme that emphasises the unique position and interaction patterns of the basic bioregulatory system within the body.

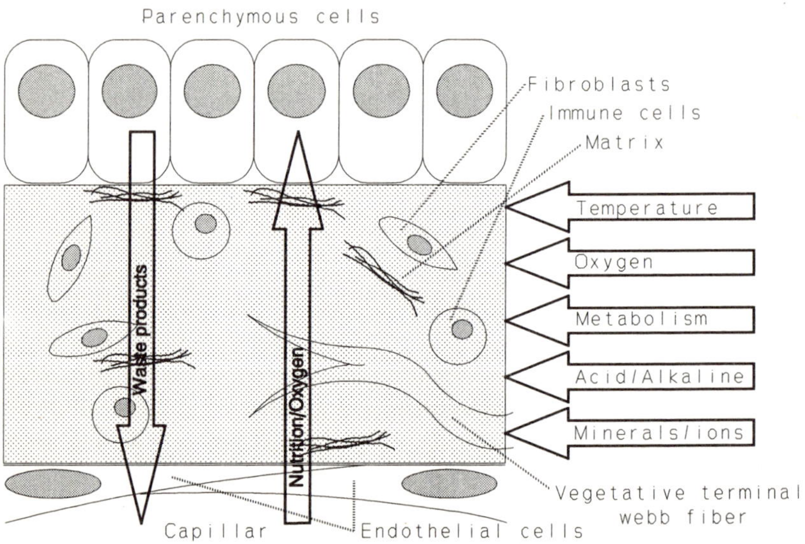

Fig. 2: The position of the basic bioregulatory system in between parenchymous cells and the blood/lymphe system. Vertical arrows symbolize the trafficing of nutritive and waste materials respectively. The horizontal arrows give the physiological and homeostatic processes that are involved (after *Pischinger,* 1975).

A concised history of the basic bioregulatory system

It took more than 200 years for this concept to mature and it is rooted in fruitfull European scientific endeavours.

1767 *Bordieu* postulates an organ that provides all tissues for their nutrition, and is an intermediate for their collaboration. It is the most exploited organ of the body and extends to all parts. In this organ the essentials of diseased processes reside.

1845 *Reichert* recognized the connective tissues as being of vital importance for the body. He emphasized that **nowhere** in the body there is a direct contact between (vegetative) nerve endings or capillaries and parenchymous cells. An interstitial substance always separates them and it functions as their intermediary for (vegetative) nerve action and nutrition trafficing.

1857 *Bernard* appreciates the importance of the internal environment in the functioning of the organism: *"La fixité du milieu intérieur est la condition de la vie libre."* (the constancy of the internal environment is the condition for a free life).

1869 *Von Rindfleisch* elaborates on *Bernard*'s thoughts in his critics on *Virchow*. The notion is developed that the area of local disturbancies (*Bernard*'s *Terrain*) encompasses three components: **a.** the cells of the loose connective tissue, **b.** the capillaries, and **c.** the (vegetative) nerve endings. Later on these components will be called the **cellular-**, **humoral-**, and **neural components** respectively.

1910 *Buttersack* proposes that the **system** formed by the loose connective tissue network not only functions as an intermediary between blood and lymphe on one side and parenchymous cells on the other, but that it has its own structure and physiology as well.

1921 *Schadé* investigates the physical chemistry of the system. The collagen fibres, present as a loosely knitted network, are, while swelling, able to absorb large amounts of acid. It turns out that the homeostasis of the acid/alkaline level largely resides in this interstitial tissue.

1928 *Standenath* reviews the qualities and functions of the system: **1.** it is an intermediary for metabolite- and fluid flow between the capillary system and parenchymous cells; **2.** it governs metabolism by regulating levels of H_2O, ions, and nutrition; **3.** it has storage capacities; **4.** it regulates tonus; **5.** it has (immune) defence functions.

1949 *Eppinger* compiles the facts about the behaviour of the system during illness. Under normal conditions the system of pores and crevices, that deliniates the organs, is hardly visible. Only after swelling, due to some pathology, it can easily be discerned. The volume of the extracellular fluid within the system normally amounts to about **16 liters.** All loose connective tissues amalgamate throughout the body and the extracellular fluid within streams at a slow, but constant rate (*Molennar* & *Roller,* 1939).

1949–1975 *Pischinger* and his coworkers approached the system from the view-point of experimental histology. They are able to present a synthesis of most known facts, which leads to the concept of **Das Grundsystem** (figure 2). Many cell types and structures, such as the reticulo-histocytary system and vegetative nerve endings, are identified. Particular important is the notion that the system originates from the mesenchym. This foetal tissue, which is assembled from cells from the mesoderm (the second germlayer) and neural crest cells, in fact is the embryological counterpart of the basic bioregulatory system in the adult. It has very important developmental biological functions (*Le Douarin,* 1982; *Murray,* 1985). It took to the sixties to establish the characteristics of the neural component (*Stöhr,* 1946; *Jabanero,* 1955, 1966) and it could only be accomplished by incor-

	porating the clinical experience from neural therapeutics (for a overview see *Dosch,* 1984).
1975 - now	*Virchow*'s inheritances are boomeranged into the realm of *Bernard*'s 'terrain' or *Von Rindfleisch*'s 'confining physiological conditions'. Modern cellbiological research leads to questions on the interactions between cells and their direct environment as expressed in e.g. the developments in extracellular matrix biology, immunology and the puzzling mind-body interrelationships now opened up in neuropeptide research.

Could he read the following (partly tentative) conclusions from scientific research up to now, *Bordieu* must be very pleased:

- **The basis bioregulatory system is a structure that is positioned in between the capillary system and the parenchymous cells throughout the WHOLE body.**
- **It forms an anatomical, interconnected, WHOLENESS throughout the body.**
- **It consists of a cellular, humoral, and neural component.**
- **It is THE system of the body where regulation and homeostasis is made effective. It governs the direct living conditions of ALL body cells.**

Molecular Biology

The relationship between the basic bioregulatory system and the extracellular matrix, which constitutes the interstitium of body cells, forms the field where modern academic research merges with the afore mentioned classical concept.

A convenient image to start with is the synaps: one nerve cell influences another from a certain (in this case very small) distance (fig. 3, p. 42). A special organized structure at the end of a long cell process (pre-synaptic element) is separated by a thin gap (the synaptical gap) from another specialized

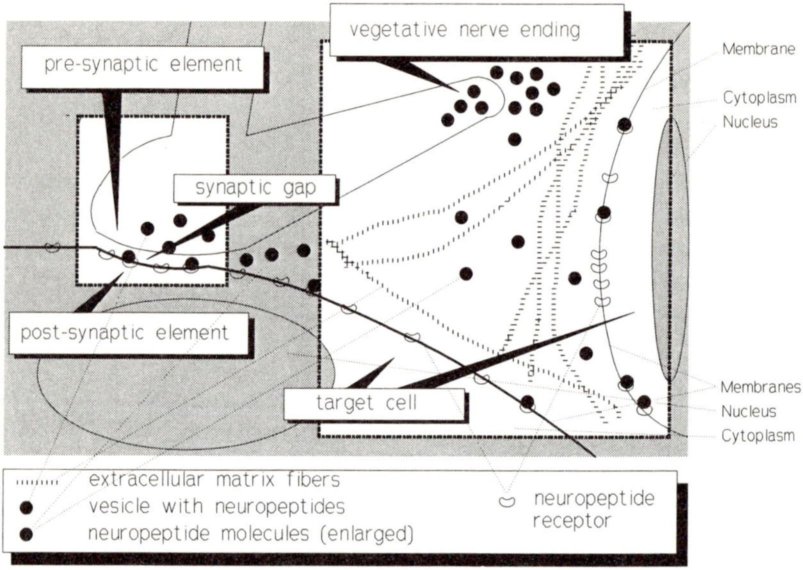

Fig. 3: The interstitial space of the basic bioregulatory system can be considered as an enormously widend and far more complex synaptic gap (see text). Small white rectangle: synaptic gap; large white rectangle: interstitium of the basic bioregulatory system.

structure on the target cell (post-synaptic element). Numerous vesicles, filled with neuropeptides are present within the pre-synaptical element. The content of these vesicles is released by membrane fusion into the gap upon arrival of a nerve action potential. These neuropeptides diffuse towards specific membrane receptors in the post-synaptic element, bind and hence trigger a cascade of biochemical reactions within the target cells. This, subsequently leads, to a certain cellular response (contraction in a muscle cell, propagation of the action potential in a nerve cell, etc.). The specificity of membrane receptors together with a very small diffusion distance within the gap secure a specific, well aimed (only that structure on that particular cell) and rapid signal transfer without touching each other.

The basic bioregulatory system, in fact, is a tremendously widenend gap between nerve cell ending and target cell(s) (figure 3, larger rectangle). The instruments (action potential dependent release of neuropeptides and membrane receptor systems) are the same. Structuring and goal differ completely. In this instance the goal is not a specific, well aimed and rapid signal transferance, but fine tuning of several molecular and/or cellular systems at the same time by specific, feedback controlled interference. Herein the **extracellular matrix** (ECM) takes a prominent place. It provides the system with a 'sponge-like' structure in which cellular (fibroblasts, immune cells, etc.) and neural components are embedded. In between the macromolecules of the ECM a variety of molecules, water and ions tumble around, together making the humoral component. All elements interact with each other (figure 4).

Important herein are:

1. **ECM** which influences all the other components of the system including the humoral component;
2. **fibroblasts** which for a large part produce the ECM, influence its structure and which affects immune- and neural cells;
3. **immune cells,** which are able to evoke all kinds of responses in the ECM, fibroblasts and neural cells;

and finally,

4. **neural cells.** On their turn they affect the ECM, fibroblasts and immune cells.

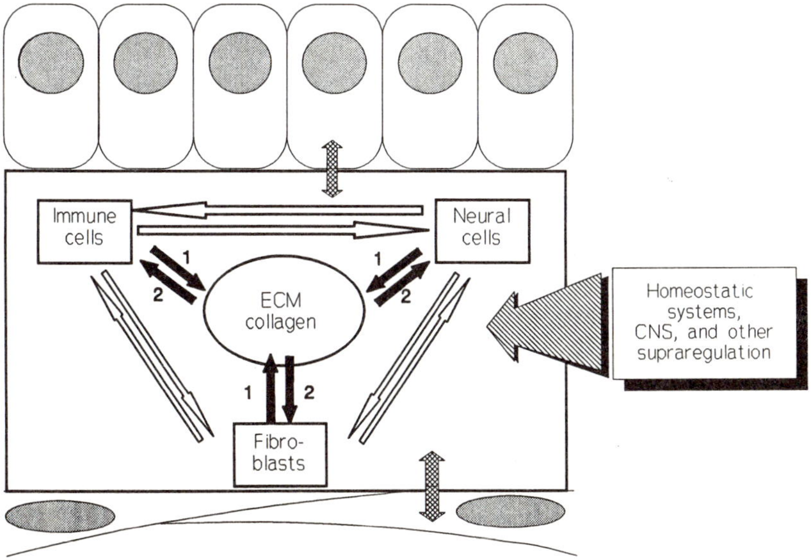

Fig. 4: The interaction patterns within the basic bioregulatory system (for explanations see text).

The open arrows in figure 4 represent the cellular interactions. The cellular component can affect the ECM to a large extent by production or break down of ECM components and/or by changing the organization of the ECM network (closed arrows 1 in figure 4). The organization ECM, then, affects the cellular (and humoral) component (closed arrow 2 in figure 4). For instance: fibroblasts produce a certain type of collagen and structure the network. This changes the ECM. The altered ECM affects ionconcentrations, diffusion rates of water and molecules (humoral component) and the cellular behaviour of immune cells, neural cells and fibroblasts. The altered ionic conditions have an impact on immune and/or neural cells, which is expressed in altering the ECM (e.g. partial break down). The fibroblasts respond upon the changes in the ECM, etc. etc. By this kind of interplay the components perform a highly fine tuned dynamic equilibrium. They create their own system world or Umwelt, while, at the same time, keeping it liable for supraregulation (the homeostatic systems, central nervous system; dashed arrow in figure 4) and for interference from the capillary system on one side and the parenchymous cells on the other (arrows with diamond fill in figure 4). Furthermore, these latter interference mechanisms add possibilities to the system for adaptation to specific local tissue requirements: in each organ or tissue a different ECM can be found (figure 5), as well as different cell type ratio's within the cellular component (*Bornstein* & *Sage*, 1980).

Glycosamin glycans (GAG's)	
Hyaluronic acid	connective tissue, skin, chondroid tissue
Chondroitin-4-sulfate	chondroid, cornea, bone, skin, arteries
Chondroitin-6-sulfate	cornea, bone, skin, arteries
Dermatansulfate	skin, blood vessels, hart, hart valves
Heparansulfate	lung, arteries, cell surface
Heparin	lung, liver, skin
Keratansulfate	chondroid, cornea, intercostals

Fig. 5: For explanations see text.

In this manner the principles of interaction are the same everywhere within the basic bioregulatory system, while at the same time a great variety of local differences are allowed for. This warrants local specificity paired with a complete coherence within the system.

The extracellular matrix

The major component of the ECM consists of seven different **glycosaminoglycan** (GAG) or mucopolysaccharide species (figure 5) (*Lindhal & Höök*, 1978). They are long rigid macromolecules composed of repetitive disaccharide units with at least one amino-sugar rest. They derive their high cation- and water-binding capacities from the high density of negative charges on their surface. This, together with their rigidity makes them very voluminous; a 1% (w/v) GAG solution already forms a hydrated gel (*Rodén*, 1980). Within the basic bioregulation system they are important for **turgor** maintenance. Turgor is largerly dependent on the pH of the system, and hence the acid/alkaline balance of the body. An acid pH (high concentration of cationic H^+) shields the negative charges on the surface of the GAG's and depresses their waterbinding capacity. This results in a low turgor. The reverse happens at a more alkaline pH (figure 6, page 46).

The **collagen** fibres form the second major component of the ECM. Their behaviour with respect to pH resemble that of GAG's (figure 6).

A low pH diminishes their mutual attraction behaviour. The bundle (in tendons) or network (in loose connective tissue) swells. The reverse happens at a pH >7.

Waste material from tissue cells, like carbonate, lactate, etc., contribute substantially to acidification of the ECM.

In healthy people this surplus of acid is buffered and/or neutralized within the system and subsequently dealt with via the capillary system by excretion organs (kidneys, skin, etc.). During the day the pH of both matrix and urine fluctuate (circadian rhythm: in urine the pH fluctuates with two pH-units, in chronic ill patients hardly any fluctuation can be observed). A low pH of the basic bioregulatory system (morning; this for instance can be visible as 'the day after the night before face' in the mirror) activates the Sympaticus (stimulation of H^+ excretion). The reverse occurs when subsequent alkalose (early evening) within the system triggers the Parasympaticus.

GAG's:

Rigid chain, high negative charge, strong water binding, high volume density strong kation binding

parameter	Acid	Alkaline
Turgor	↓	↑
Diffusion	↓	↑
Cell motiliy	↓	↑
Cellular extensions	↓	↑

Fig. 6: For explanations see text; arrows up: increase, arrows down: decrease.

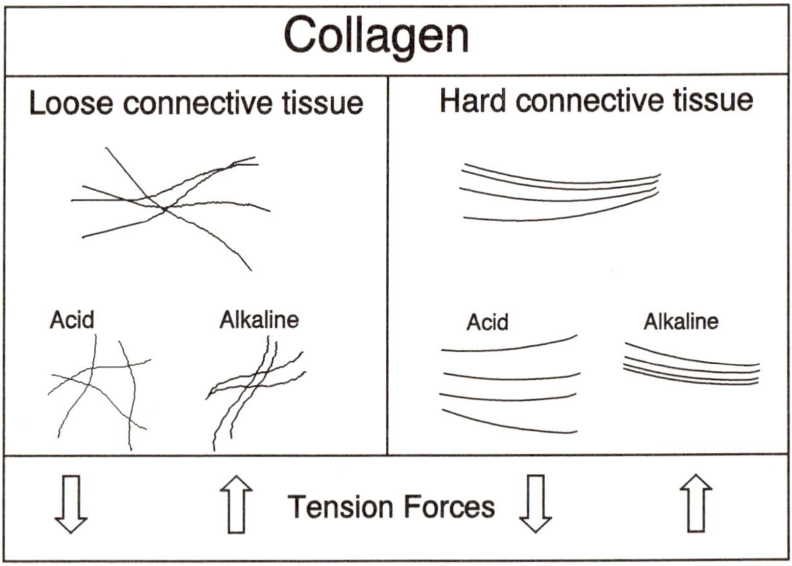

Fig. 7

Besides 'an ugly or sleepy low-turgor face' in the morning, acidification or **acidose** causes:

1. condensation of the fibrous network. This hampers **cellular motility** (immune cells, fibroblasts, etc.);
2. diminished longitudinal or streching forces within the collagen bundles. This adds to the inhibition of **cellular motility;**
3. condensation of the GAG-network obstructs the **diffusion of molecules** within the interstitium. Hence trafficing between capillaries and parenchymous cells is slowed down;
4. less **water-binding** to macromolecules, which lowers the turgor;
5. alteration of **osmotic conditions,** which hampers transport of ionic material across the membranes of endothelial cells (capillaries) or parenchymous cells.

Alkalose causes the reverse of these effects.

Fibroblasts are the major producers of GAG's and collagen (*Hay,* 1982). This provides these cells with powerfull means to affect other cells. I.e:

1. functioning of motile immune cells;
2. out-growth of the vegetative, neural, terminal web, especially during embryogenesis;
3. proliferation of fibroblasts;
4. proliferation and differentiation of parenchymous cells.

Differentiation of ecto- or endodermal structures in the embryo depends on the presence and characteristics of the underlying ECM, which is assembled by the mesenchymous cells. In the adult it fulfills a role in adjusting (de)differentiation characteristics of parenchymous cells, which is important for e.g. tissue regeneration, development or control of tumor cells, etc. Other examples are ECM-dependent milk protein production and ECM-dependent growth factor sensitivity of endothelial cells.

Neuropeptides

Neuropeptides are important regulator molecules. As products of e.g. the sympaticus nerve endings, they directly regulate all kinds of physiological functions. They are furthermore important as regulators of regulators. In this sense they can be considered as (neuro)transmitters within a complex structured and extremely wide (synaptical) gap. There is accumulating strong evidence that the central nervous system does not earn anymore the prerogative of neuropeptide secreting system. Other, notnervous tissues have been shown to produce and secernate these very regulator molecules as well (*Hartshuh* et al., 1983; *Taino* et al., 1986; *Cantin* et al., 1984; *Skofitsch* et al., 1985; *Payan*, 1985; *Payan* et al., 1983, 1985, 1986; *Lundberg* et al., 1982; *Hadden*, 1975; *Williams* et al., 1981; *Miles* et al., 1981, 1984, 1985; *Chelmica-Schoor*, et al., 1988). Neuropeptides, thus, are the intermediates between central nervous system activity and other bodily system functions **and vice versa.** For instance, this, among other evidences, tempted researchers to rename the immune system into 'the floating brain'.

It has been shown that the neural component of the basic bioregulatory system, i.e. the nerve endings of the nervus sympaticus influence (*van Wijk* et al., 1990; *van Wijk* and *Geilenkirchen*, 1991);

1. parenchymous cells;

2. the immune system (*Giron* et al., 1980, *Reilly* et al., 1976);

3. other cells of the cellular component, i.e. fibroblasts.

On the other hand is the CNS affected on several levels by neuropeptides from non-neural origins. This makes monitoring of bodily functions possible, but also a direct manipulation of the CNS by other physiological systems (e.g. the immune system). Somewhere within this complex interaction pattern is the solution to the riddle of the mind-body (inter)relationship to be found.

The marvel of the fine tuned, highly dynamic interplay between the elements of the basic bioregulatory system can be seen in action very clearly after we cut our finger:

Tissue regeneration

The ECM has an open organization in the early phase of tissue regeneration, which makes the extravascular space highly accessible for immune cells like leukocytes and macrofages. The low macromolecule density (collagen concentration <50 μg/ml) furthermore activates the proliferation of cells, like polymorph nuclear leukocytes, while a high density (collagen concentration >200 μg/ml) is inhibitory. A comparable effect has been observed with stimulation of fibroblasts to produce ECM and to proliferate. Macromolecule density depends on **1.** concentration, and **2.** on condensation of the macromolecules. The latter is accomplished by fibroblasts. *In vitro* there is a good correlation between rate and level of condensation and fibrolast density (*Bell* et al., 1979, 1981, 1983). This happens *in vivo* in the late stage of tissue regeneration. In conclusion:

Tissue regeneration
Open matrix →   activation of cells →   cell proliferation   and increased ECM production →   ECM condensation by cells →   inhibition of cellular activities.

Humoral factors, like pH, nutritients and regulator molecules (neuropeptides, interleukins, etc.), are of course of crucial importance.

The neural component not only is important for monitoring the conditions of the 'milieu interne' or 'terrain'. It also transfers stimuli from the regenerating area into the CNS. A severe disturbancy within the system can develop, when the body has to deal with persistent subliminal stimuli from inappropriate healed tissue (e.g. bad scars).

Regulation

Regulation forms the crux of the concept of the basic bioregulatory system. Without regulation no homeostasis can be achieved and without homeostasis life is impossible. However, it is this notion that makes the concept inapt or at least difficult to grasp for traditional scientists, trained in thinking in and working with linear causal relationships. From their viewpoint these types of biological processes have no beginning or end, and are extremely complex. It even more turned out that the regulatory process itself can be lethal! This is painfully illustrated in MOF, which is characterized by massive inflammation (*Nuytink*, 1986) that in the end causes a successive, severe damage to vital organs. Death of the patient is then almost inevitable. *Trunkey* (1988): *"During evolution humans acquired a number of homeostatic mechanisms, including inflammation, to counteract injury and stress. Modern surgery and resuscitation now allow patients to survive injuries that heretofore would have been fatal. Ironically, patient's own homeostatic mechanisms become so disrupted they contribute to the injury pathophysiological process."* It is this 'irony' that underlies many chronic diseases and which attracts the focused attention of physicians and scientists that use the concept of the basic bioregulatory system as a lead in their professional way of thinking.

An organism can be considered as a living system that constantly interacts with its environment. It is bombarded with all kinds of stimuli from the outside world on which it has to respond properly. This means: the system must maintain a dynamic equilibrium, what the homeostatic processes are meant to accomplish (*Bernard*, 1857; *Cannon*, 1939; *Von Berthalanffy*, ...; *Roberts*, 1972; *Perger*, 1989, 1990). This is threatened in overstimulating conditions. This occurs when a stimulus is too strong or when there are too much stimuli at the same time together with cumulation effects; many subliminal stimuli together can cause a severe overstimulation of the system (*Perger*, 1990). The threat becomes reality when these conditions last too long or are severe enough. Chronic diseases are placed in the former category. MOF may be an example of the latter. Regulatory incapacity, hypo- and hypersensitivity and paradoxal reactivity are examples of possible occurring dysregulation types (figure 8). They can be positively correlated with a lack of health.

Biological system theory

The classical concept of the basic bioregulatory system enriched with findings from modern molecular cell biology provides us with powerful means for understanding and (hence) treating (especially chronical) diseases. It learns us how cells, given certain homeostatic systems, create their own specific life conditions within the body. It, furthermore, gives us several possibilities to evaluate 'alien' treatment protocols from complementary medicine without the demands of understanding the specifics of a particular treatment (*van Wijk* et al., 1990). However, the human organism is more than cells creating their own specific life conditions and complex organized, homeostatic systems. The danger of the concept of the basic bioregulatory system lies in luring the physician into a higher order of materialistic thinking. It does not provide for means of understanding, for instance, the interrelationship of hierarchical levels of organization, the placebo effect or the healing power of genuine love, hope and faith (...). It hints upon, but does not account for, a merging of biology and psychology, while in our daily experience these two are intimately interconnected. A possible way

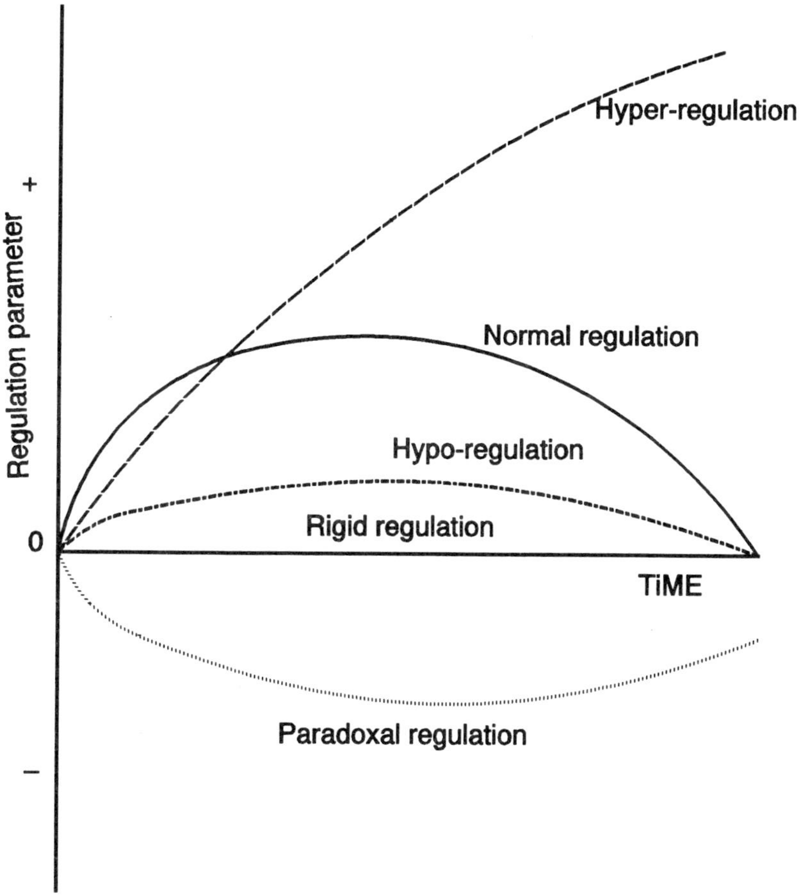

Fig. 8: The basic bioregulatory system is recognized as a large (fluid volume = 16–18 liters), well spread, highly dynamic somatic compartment that 'rinses' **all** tissue cells. All major homeostatic processes become effective in this compartment. This implies that dysregulation also must be expressed within this system as already was hinted on by Bordieu in as early as 1767. The basic bioregulatory system hence has much diagnostic potential. In exploring this, one has to keep in mind that regulation can *only be characterized in terms of* ***changes of typical values in time.*** *Instant absolute values, like THE urine pH of the moment, are next to meaningless in this respect.* Regulation is expressed as a pattern of changing values in time. Dysregulation can be recognized by its deviation from this typical pattern. Based on this, several (potential) powerfull diagnostic tools are devised: 1. temperature regulation recordings; 2. electrodermal methods; 3. biochemical methods; 4. cell biological methods.

out of this draw-back of the concept can be found in incorporating a third discipline of modern science: biological system theory.

Out of general system theory, a biological system theory is now rapidly developing. *Von Bertalanffy* (1968), *Jantsch* (1980), *Wolkowsky* (1982) and especially *Maturana* and *Varela* (1988) are to be mentioned as pioneers in this respect. A short compilation with additions of our own work (*Linnemans,* 1989; *van Wijk* et al., 1990) will be given in this section.

One of the most fascinating aspects of (living) systems is their ability to communicate or to interact. We can see this on all levels of organization and become overwhelmed with the diversity of ways of communication nature has devised. The mere fact that electro-neutral atoms have a certain number of electrons in a certain configuration around their nucleus makes them either 'craving for some more electrons' or 'dying to get loose of some'. When atoms of either kind meet, they can go together (they interact) and form a molecule. In this way all kinds of molecules are assembled out of atoms. The driving force for interaction (be it positive = attraction, or negative = repulsion) is the above mentioned duality. Molecules have a certain affinity for each other (positive = attraction, 0 = nothing happens, or negative = repulsion), which makes active enzymes, muscle fibers and the use of antibodies in immune defence possible. Again the driving force is some type of duality. At the molecular level, for instance, this can be electrical charge (+ or −), solubility (hydrophobic or hydrophylic, lipophylic or lipophobic, etc.), etc. An assembly of atoms has acquired completely new means of interaction possibilities. This can go on and on. Molecules can assemble into molecular complexes (e.g. the cell membrane, nuclear chromatin, etc.) with their own peculiar new means of interaction. These complexes can go together into organelles and many (different) organelles together do make a cell. Cells assemble into tissues, tissues form organs, organs make organisms and organisms go together in a large variety of communities.

The driving force for doing this always is some form of duality that has come into existence by the assembly of a more complex organization. Only because of the assembly of atoms into molecules, one of them being H_2O, the duality hydrophobicity versus hydrophylicity is brought into existence. And it is the phenomenon of hydrophobicity which is an absolute prerequisite for the existence of living beings (*Lauffer,* 1983). It furthermore seems that the variance in dualities increase with the complexity of organization. At the cellular level it already is numerous.

A strong enough duality can be a driving force behind some kind of interaction. This is the same as to say: energy is consumed and work is carried out (energy is Greek for "something that makes work possible"). Thermodynamics learns us that the type of organization makes possible that a relatively large proportion of the energy difference (ΔE) between the onset of the process and the end, is 'free' for doing work (ΔG). And this is what life is about: dealing more and more efficiently with all kinds of energies. In the past three hundred years we have discovered several types of energy (thermal, electrical, radiational, gravitational, etc.), learned their fundamental interrelationships and formalized them in mathematical, abstract expressions. This we can use for the description of all kinds of interactions within the body as far as the aspect of matter is concerned. We run into problems when we have to deal with dualities in the realm of the mind like 'good versus bad'. Nevertheless these types of dualities can be strong driving forces for all kinds of interactions ranging from immunological effects (psycho-immunology), to increased international tensions (e.g. the 'good' or 'bad' book of *Rushie*). From this point of view the notion 'emotional energy' sounds not too stupid.

It seems that we are allowed to deduce that in general

> **each system interacts with another one that comes across. When they go together and form a new, more complex system, new dualities can come into existence. These dualities, then, can become driving forces behind interaction patterns between this higher organized system and others. This, again, can result in some, even more complex system with completely new means of interaction (made possible by new dualities). This can go on and on and each time the same basic laws are obeyed.**

Interaction is only possible when systems share time and space: i.e. when they are at the same place at the same time. This connection in time and space is called **cohesion** (fig. 9, p. 54). From the moment interactions come into effect, it is possible that they not only share space and time, but also get tuned to each other in their 'conduct'. The connection of systems in time, space, and 'proceedings' is called **coherence** (figure 9). Systems, assembled in a coherent situation, can become more and more fine tuned to each other.

They start to work together **(synergism)** and 'assign' each other with specific tasks **(differentiation)** (fig. 10, p. 54); they not only share time, space

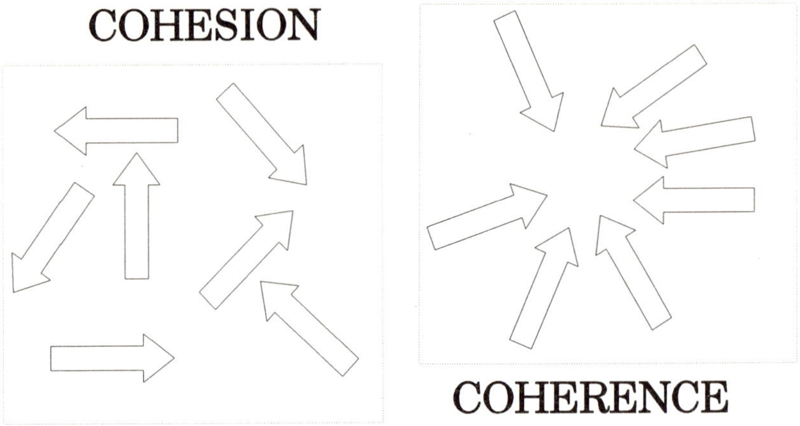

Fig. 9: For explanation see text.

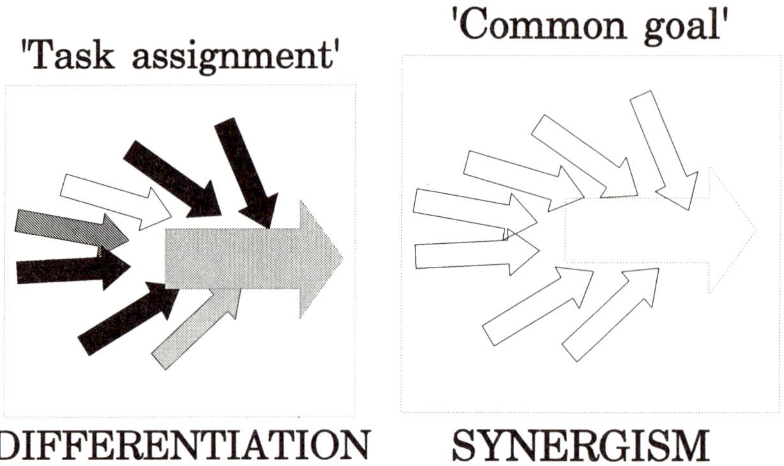

Fig. 10: For explanation see text.

and proceedings, but also a 'goal'. From this point on the assembly of systems has become a more complex system, a wholeness that exceeds the summation of its constituents (figure 11).

The more complex system **is characterized ONLY by the interaction pattern between the constituting elements and NOT by their individual characteristics.** This has some very important consequences.

System with nested sub-systems

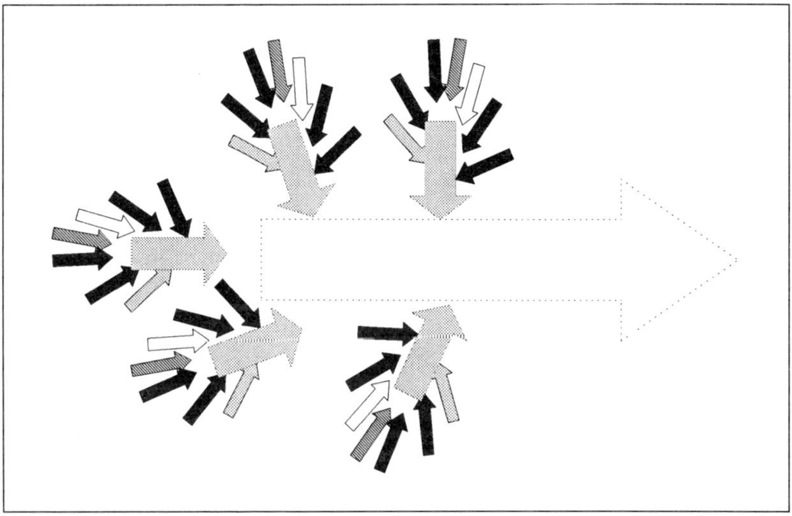

Fig. 11: For explanation see text.

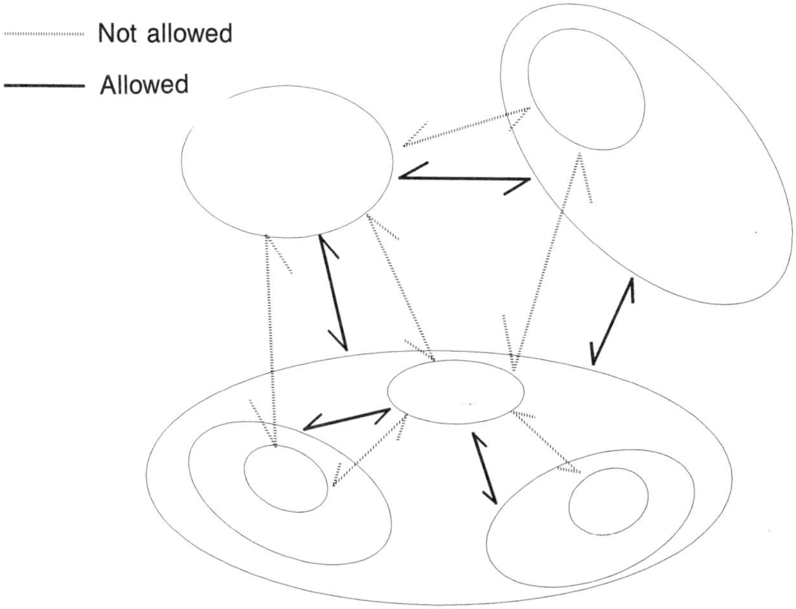

Fig. 12: For explanation see text.

Systems of a cohesive assembly share their environment, but not necessarily their life space, niche, system-world or 'Umwelt'. Systems, joined in a higher organized system, on the other hand share their system world or Umwelt. Their system-world now is confined to the borders of this higher organized one (figure 12). They either belong to the system or do not belong to it. In that sense the higher organized system is closed (*Maturana* & *Varela*). This underlies the necessity of an immune system at the organismal level, and implies the occurence of specific 'self'/'non-self' discrimination procedures at other levels of organization (cell, community, etc.).

In conclusion:

We now can discern two aspects of the hierarchycal organisation of nature:

1. Systems that are clearly delimited (atoms, cells, organisms, and communities);
2. Systems, within these former ones, that participates on several levels of organization (molecules, organelles, tissues and organs, and small communities). They belong to complexes[3] within a system.

- **Elements, within a system, together create their specific system-world or 'Umwelt', which is secluded from the environment. In this sense the system is closed. This serves the occurrence of a characteristic interaction pattern, and conditioning of the direct life space of the elements.**
- **Being a 'participant' is expressed in the ability to join in the specific interaction pattern within the system. I.e. 'self' versus 'non-self' is due to this ability and not primarely by some 'tagging' procedure.**
- **'Participants' are not 'allowed' to interact beyond the borders of their system, neither into higher –, nor into lesser organized ones. Individuality is confined to the limits of the system they belong to.**

[3] A complex is a subsystem composed of more than one element that carries out a specific function within an entity. The term refers to *Jung*'s definition. An element within a system can participate in more than one complex. Mitochondria are, for instance, involved in cell energetics, Ca^{2+}-homeostasis and cell redox balance maintenance. In the organism the skin, liver, lungs, etc. are involved in more than one type of organismal function (persons participate in families, societies, businesses, churches, political parties, etc.).

From this point of view the system-world within the first-type systems is very important for the ability of functioning of the second-type systems. Here conditioning of life space is of crucial importance for becoming (and staying) a wholeness.

A tentative fairly coarse ordering of first-type systems with respect to an ever fluctuating environment can subsequently be considered:

1. *Atom* — Conditioning of levels of physical energy (ΔE). The organization of electrons around the nucleus determines the possible energy levels and types for all higher organized systems (figure 13, line);
2. *Cell* — Conditioning of efficiency of energy consumption ($\Delta G/\Delta E$). It are the cells that in effect carry out the energy conversions needed for life to go on (figure 13, dashed line, page 58);
3. *Organism* — Conditioning of free-energy provision (G/time). Constancies of temperature (in birds and mammals), life space characteristics important for cells (pH, ions, etc.), constancy of a certain level of availability of needed chemicals pro mass and constancy of waste disposal makes that most of the time cells can carry out there life sustaining tasks (figure 14, dashed line);
4. *Community* — Conditioning of energy supply (E/time). Leveling off of seasonal and yearly fluctuations of food supply and enhanced possibilities to forage (figure 14, line, page 58).

The conditioning procedures for each level differ completely and are dictated by the specific needs of that particular level of organization. For cellular complexes it is, among other things, important that high dynamism is coupled to strong structuring of cell constituents (microtubuli, muscle fibers, etc.). This asks for a maintenance of the entropy content of a cell (*Lauffer,* 1983; *Chetvin & Spirin,* 1981; *Linnemans,* in press). Other typical conditioning factors at the cellular level are for instance: relatively high cytoplasmic concentrations of K^+ and Mg^{2+}, low cytoplasmic concentrations of Na^+, very low cytoplasmic concentrations of H^+ and Ca^{2+} (the ratio outside/inside can be as high as 10^5), and carefully regulated high free-radical levels (*Szent Gyorgyi*). At the level of communities it is important that participants share the same belief context (*Hayward*), speak the same language and use the same image of their reality expressed in art, science and religion.

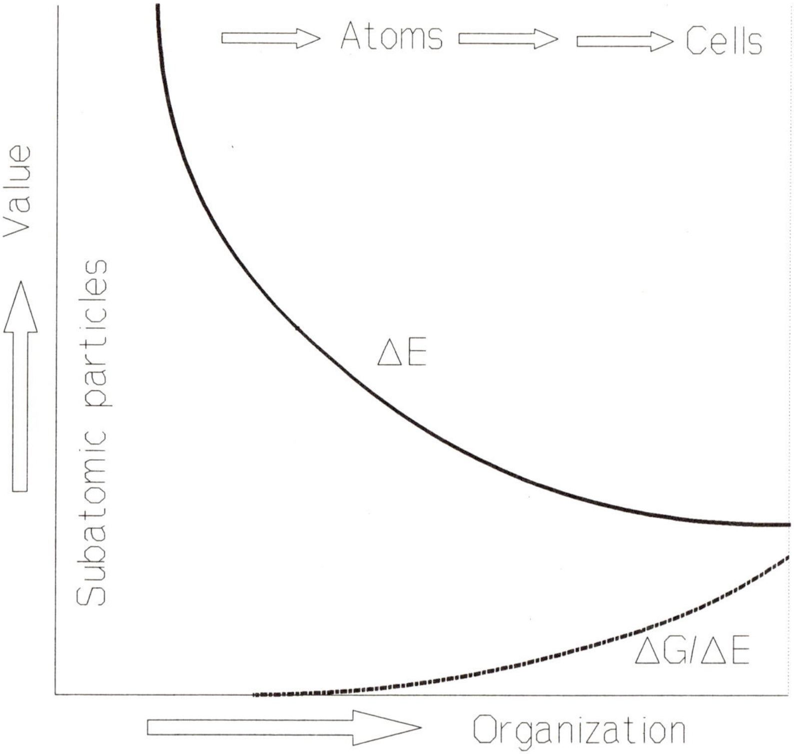

Fig. 13: Processable energy decreases with increasing complexity of organization when atoms form molecules, molecules form organells and organelles go together into cells. The efficiency of energy processing, however, increases considerably when this occurs.

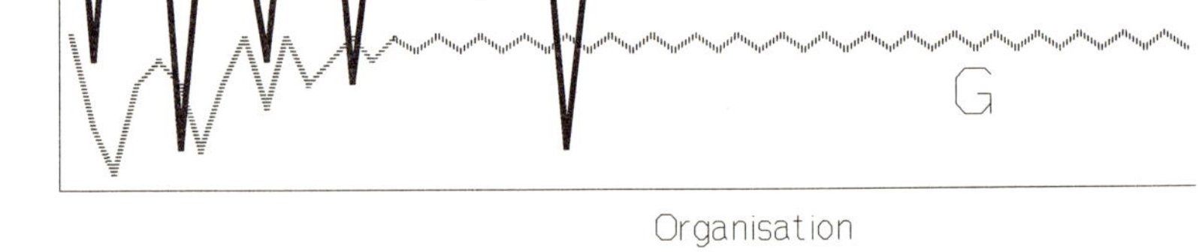

Fig. 14: Increasing complexity of organization leads to increased availability of free energy and energy in time. For more comments: see text.

Virchow's cell pathology concept deals with the (in)abilities of cells for their life sustaining tasks within a body. This includes a description of:
1. the diverse interaction patterns within cells;
2. the types of energy conversion and means for getting efficient $\Delta G/\Delta E$ values;
3. the conditioning procedures within a cell;
4. the extracellular interactivities.

This holds for free living cells (bacteria, amoebae, etc.) as well as for cells that participate in a confederation (metazoic body). The difference between these two situations can be found in the conditioning factors at the organismal level; i.e. the basic bioregulatory system. This means that:
1. the cells, that participate in the confederation, create their own, specific Umwelt;
2. the specific interaction pattern, made possible by this typical Umwelt, dicriminates between participants and non-participants (probably a more correct description than self versus non-self);
3. cellular individuality is maximally made use off in such a conditioned situation.

Thus, within a body, we have cells which express certain extracellular activities and have a distinct need for certain life-space characteristics on the one hand. On the other hand we have an organism in possession of many homeostatic systems ranging from purely material (physiology) to largerly emotional (psychology). These two meet and interact in the basic bioregulatory system. Cellular activities and homeostasis are both made effective in this interstitial space.

Disease can be caused by:
1. dysfunctioning of cells *(Virchow)*;
2. dysfunctioning of homeostatic systems;
3. inaptitude of maintaining a proper interaction pattern between the former two within the basic bioregulatory system.

(The order of sequence **3.**, **2.**, and **1.** is probably more according to reality; a failing interaction pattern debilitates homeostasis and this in the end hampers cells to function as they should).

Literature

Bell, E.; Iversen, B.; Merill, C.: Production of a tissue-like structure by contraction lattices by human fibroblasts of different proliferative potential in-vitro. Proc. Natl. Acad. Sci. USA, **76**, 1979, 1274.

Bell, E.; Ehrlich, H. P.; Buttle, D. J.; Nakatsuji, T.: Living tissue formed in-vitro and accepted as skin-equivalent of full thickness. Science **211**, 1981, 1052.

Bell, E.; Sher, S.; Hull, B.; Merill, Ch.; Rosen, S.; Chamson, A.; Asslineau, D.; Dubertret, L.; Coulomb, B.; Lapiere, Ch.; Nusgens, B.; Neveux, Y.: The reconstruction of living skin. J. Invest. Dermatol. **81**, 1983, 1 Suppl.: 2s.

Bertalanffy von, L.: General System theory. George Braziller, New York 1968.

Bordieu, L.: Recherches sur les tissu muqueux ou l'organ cellulair. Paris, 1767 **I**, II.

Bornstein, P.; Sage, H.: Structurally distenct collagen types. Annu. Rev. Biochem. **49**, 1980, 957.

Buttersack, F.: Latente Erkrankungen des Grundgewebes; insbesondere der seröse Häute. Stuttgart 1912.

Cantin, M.; Guttowska, J.; Thibault, G.; Milne, R.; Jedoux, S.; Minli, S.; Chapeau, C.; Carcia, R.; Hamet, P.; Genest, J.: Immunocytochemical localization of atrial natriuretic factor in the heart and salivary glands. Histochemistry **80**, 1984, 113.

Chelmicka-Schorr, E.; Checinski, M.; Arnason, B. G. W.: Sympathetectomy augments the ceverity of experimental allergic encephalomelitis in rats. Ann. N. Y. Acad. Sci. **540**, 1988, 707.

Eder, M.: Herdgeschen – Komplexgeschehen. Karl F. Haug Verlag, Heidelberg 1977.

Eppinger, H.: Die Permeabilitätspathologie als die Lehre vom Krankheitsbeginn. Springer-Verlag, Wien 1949.

Giron, L. T.; Crutcher, K. A.; Davis, J. N.: Lymphnodes, a possible site for sympathetic neuronal regulation of immune responses. Ann. Neurol. **8**, 1980, 520.

Hagen, E.: Zur Innervation der Haut. In: Handbuch der Haut- und Geschlechtskrankheiten (*Gans, O. & Steigleder, G. K.*, Eds.), **Bd. 1/1:** Normale und pathologische Anatomie der Haut 1. Springer-Verlag, Berlin 1968.

Hartschuh, W.; Weihe, E.; Reinecke, M.: Peptidergic (neurotensin, VIP, substance P) nerve fibres in the skin. Immunohistochemical evidence of an involvement of neuropeptides in nociception, pruritis and inflammation. Brit. J. Dermatol. **109**, Suppl. 25, 1983, 14.

Hay, E. D.: Cell biology of the extracellular matrix. Plenum Press, New York 1982.

Jabonero, V.: Die vegetative Peripherie. Acta neurovegetat. (Wien), Suppl. IV, 1955.

Jabonero, V.: Studien über die Synapsen des peripheren vegetativen Nervensystems. Acta neurovegetat. (Wien) **29/1**, 1966, 111.

Jantsch, E.: The Self Organizing Universe. Pergamon, Oxford, 1980.

Lindahl, U.; Höök, M.: Glycosaminoglycans and their binding to biological macromolecules. Annu. Rev. Biochem. **47**, 1978, 385.

Linnemans, W. A. M.; van Wijk, R.: Het grondsysteem, basis voor het toetsen van geneeswijzen. Natuur en Techniek **57**, 1989, 354.

Linnemans, W. A. M.: Gezondheid en Ziekte. In: Integrale Geneeskunde (*Aakster, C. A.; van Dijk, P.; van Wijk, R.* Eds.), 1989, 38. Wolters Noordhoff, Groningen.

Lundberg, J. M.; Hedlund, B.; Bartfai, T.: Vasoactive intestinal polypeptide enhances muscarinic ligand binding in cat submandibular salivary gland. Nature (London), **295**, 1982, 147.

Maturana, H. R.; Varela, F. J.: The Tree of Knowledge. The Biological Roots of Human Understanding. New Science Library, Boston 1988.

Miles, K.; Atweh, S.; Otten, G.; Arnason, B. G.; Chelmicka-Schorr, E.: B-adrenergic receptors on the splenic lymphocytes from axotomized mice. Int. J. Immunopharmacol. **6**, 1984, 171.

Miles, K.; Chelmicka-Schorr, E.; Atweh, S.; Otten, G.; Arnason, B. G. W.: Sympathetic ablation alters lymphocyte membrane properties. J. Immunol. **6**, 1985, 135.
Miles, K.; Quintans, J.; Chelmicka-Schorr, E.; Arnason, B. G.W.: The sympathetic nervous system modulates antibody response to the thymus-dependent antigens. J. Neuroimmunol. **1**, 1981, 101.
Molenaar, H.; Roller, O.: Die Bestimmung des extrazellularen Wassers beim Gesunden und Kranken. Z. klin. Med. **136**, 1939, 1.
Nuytinkc, J. K.S.; Goris, R. J. A.; Weerts, J. G. E.; Schillings, P. H. M.; Schuurman Steckhoven, J. H.: Acute generalized microvascular injury by activated complement and hypoxia: the basis of the adult respiratory distress syndrome and multiple organ failure? Br. J. exp. Path. **67**, 1986, 537.
Nuytinck, J. K. S.; Goris, R. J. A.: Pathophysiology of the Adult Respiratory Distress Syndrome (ARDS) and Multiple Organ Failure (MOF) – A hypothesis. Neth. J. Surg. **37**, 1985, 131.
Nuytinck, J. K. S.: 'Adult Respiratory Distress Syndrome' en 'Multiple Organ Failure'. Tijdschr. Ziekenverpl. **40**, 1986, 584.
Payan, D. G.; Hess, C. A.; Goetzl, E. J.: J. Immunol. **135**, 1985, 7835.
Payan, D. G.; McGillis, J. P.; Goetzl, E. J.: In: Advances in Immunology, Eds. *F. J. Dixon, K. F. Austin, L. Hood, W. Uhr,* Vol. **39**, 1986, 299. Academic Press, San Diego.
Payan, D. G.; Brewster, D. R.; Goetzl, E. J.: J. Immunol. **131**, 1983, 1613.
Payan, D. G.: Receptor-mediated mitogenic effects of substance P on cultured smooth muscle cells. Biochem. Biophys. Res. Commun. **130**, 1985, 104.
Perger, F.: Die Summation von Reizen im Grundregulationssystem. Ärzte-Zschr. f. Naturheilverf. **31**, 1990, 772.
Perger, F.: Grundregulation und Herdbelastung. Ärzte-Zschr. f. Naturheilverf. **30**, 1989, 196.
Pischinger, A.: Das System der Grundregulation. Karl F. Haug Verlag, Heidelberg 1975.
Reichert, C. B.: Vergleichende Beobachtungen über das Bindegewebe und die verwandter Gebilde. Dorpat 1845, S. 168.
Reilly, F. D.; McCuskey, R. S.; Meinecke, H. A.: Studies of the hemopoietic microenvironment. VIII Adrenergic and cholinergic innervation of the murine spleen. Anat. Rec. **105**, 1976, 100.
von Rindfleisch, E.: Elemente der Pathologie. Leipzig 1869.
Rodén, L.: Structure and metabolism of connective tissue proteoglycans. In: The biochemistry of glycoproteins and proteoglycans (*W. J. Lennartz,* Ed.), p. 267., Plenum Press, New York 1980.
Schadé, H.: Die physikalische Chemie der Inneren Medizin. Steinkopff, 1921.
Skofitsch, G.; Jacobowitz, D. M.; Eskay, R. L.; Zamir, N.: Distribution of atrial natriuretic factor-like immunoreactive neurons in the rat brain. Neuroscience **16**, 1985, 917.
Standenath, F.: Das Bindegewebe usw. Ergeb. d. allg. Pathol. Anatomie d. Menschen u. d. Tiere **22**, 1928, Abtgl II 70.
Stöhr, Ph.: Mikroskopische Anatomie des vegtativen Nervensystems. Handbuch d. mikr. Anat. d. Menschen. Möllerdorf-Bargmann, Bd. IV/5, Springer-Verlag, 1967.
Taino, H.; Vaaldasti, A.; Rechardt, L.: The distribution of sympathetic adrenergic, tyrosine hydroxylase- and neuropeptide Y-immunoreactive nerves in human axillary sweat glands. Histochemistry **85**, 1986, 117.
Taino, H.: Cytochemical localization of VIP-stimulated adenylate cyclase activity in human sweat glands. Brit. J. Dermatol. **116**, 1987, 323.
Trunkey, D. D.: Inflammation and Trauma. Arch. Surg. **123**, 1988, 1517.
Wolkowsky, Z. W.: Hierarchical perception of time and periodicity. In: Cybernetics and System research (*R. Trappel,* Ed.). North Holland Publ., Amsterdam 1982.

Wijk van, R.: Het basis bioregulatiesysteem. In: Integrale Geneeskunde (*C. A. Aakster, P. van Dijk, R. van Wijk,* Eds.), 1989, 38. Wolters Noordhoff, Groningen.
Wijk van, R.; Geilenkirchen, W.L.M.: Regulatiestoringen van de huid bij orgaanaandoeningen; een literatuuroverzicht naar de betekenis van de sympaticus. Ned. Tijdschr. voor Integr. Geneesk. **7**, 1991, 51.
Wijk van, R.; Wiegant, F.A.C.; Souren, J.E.M.: Electrodermaal en matrixonderzoek. Stichting Albert Vogelprijs, 1990, Elburg.
Wiegant, F.A.C.; van Wijk, R.: De decoder-demografische meting. Onderscheid tussen gezonde proefpersonen en patiënten. Ned. Tijdschr. voor Integr. Geneesk. **7**, 1991, 91.
Williams, J. M.; Peterson, R. G.; Shea, P. A.; Schmedtje, J. F.; Bauer, D. C.; Felten, D. L.: Sympathetic innervation of the murine thymus and spleen: Evidence for a functional link between the nervous- and immune systems. Brain Res. Bull. **83**, 1981, 91.

Die Bedeutung langreichweitiger Wechselwirkungen für die Naturheilverfahren

Von *F. A. Popp*

Einleitung

Die „klassische" Medizin basiert, soweit sie nicht als „Erfahrungswissenschaft" zu bezeichnen ist, weitgehend auf den wissenschaftlichen Grundlagen und Modellen der Biochemie. Das weite Feld der „Allopathie" wird von „Rezeptormodellen" beherrscht, die wiederum einem „mechanistischen" Weltbild unterworfen sind.

Die Vorteile dieser Methodik liegen in der Objektivierbarkeit der Ergebnisse (Reproduzierbarkeit, Falsifizierbarkeit), in der Systematik der wissenschaftlichen Erkenntnisse, in der Zuverlässigkeit und intersubjektiven Vermittelbarkeit der Datenbasen sowie in der Vorhersagbarkeit einer Vielzahl von Effekten.

Schwächen sind erkennbar in ungelösten (und möglicherweise so auch unlösbaren) Problemen, seien es nun beispielsweise Aids oder Krebs, Allergien oder Depressionen, Rheuma, Multiple Sklerose oder eine Reihe weiterer als „unheilbar" geltender Krankheiten. In allen Fällen ist das „eigentliche" Wesen der Erkrankung bisher weitgehend unerkannt geblieben.

Das bedeutet, daß wir Grund haben, offen zu sein für die Frage, ob nicht das Konzept selbst elementare Fehler aufweist, die uns das Verständnis für bestimmte Krankheiten oder allgemein „Krankheit" überhaupt verschließen.

So kann beispielsweise die Unheilbarkeit der Krebserkrankung darauf zurückzuführen sein, daß die von der klassischen Medizin verfolgte Vernichtungsstrategie gegen Tumorzellen (Strahl und Chemotherapie) durch eine „Resozialisierungs"-Therapie unter Optimierung körpereigener Abwehrmaßnahmen (Immun- und Reparatursystem) ergänzt und vielleicht sogar teilweise ersetzt werden muß.

Der Gedanke wird nahegelegt durch die unbestrittenen Fälle von „Spontanheilungen", die eine erstaunlich hohe Selbstheilungskapazität des Organismus aufdecken.

Wir verstehen heute sehr wenig von der Funktion und den Wechselwirkungen dieser Abwehrkräfte. Das liegt vermutlich daran, daß wir der Organisation der biologischen raumzeitlichen Dynamik zugunsten molekularer Prozesse zu wenig Beachtung gewidmet haben. Sollte es daran liegen, daß die „klassischen“ Evolutionstheorien letztlich eine „supermolekulare“ Entwicklung der Lebewesen ausschließen – nämlich durch „random“ mutation and selection –, dann wird es Zeit, sich tiefergehend auch mit der Frage zu befassen, inwieweit eine solche Annahme nicht durch tautologiefreie Konzepte zu ersetzen ist.

Tatsächlich sind Lebewesen Geschöpfe, für die Begriffe wie „Information“, Bewußtsein, Kommunikation, ja sogar „Ethik“ und „soziales“ Verhalten mindestens ebenso wertvoll und existentiell bedeutsam sind wie molekulare Wechselwirkungen, obwohl sie sich einer wissenschaftlichen Terminologie ganz oder teilweise entziehen.

In den letzten Jahren haben sich unabhängig voneinander in den exakten Naturwissenschaften verschiedene Strömungen entwickelt, die zu einem „Paradigmenwechsel“ zu führen scheinen.

Beispielsweise öffnet die „shape-space“-Beschreibung in der Immunologie [1] neue Einsichten in die Organisation der Abwehrsysteme. Die „dissipativen Strukturen“ *I. Prigogines* [2] können thermodynamisch notwendige Bedingungen für die raumzeitliche Strukturierung biologischer Systeme aufzeichnen. Wenngleich die „Chaos-Theorie“ [3], die zur Zeit in der Mathematik intensiv entwickelt wird und wegen ihrer vielfältigen Anwendbarkeit zur Modeerscheinung geworden ist, sicher nicht endgültige Lösungen zur Beschreibung biologischer Systeme anzubieten vermag, so ist der Impuls für ein besseres Verständnis biologischer Entwicklung und Evolution unübersehbar geworden.

*Fröhlich*s Idee von kohärenten langreichweitigen Wechselwirkungen in biologischen Systemen [4] reduziert das Geschehen zwar auf eine begrenzte Basis physikalischer Zustände. Dafür büßt sie aber weder an grundsätzlicher Bedeutung ein, noch verliert sie den Zusammenhang mit der experimentellen Prüfbarkeit. Nicht weniger bedeutsam für das tiefere Verständnis des „Lebens“ könnten sich freilich auch philosophische Ansätze, wie die des russischen Mathematikers *V. V. Nalimov* [5] erweisen, der eine Brücke zwischen der „Syntaktik“ der Physik und der Semantik der Biologie zu schlagen versucht.

Ein neuer holistischer Ansatz zum Verständnis lebender Systeme kommt von *R. K. Mishra* (z. B. *R. K. Mishra:* Holistic nets and continua in the human body; bases for integrated medicine. ECIM, Euro-Kongreß Integraler Ganzheits-Medizin, Brüssel, 9.–13. September 1992, Arbeit in Vorbereitung).

Alle diese Strömungen haben gemeinsam, daß sie sich vom lokalen, mechanistischen Aspekt lösen und fachübergreifend nicht-lokale Strukturierungen und Dynamisierungen des Phasenraums auf ihre Korrelationen mit „realen" Ereignissen prüfen. Lokaler Mechanismus wird ersetzt durch teleologische Konzepte nichtlinearer Wechselwirkungen, von denen man hoffen kann, daß sie eines Tages ebenso gut „verstanden" werden, wie man das heute Rezeptor-Modellen in der Beschränkung auf lokale Ereignisse unterstellt.

Wir beschäftigten uns in den letzten Jahren experimentell und theoretisch mit einigen Problemen, die nicht-lokale Wechselwirkungen in biologischen Systemen indizieren. Einige Beispiele sollen die grundsätzliche Fragestellung, wesentliche Ergebnisse und ihre Anwendbarkeit auf ungelöste Fragen in der Medizin verdeutlichen.

Das Galle-Experiment

Heute ist allgemein akzeptiert, daß alle lebenden biologischen Systeme eine schwache, permanente Lichtemission mindestens im Bereich von 200–800 nm aufweisen (7–12). Ihre Intensität liegt bei einigen wenigen bis zu etwa tausend Photonen/s und pro Quadratzentimeter Oberfläche des Systems. Abb. 1 zeigt das Beispiel einer solchen Photonenemission („low-

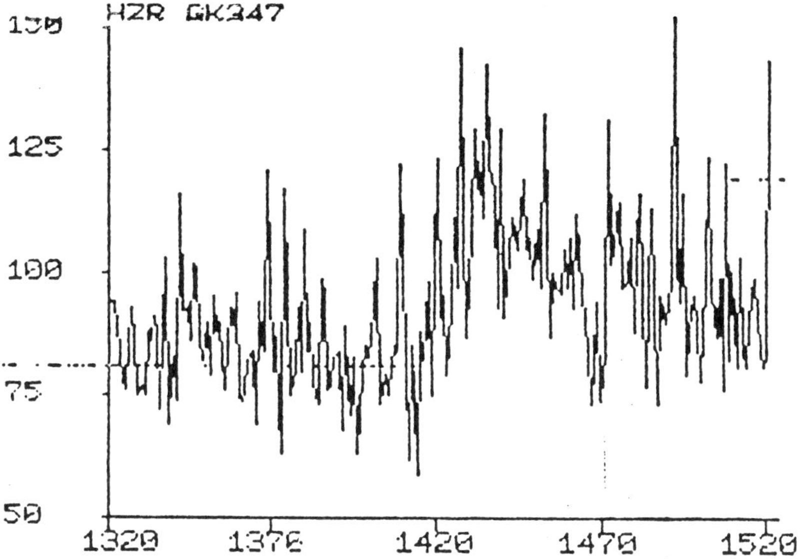

Abb. 1a

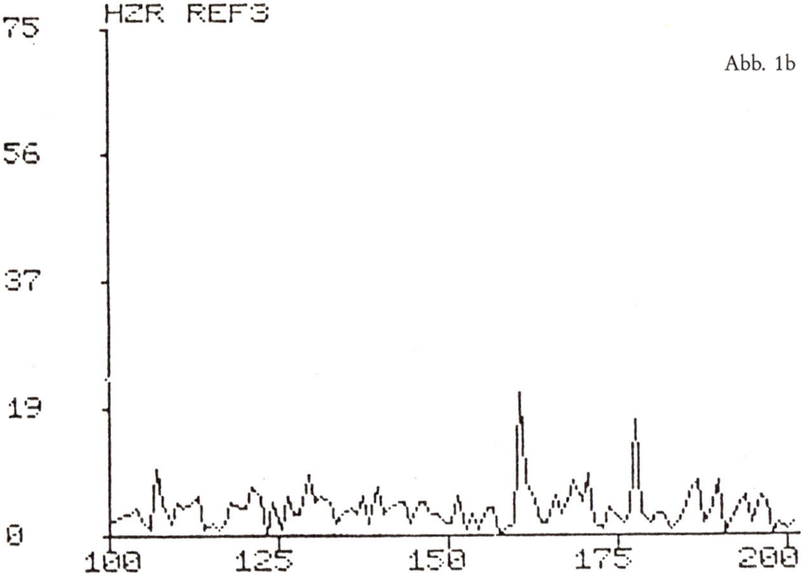

Abb. 1b

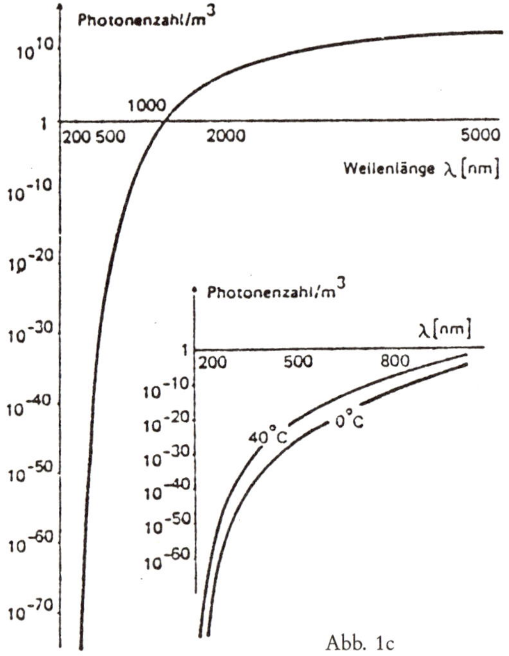

Abb. 1c

Bei Temperaturen von 0 °C und 40 °C befinden sich im thermischen Gleichgewicht (also ohne die Photonen der Sonne) durchweg weniger als 1 Photon pro m³ Materie, hier getrennt betrachtet für die Wellenlängen des optischen Spektralbereichs (Abb. 9a, rechts unten). Mit abnehmender Wellenlänge (wachsender Energie) nimmt die Photonendichte nach dem Planck'schen Strahlungsgesetzt drastisch ab.

Bei Erweiterung des Spektralbereichs in das Infrarotgebiet (Abb. 9a, oben links) erkennen wir, daß thermische Photonen mit wachsender Wellenlänge im Infrarotgebiet immer häufiger werden. (Die Temperaturunterschiede fallen in dieser für physiologische Temperaturen aufgetragenen Verhältnisse nicht sonderlich ins Gewicht)

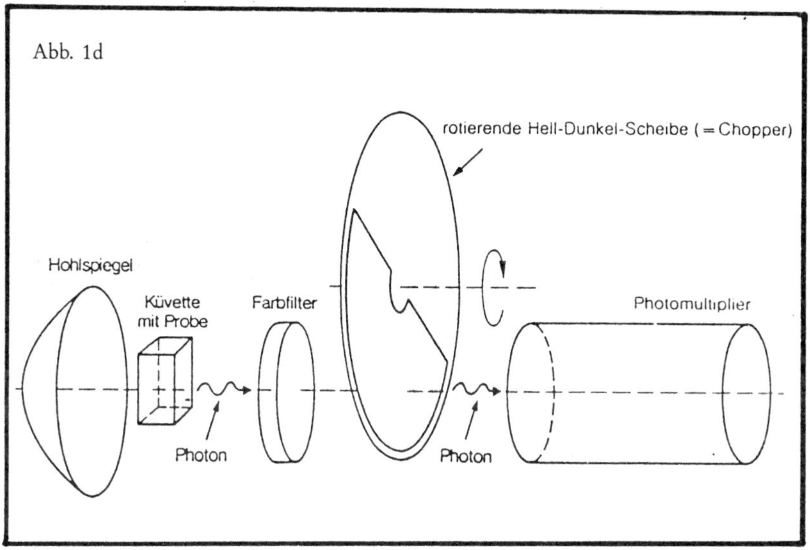

Abb. 1a–d: Das technische Prinzip der Biophotonenmessung (Abb. 1d) besteht aus der Registrierung von einzelnen Quanten, die von der Probe auf den Photomultiplier auftreffen. Die Probe befindet sich in einer Quarzküvette in der lichtdichten Meßkammer. Farbfilter ermöglichen die Messung des Spektrums. Eine Chopperscheibe erlaubt die Trennung des Untergrunds („Rauschen", Abb. 1b) von der Hellzählrate („Signal", Abb. 1a), jeweils in counts pro Sekunde über willkürliche Zählintervalle.
Abb. 1c zeigt das zu erwartende „thermische" Rauschen. Im Spektralintervall von 200–800 nm, in dem der Photomultiplier empfindlich ist, liegt das thermische Rauschen um viele Größenordnungen unterhalb der Signalintensität.

level-luminescence") [6] oder „Biophotonen" [7]. Die Biophotonenemission ist abhängig von allen nur denkbaren Parametern, die ein biologisches System entfaltet, oder denen es unterworfen ist, so zum Beispiel von Radikalreaktionen [8], der DNA-Konfiguration [9], Wachstum und Differenzierung [10], Lichteinflüssen [11], der Temperatur [12] und vielen anderen Parametern [7].

Andererseits gibt es unter definierten Bedingungen die Möglichkeit, die Biophotonenintensität eines biologischen Objektes über längere Zeit relativ konstant zu halten. *M. Galle*, ein Biologie-Doktorand in unserer Gruppe, züchtete Daphnien (daphnia magna) eines Inzucht-Stammes so, daß er nach Tagen Tiere gleicher Größe, gleichen Entwicklungsstadiums und gleichen (weiblichen) Geschlechts gut selektieren und für seine Versuche einsetzen konnte. Werden einzelne Tiere in eine Küvette mit

($15\ cm^3$) Leitungswasser gesetzt, so zeigen die Mittelwerte ihrer Photonenemission nach ca. 10 Min. keine signifikanten Abweichungen mehr.

Man erwartet konsequenterweise, daß die Gesamtintensität der Photonenemission kontinuierlich mit der Zahl der ins Wasser gesetzten Daphnien ansteigt. Die Intensitätszunahme wäre streng linear, wenn nicht durch Selbstabsorption im System ein mit der Zahl der Daphnien anwachsender Korrekturterm zu berücksichtigen wäre. Unter Annahme maximal möglicher Selbstabsorption im System erwartet man qualitativ den Intensitätsverlauf der Abb. 2a.

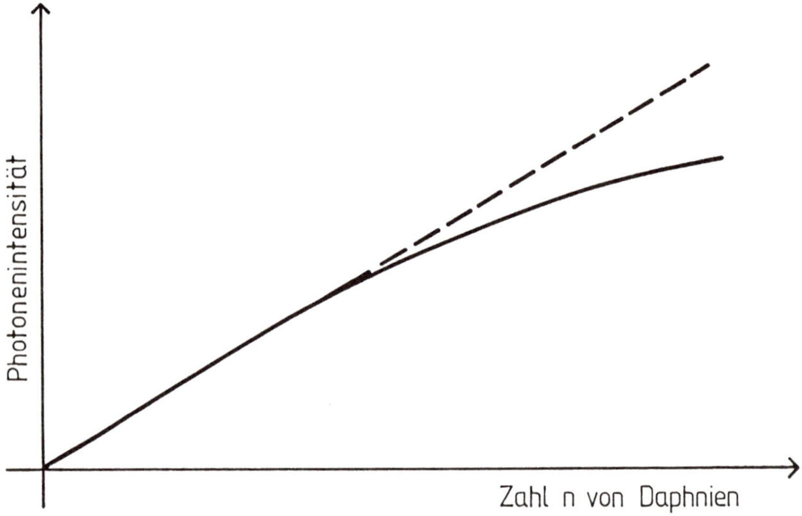

Abb. 2a: Bringt man n völlig gleichartige Daphnien in die Meßküvette, so erwartet man einen linearen Anstieg der Photonenintensität mit der Zahl der Tiere (gestrichelte Kurve). Durch Selbstabsorption kann dieser Wert geringfügig verringert werden (ausgezogene Kurve).

Die Messung zeigt überraschend ein signifikant abweichendes „Muster", das eher einem Interferenzmuster als einem kontinuierlichen Anstieg gleicht (Abb. 2b). Sechs Wiederholungen des gleichen Experiments führten stets zum gleichen Resultat. Die Mitteilung aus allen Experimenten liefert das Ergebnis der Abb. 2c (*M. Galle*, Dissertation, FB Zoologie, Universität Saarbrücken).

Man kann nun darüber spekulieren, was dieses Muster bedeutet. Stellt man sich auf den konventionellen Standpunkt der Biologie, so müßten ir-

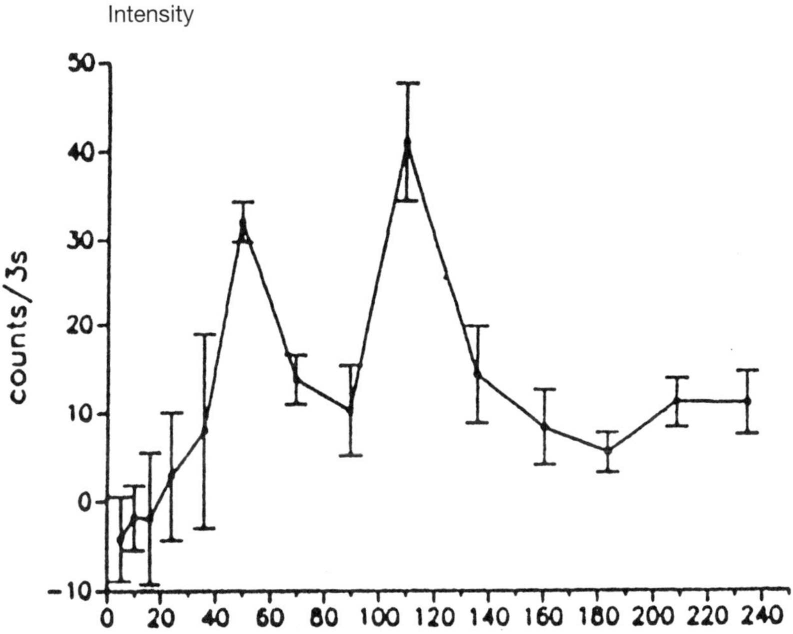
Intensity
counts/3s
50
40
30
20
10
0
-10
0 20 40 60 80 100 120 140 160 180 200 220 240

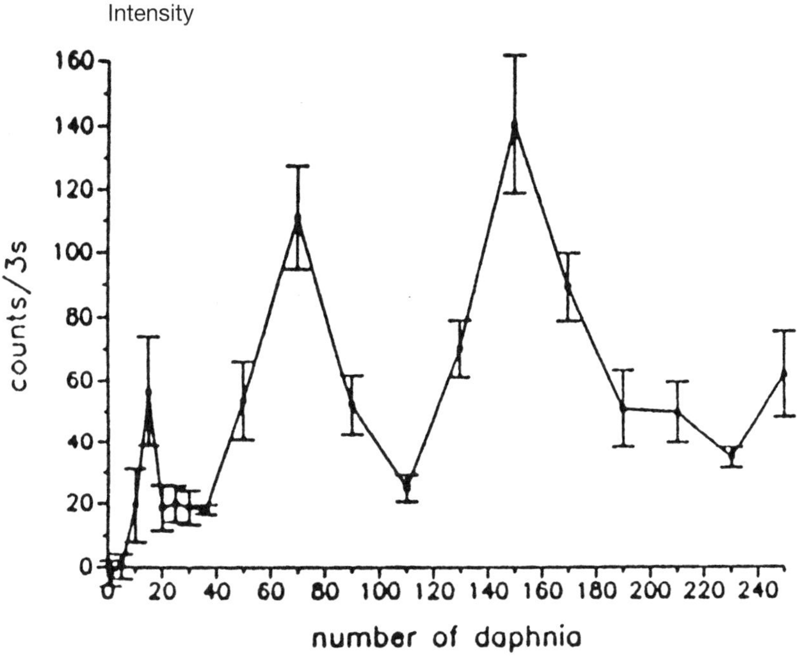
Intensity
counts/3s
160
140
120
100
80
60
40
20
0
0 20 40 60 80 100 120 140 160 180 200 220 240
number of daphnia

Abb. 2b

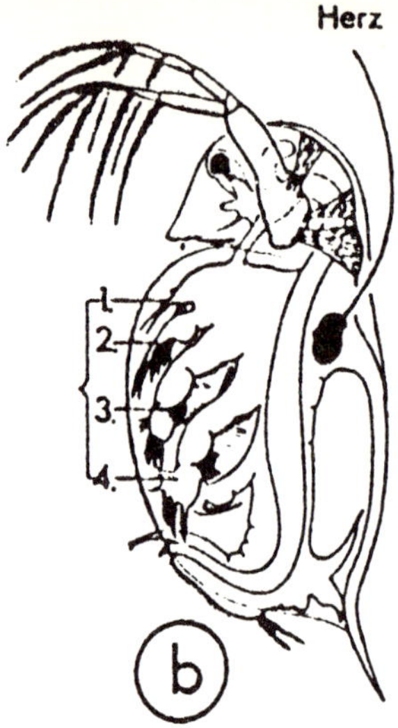

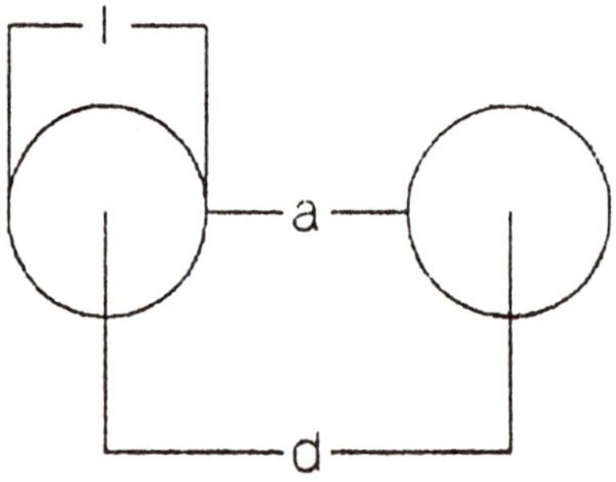

l: Körperlänge

a: Abstand zw. 2 Daphnien

d: Mittelpunktsabst. zw. 2 Daphnien

$$d = \sqrt[3]{\frac{V}{N}}$$

$$a = l = \frac{1}{2}\sqrt[3]{\frac{15\ \text{cm}^3}{56{,}4}} = 3{,}21\ \text{mm}$$

Abb. 2b (Fortsetzung)

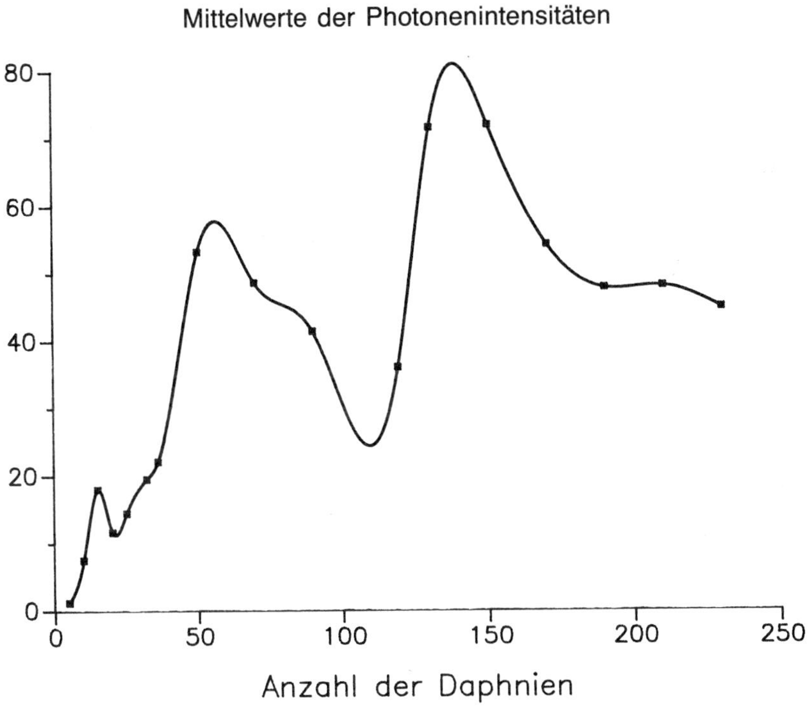

Abb. 2c: Mittelwerte der Photonenintensität des Galle-Experiments in sechs hintereinander durchgeführten Versuchsserien in Abhängigkeit von der Zahl der Daphnien.

gendwelche Botenstoffe über Rezeptorkopplungen diese quasi-periodische Photonenemission auslösen. Aber selbst dann, wenn die Daphnien über ein äußerst komplexes „Computersystem" verfügten, könnten sie nicht aus ihrer „Stoßzahl" als einzige lokale Informationsquelle einen eindeutig von ihrer Distanz abhängigen periodischen Intensitätsverlauf bestimmen. Daß die Effekte von den mittleren Distanzen der Daphnien abhängig sind, zeigt die Tabelle 1 (s. auch Abb. 2b), in der als Referenz das zweite Maximum bei einer Distanz der mittleren Körperlänge der Tierchen gleich 1 gesetzt wurde.

◀ **Abb. 2b:** Anstelle des Kurvenverlaufs der Abb. 2a mißt man die Photonenintensität in Abhängigkeit von der Zahl der Daphnien, die auf S. 69 (in zwei Meßserien) dargestellt sind. Dabei zeigen sich Maxima und Minima der Biophotonenemission, die sich als ganzzahlige Vielfache des mittleren Abstands der Tierchen (bezogen auf die Körperlänge, s. S. 70) berechnen lassen (s. Tab. 1).

Tab. 1: Vergleich der theoretisch erwarteten Werte (T) mit den experimentellen Werten (E), für das Verhältnis der mittleren Abstände der Tiere, in den Maxima und Minima der Photonenemission, ausgedrückt in ganzzahligen Verhältnissen nach dem einfachen Modell der Abb. 2b (rechts unten). M gibt die theoretischen Werte für die mittlere Distanz der Tiere in Einheiten der mittleren Körpergröße an.

Photonenemission	E	T	M
3. Minimum	0.667 ± 0.058	0.625 = 5/8	1/4
3. Maximum	0.761 ± 0.072	0.750 = 6/8	1/2
2. Minimum	0.845 ± 0.095	0.875 = 7/8	3/4
2. Maximum	Referenz	1.000 = 8/8	1
1. Minimum	1.308 ± 0.238	1.125 = 9/8	5/4
1. Maximum	1.557 ± 0.094	1.250 = 10/8	3/2
0 Minimum	–	1.375 = 11/8	7/4
0 Maximum	–	1.500 = 12/8	2

Eine einfache Rechnung, die wir hier nicht vertiefen wollen, zeigt bereits, daß es sich bei dem Phänomen tatsächlich nur um einen Interferenzvorgang eines elektromagnetischen Feldes, das nicht-lokalen Charakter hat, handeln kann.

Sei $\varphi(x)$ die mittlere Feldamplitude an der Stelle x, dann ist die Photonenintensität $i(x)$ bis auf eine Proportionalitätskonstante (die wir willkürlich = 1 setzen) gegeben durch

$$i(x) = \varphi^2(x) \tag{1}$$

Wir kennzeichnen den Beitrag der j-ten Daphnie mit $i_j(x)$ bzw. $\varphi_j(x)$ und erhalten bei N Daphnien

$$i_{\text{gesamt}}(x) = \left[\sum_{j=1}^{N} \varphi_j(x) \right]^2 \tag{2}$$

Nach einfachen Umformungen und unter der einfachsten Annahme, daß jede Daphnie den gleichen Beitrag liefert, erhält man aus (2) die Beziehung

$$\bar{i} = N\bar{\varphi}^2 (1 + (N-1)\cos(\bar{\psi}))\,, \tag{3}$$

wobei $\bar{\psi}$ eine mittlere Phasenverschiebung in den elektromagnetischen Feldamplituden der einzelnen Daphnien darstellt.

Was uns diese Betrachtung notwendig zeigt, ist die Tatsache, daß wir mit einem linearen Modell, das lediglich den ersten Term in (3) berücksichtigen kann, nicht auskommen. Vielmehr spielt der Interferenzterm $N(N-1)\cos(\overline{\psi})$ eine dominierende Rolle.

Das bedeutet, daß die Wechselwirkung der Daphnien **nur** durch kohärente elektromagnetische Signale verstanden werden kann, die jedes Tier mit jedem anderen Tier so in Verbindung setzen, daß im gemeinsamen Feld zeitweise phasenfeste („phaselocked") Beziehungen bestehen. Darin unterscheiden sie sich im übrigen nicht von den Glühwürmchen in Thailand, von denen man weiß, daß sie nahezu perfekt synchronisiert „flickern" [13].

Auch der Mechanismus erscheint bei weitem nicht so obskur, wie man auf den ersten Blick glauben könnte. Bereits 1954 veröffentliche der Physiker *R. Dicke* eine Theorie zum Verständnis solcher Phänomene [14], die inzwischen experimentell vollständig bestätigt wurde [15]. Sie besagt in einfachsten Worten, daß eine spontane Reemission von Licht (oder anderen elektromagnetischen Wellen) nicht mehr stattfinden kann, sobald die Distanz absorbierender Molekel klein gegenüber der Wellenlänge der Signale ist.

Es tritt dann eine Bifurkation in „superradiance" (starke Intensität, kurze Relaxationszeit) und „subradiance" (schwache Intensität und verzögerte Relaxationszeit) ein. Die Signale werden kohärent und übermitteln Struktur- und dynamische Eigenschaften der Absorber. Auf der Basis eines Exciplexmodells der DNA, das von *Li* und mir vorgeschlagen wurde [16], hat *Gu* die Dicke-Theorie quantifiziert und kam zu eben den Resultaten, die eine quantifizierte Beschreibung des *Galle*-Experiments ermöglichen [17].

Wir können damit belegen, daß langreichweitige kohärente elektromagnetische Felder zwischen den Organismen existieren, die Gestaltbildung, Gruppenformation und dynamische Prozesse der Organisation erklären.

Bemerkungen zum Tumorproblem

Es überrascht nach den Ergebnissen des *Galle*-Experiments nicht, daß auch bei Zellen Anomalien in der Zellzahlabhängigkeit der Lichtintensität auftreten. Um die Effekte zu verstärken, ist es ratsam, die Zellkulturen in Suspension zu halten, vorzugsweise mit magnetischem Rührer, um die Sedimentation zu verhindern. Wegen der niedrigen Eigenintensität ist es vorteilhaft, die Zellsuspension mit Licht (beispielsweise dem weißen Licht einer Wolframlampe) anzuregen und in Abhängigkeit von der Zellzahl die Zahl reemittierter Lichtquanten in vorgegebener Zeit zu registrieren.

Solche Experimente wurden zuerst von *D. Schamhart* [18], später auch von *W. Scholz* [19] durchgeführt. Wir wissen heute, daß die Resultate allgemein zutreffen, nämlich: maligne Zellen reemittieren mit wachsender Zelldichte in nichtlinearem Anstieg mehr und mehr Lichtquanten, während normale Zellen im Gegensatz dazu mit wachsender Zelldichte schließlich immer weniger Licht zurückstrahlen. Abb. 3 zeigt die Ergebnisse *Schamharts*, die bisher vielfach an anderen Tumorzellen und an normalen Zellen überprüft wurden und ausnahmslos bestätigt wurden.

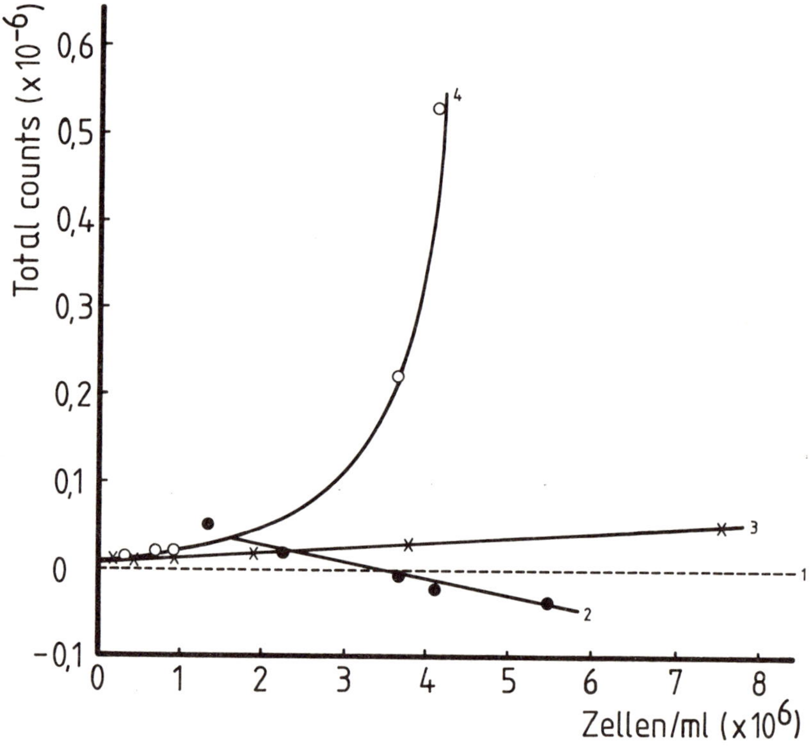

Abb. 3: In Abhängigkeit von der Zellzahl ändert sich die Nachleuchtintensität von Tumorzellen und Normalzellen gegensätzlich. Die obere Kurve zeigt den Anstieg des Nachleuchtens bei den stark malignen HTC-Zellen, die untere Kurve die Abnahme des Nachleuchtens bei normalen Hepatozyten. Die Zellen H35, die nur schwach maligne sind, liegen in der Reemission folgerichtig zwischen den Kurven für maligne und normale Zellstämme (nach *Schamhart* et al. s. Referenzliste).

Übertragen wir die Erfahrungen von Daphnien auf Zellverbände, so bedeutet das, daß Tumorzellen ihre Fähigkeit zur destruktiven Interferenz im Kohärenzvolumen verloren haben.

Es ist naheliegend, Zellwachstum und Kohärenz der Biophotonen in Korrelation zu bringen. Schon *A. Gurwitsch* [20] beobachtete Zusammenhänge zwischen „mitogenetischer" Strahlung und dem Zellwachstum. Die Idee eines „morphogenetischen Feldes" veranlaßte ihn zur Entdeckung der mitogenetischen (mitoauslösenden) schwachen UV-Strahlung. Wir begannen in den 70-er Jahren zunächst ohne Kenntnis der *Gurwitsch*-Arbeiten, durch Korrelationen zwischen optischen Eigenschaften polyzyklischer Kohlenwasserstoffe und deren Karzinogenität veranlaßt [21], Zusammenhänge zwischen Zellwachstum und der Kohärenz ultraschwacher Photonenemission aus biologischen Geweben zu ergründen [22].

Die einfachste Formulierung des Zusammenhangs läßt sich wie folgt darstellen [21]:

$$\langle \dot{n} \rangle \tau_n \geq 1 \tag{4}$$

$$\langle \dot{n} \rangle \tau_m < 1 \tag{5}$$

wobei $\langle \dot{n} \rangle$ die mittlere Zellwachstumsrate, τ_n und τ_m jeweils ein Maß für die Kohärenzzeit (genau: für den Anstieg der Kohärenzzeit mit wachsender Zellzahl) des vermittelnden Biophotonenfeldes, (4) normales Wachstum und (5) malignes Wachstum darstellen. Mit steigender Kohärenz des Feldes sinkt die Zellwachstumsrate. Gleichzeitig steigt die Fähigkeit zur „destruktiven" Interferenz nach *R.H. Dicke* [14]. Die Gleichungen repräsentieren auch die Beobachtung *A. Gurwitschs*, da mit wachsender Kohärenzzeit die Intensität des Biophotonenfeldes im allgemeinen sinkt. Die Differenzierung der Zellen, die hohe Kohärenz erfordert, hat gegenläufige Tendenz zum Wachstum. Die Gleichungen (4,5) können auf die Unschärferelation zurückgeführt werden, die für das Kohärenzvolumen des Individuums, in dem destruktive Interferenz stattfinden kann, die Bedingung

$$\Delta x \, \Delta p < \frac{h}{2} \tag{6}$$

erfordert, wobei $\Delta p = \frac{h}{\lambda^2} \Delta\lambda$ die Impulsunschärfe einer stehenden Welle über die Distanz Δx darstellt. Läßt sich (6) im Extrazellulärraum nicht überschreiten, verlieren die Zellen Gedächtnis, Energie und die Fähigkeit zur destruktiven Interferenz. Damit verlieren sie auch die Fähigkeit zur Identifikation und fallen in das Stadium autonomen Wachstums zurück.

Ersetzt man in (6) Δx durch $c\tau$ und Δp durch $\langle \dot{n} \rangle \frac{h}{(2c)}$, dann erhält man (5). Das Wachstum ist aus dieser Sicht ein von der Impulsunschärfe (Inkohärenz) der Biophotonen angetriebener Prozeß. Die Verlustenergie $\Delta E = c\Delta p$ triggert aus dieser Sicht den Wachstumsprozeß, ebenso wie sie in Form von „Biophotonen" als ΔE in Übereinstimmung zu *A. Gurwitschs* Beobachtung nachweisbar wird. Im Endeffekt bedeutet diese Beziehung: Die Organisation ist dann und nur dann „normal", wenn sich die Zellen mit wachsender Zellzahl immer „mehr" auch mitteilen können [17].

Übergeordnete Regelprozesse

Die spektrale Verteilung der Biophotonenemission zeigt, daß anstelle der Schwarzkörper-Strahlung mit

(7) $$f_T = \exp\left(-\frac{h\nu}{kT}\right),$$

wobei $h\nu$ die Photonenenergie, kT die mittlere thermische Energie darstellen, die Besetzung des Phasenraums grob der Regel

(8) $$f \approx 10^{-20} = \text{const.}$$

folgt (Abb. 4). Das bedeutet, daß das biologische System thermodynamisch als Plasma aufzufassen ist, das seine Anregungszustände mindestens im optischen Bereich unabhängig von der Anregungsenergie mit gleicher Wahrscheinlichkeit besetzt [23].

Das kann als Optimierungsprozeß aufgefaßt werden, der gleichzeitig ein relatives Maximum der Entropie bei absoluter Minimierung durch Modenkopplung erlaubt (7).

Der Vorgang kann auf Bosekondensation im Phasenraum zurückgeführt werden. Tatsächlich gelingt so die Beschreibung der Temperaturabhängigkeit der Biophotonenemission [12].

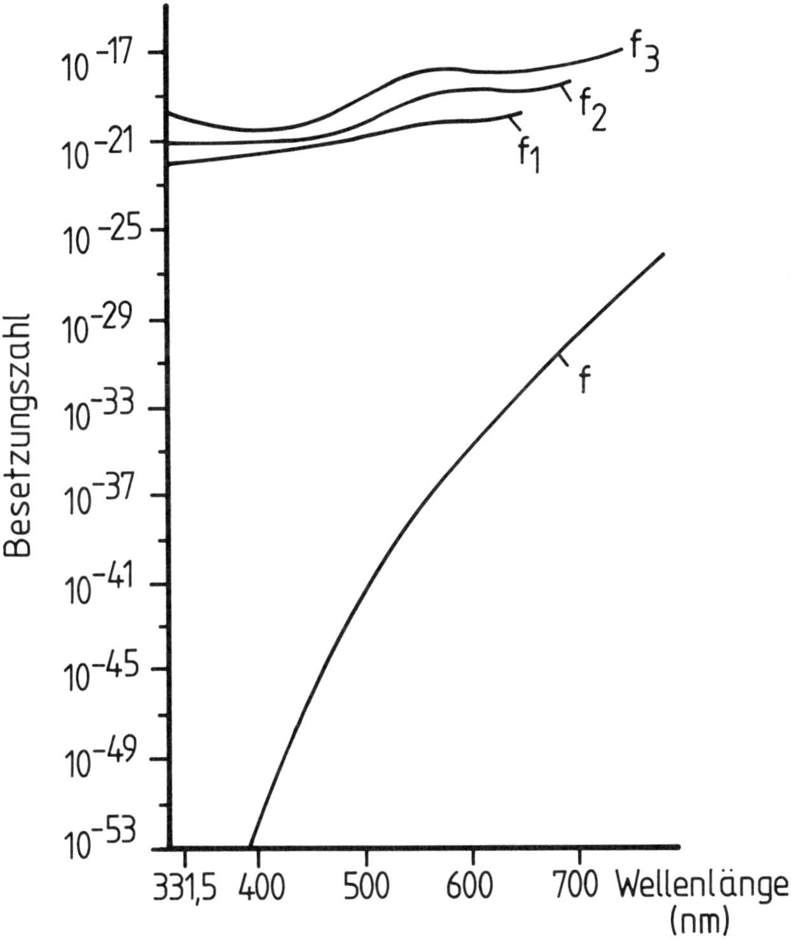

Abb. 4: Während thermische Strahler ihre angeregten Zustände nach der Boltzmann-Statistik besetzen (untere Kurve f), strahlen lebende Systeme (Beispiele f_1, f_2, f_3) ihre Biophotonen nach einer von der Wellenlänge in erster Näherung unabhängigen Verteilungsfunktion ab. Die verschiedenen Moden sind aber streng gekoppelt (s. Text und Referenzen).

Es scheint so, daß für konstantes f_i bei einer allgemeinen Darstellbarkeit der Entropie S biologischer Systeme durch

(9) $$S = -\sum_{i=1}^{N} f_i \ln f_i = +\ln N ,$$

mit N als Zahl der Freiheitsgrade, auch alle Gestaltungsprinzipien erklärbar werden. So folgt beispielsweise aus (9), daß nicht additive, sondern multiplikative Gestaltungsprinzipien, die anstelle einer Gaußverteilung von Richtgrößen stets eine logarithmische Normalverteilung bedingen (24), maßgebend für die Organisation biologischer Systeme sind.

So weiß man beispielsweise, daß Körpergröße, Blutdruck, Medikamentenverträglichkeit nicht Normalverteilungen, sondern im allgemeinen Lognormalverteilungen folgen.

Wir konnten uns überzeugen, daß auch Werte der Elektro-Akupunktur (EA)-Verfahren in überraschend guter Übereinstimmung zu diesen Annahmen nicht gaußverteilt, sondern logarithmisch normalverteilt ausgetestet werden [24]. Abb. 5 zeigt ein Beispiel.

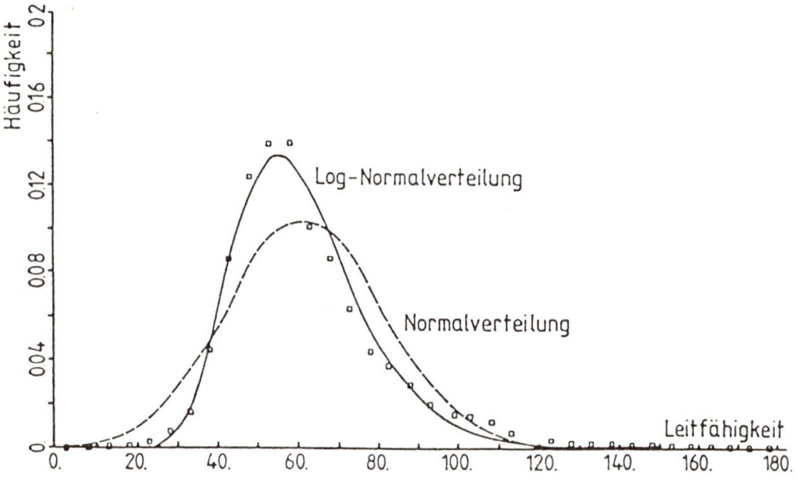

Abb. 5: Die Leitfähigkeit auf den Akupunkturpunkten folgt bei Gesunden nicht einer Normalverteilung, sondern einer Log-Normalverteilung. (Berechnung aus 18 000 Punktwerten bei gesunden Probanden, s. Text und Referenzen.)

Zweifellos belegen diese Messungen, daß solche Diagnoseverfahren bei selbstkritischer Anwendung nicht nur berechtigt sind, sondern sogar in der systematischen Analyse der Abweichungen von der Lognormalverteilung für die verschiedenen Erkrankungen eine bedeutende Rolle in der Entwicklung moderner medizinischer Methoden spielen können.

Schlußfolgerungen

Die allein nur auf biochemische Analysen gestützte Medizin muß sich fragen lassen, ob sie nicht in ein Konzert geht und dabei vergebens hofft, durch korrekte Untersuchung der Instrumente die Musik zu erfassen. Neben der technischen Substantiierung sind es aber vor allem Fragen nach der Organisation, der raumzeitlichen Dynamik, die uns erfahren lassen, an welchem Ort und zu welcher Zeit wesentliche biologische Vorgänge stattfinden oder gestört sind.

Am Beispiel der Biophotonenemission wurde aufgezeigt, daß vom molekularen Geschehen in Zellen und Zellverbänden [18, 19] bis zu Organismen [25, 26] und dem Wechselspiel der Organe im Menschen Regelmechanismen wirken, die Optimierungsprinzipien folgend einheitliche Gesetzmäßigkeiten der Organisation lebender Systeme erkennen lassen. Das führt zweifellos auch zu neuen, konkreten Therapiekonzepten [27].

Wir können keine endgültigen hinreichenden Kriterien für Leben ableiten. Es gibt aber eine Reihe notwendiger Voraussetzungen. Dazu gehören signifikante Abweichungen vom thermischen Gleichgewicht, die biologische Systeme als „offene“ Systeme kennzeichnen. Dazu gehört auch der Aufbau (und vermutlich die Ausbaufähigkeit) kohärenter Zustände (im strengen Sinne der Quantenoptik), die ideale Voraussetzungen zur Kommunikation schaffen. Möglicherweise ist die Forderung nach der Stabilisierung kohärenter Zustände (die die Abweichung vom thermischen Gleichgewicht einschließt) sogar die einzige notwendige Bedingung, die wir auf wissenschaftlicher Basis fordern können.

Der Sinn ärztlichen Handelns besteht aus dieser Sicht nicht in einer Reparaturfunktion, sondern vornehmlich in der Fähigkeit, die evolutionäre Entfaltung der Persönlichkeit im Sinne einer Informationsquelle und -Senke zu stabilisieren.

Literatur

[1] *Varela, F.:* 3rd Waddington Meeting on Theoretical Biology, Santa Fe, May 13–17, 1991, Personal Communication.

[2] *Prigogine, I.:* Order through fluctuation. Selforganization and social systems: In: *Jantsch, E., Waddington, C.H.* (eds.): Evolution and Consciousness. Addison-Wesley P.C., Reading 1976.

[3] *Hao, B.-L.:* Chaos. World Scientific, Singapore 1985.

[4] *Fröhlich, H.:* Long-range coherence and energy storage in biological systems. Int. J. Quant. Chem. 2 (1968), 641–649.

[5] *Nalimov, V.V.:* Space, Time and Life. The Probabilistic Pathways of Evolution. ISI Press, Philadelphia 1985.

[6] *Slawinska, D., Slawinski, J.:* Biological chemiluminescence. Photochem. Photobiol. 37 (1983), 709–715.

[7] *Popp, F.A., Gurwitsch, A.A., Inaba, H., Slawinski, J., Cilento, G., van Wijk, R., Chwirot, W.B.:* Biophoton Emission (Multiauthor Review). Experientia 44 (1988), No. 7, 543–600.

[8] *Miyazawa, T., Nagaoka, A., Kaneda, T.:* Tissue lipid peroxidation and ultraweak chemiluminescence in rats dosed with methyllinoleate hydroperoxide. Agr. Biol. Chem. 47 (1983), 1333–1339.

[9] *Rattemeyer, M., Popp, F.A., Nagl, W.:* Evidence of photon emission from DNA in living systems. Naturwissenschaften 68 (1981), 572–574.

[10] *Quickenden, T.I., Tilbury, R.N.:* Growth-dependent luminescence from cultures of normal and respiratory deficient Saccharomyces cerevisiae. Photochem. Photobiol. 38 (1983), 337–344.

[11] *Malkin, S.:* Delayed Luminescence. Primary Processes of Photosynthesis. (*J. Barber*, Ed.), Elsevier-North-Holland, Biomedical Press, 1971, 384–431.

[12] *Slawinski, J., Popp, F.A.:* Temperature hysteresis of low level luminescence from plants and its thermodynamical analysis. J. Pl. Physiol. 130 (1987), 111–123.

[13] *Steward, I.:* All together now .... Nature 350 (1991), 557.

[14] *Dicke, R.H.:* Coherence in spontaneous radiation processes. Phys. Rev. 93 (1954), 99–110.

[15] *Crubellier, A., Liberman, S., Pavolini, D., Pillet, P.:* Superradiance and subradiance: I. Interatomic interference and symmetry properties in three-level systems. J. Phys. B: At. Mol. Phys. 18 (1985), 3811–3833.

[16] *Li, K.H., Popp, F.A.:* Dynamics of DNA Excited States. In: *R.K. Mishra* (ed.): Molecular and Biological Physics of Living Systems. Kluwer Academic Publishers. Dordrecht 1990, 31–52.

[17] *Popp, F.A., Li, K.H., Gu, Q.* (Eds.): Recent Advances in Biophoton Research and its Applications. World Scientific, Singapore 1992.

[18] *Schamhart, D.H.J., van Wijk, R.:* Photon Emission and the Degree of Differentiation. In: Photon Emission from Biological Systems. (*B. Jezowska-Trzebiatowska, B. Kochel, J. Slawinski, and W. Strek*, Eds.), World Scientific, Singapore 1986, pp. 137–152.

[19] *Scholz, W., Staszkiewics, U., Popp, F.A., Nagl, W.:* Cell Biophys. 13, (1988), 55–63.

[20] *Gurwitsch, A.G., Gurwitsch, L.D.:* Die mitogenetische Strahlung. VEB Gustav Fischer, Jena 1959.

[21] *Popp, F.A.:* Biophotonen. Ein neuer Weg zur Lösung des Krebsproblems. Verlag für Medizin, Dr. Ewald Fischer, Heidelberg 1988.

[22] *Popp, F.A.:* Einige Möglichkeiten für Biosignale zur Steuerung des Zellwachstums. Arch. Geschwulstforsch. 44 (1974), 295–301.

[23] *Popp, F.A.:* On the coherence of ultraweak photon-emission from living tissues. In: Disequilibrium and Self-Organization. (*C.W. Kilmister*, Ed.), Reidel P.C., Dordrecht 1986, pp. 207–230.

[24] *Popp, F.A.:* Zur Theorie der Elektroakupunktur. Erfahrungsheilkunde (Ehk) 4 (1990), 240–247.

[25] *Galle, M., Neurohr, R., Altmann, G., Popp, F.A., Nagl, W.:* Biophotonenemission from Daphina magna: A possible factor in the self-regulation of swarming. Experientia 47 (1991), 457–460.

[26] *Neurohr, R., Galle, M.:* Die Kommunikationsfähigkeit von Zellen. Natur- und Ganzheitsmedizin 44 (1991), 28–33.
[27] *Popp, F.A.:* Tumortherapie 2000 – Konzepte, Modelle, Ergebnisse und Hilferufe. Erfahrungsheilkunde 3 (1992) 146–155.

Prinzipien zellulärer Kooperation

Von Dr. med. *Jost Dumrese*

Das Problem der zellulären Kooperation berührt fast alle Fachgebiete der Biologie und Medizin. Auch bei dieser Thematik zeigt sich – wie in vielen Wissenschaftsgebieten – die Gefahr der Desintegration. Der vorliegende Beitrag ist der Versuch, eine Gesamtschau der Möglichkeiten und Probleme zellulärer Kooperationen zusammenzustellen, um vor allem demjenigen, der Orientierung wünscht, eine Art Panorama (Abb. 1) an die Hand geben zu können.

Wege und Grundprobleme interzellulärer Wechselwirkungen werden aus allgemeiner Sicht dargestellt. Im zweiten Teil wird eine Einteilung mit Beispielen zur Diskussion gestellt. Dem Autor geht es darum, den gesamthaften Blick und das Gefühl für die Komplexität und Vernetzung biologischer Beziehungen zu fördern.

I. Allgemeiner Teil

Kooperation – was ist das?

Kooperation läßt sich als Zusammenarbeit zum Erreichen eines gemeinsamen Ziels definieren.

Der Begriff der Kooperation ist uns aus unterschiedlichen Bereichen des Lebens vertraut: betriebliche oder staatliche Kooperation, Kooperation von Vereinen, Institutionen, Geschäftspartnern, Wissenschaftlern ...

Träger all dieser kooperativen Möglichkeiten ist der Mensch: als Kontaktperson, Verbindungsmann, Experte, Botschafter, Initiator. Er ist aber bei all diesen verschiedenen Funktionen wiederum „selbst in sich" das Ergebnis einer unüberschaubaren Zahl kooperativer, kommunikativer, informativer Prozesse, die man aus morphologisch-funktioneller Sicht auf die Grundeinheit des Lebens zurückführen kann: auf die Zelle.

Der Mensch in seiner einzigartigen Spezialform biologischer Kooperationen ist allein in der Lage, die grundlegenden Vorgänge der informativ-kommunikativen Kooperation geistig zu analysieren.

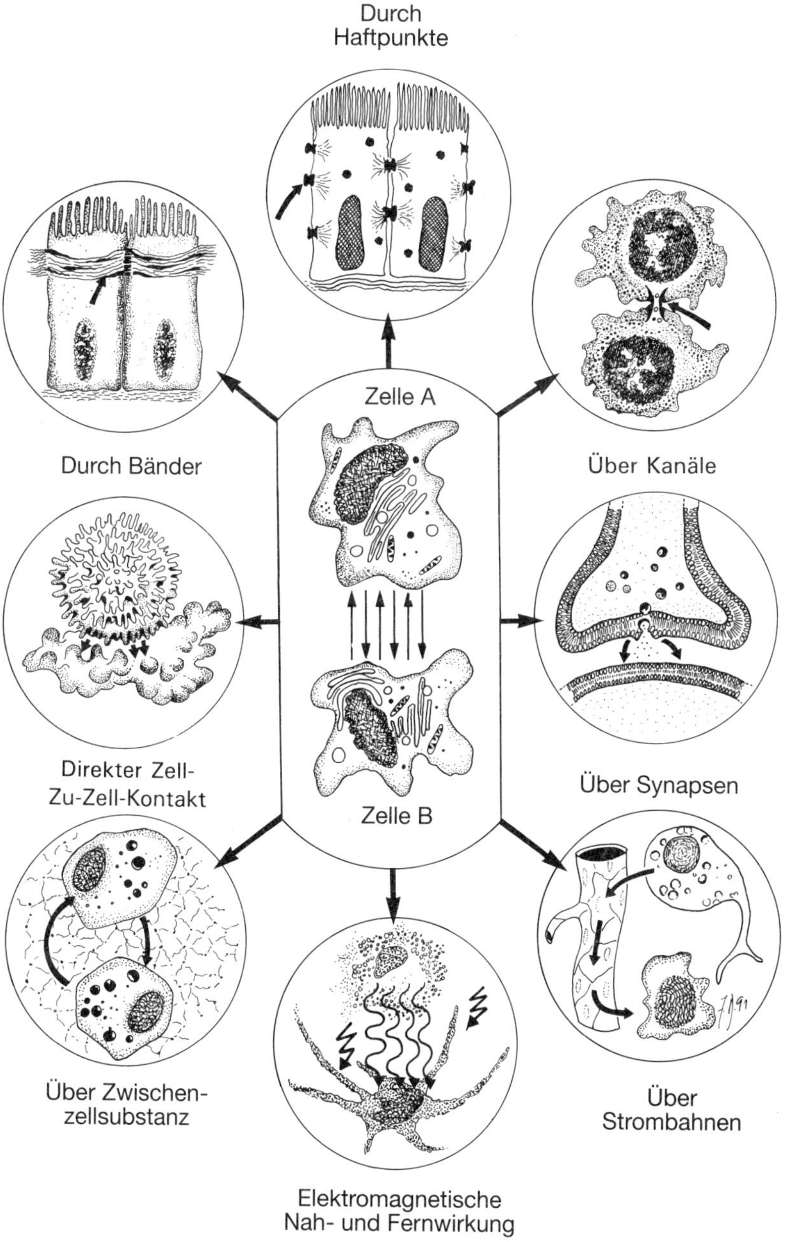

Abb. 1: Panorama der zellulären Kooperationen

Die Auseinandersetzung mit den Erscheinungsformen zellulärer Kooperationen bedeutet eine Auseinandersetzung mit den grundsätzlichen Lebenserscheinungen überhaupt.

Zelluläre Kooperationen im Startfeld des Lebens

Unser menschliches Leben beginnt mit einer der bekanntesten zellulären Kooperationen: mit der Befruchtung der Eizelle durch ein Spermium, ein schon allein aus immunologischer Sicht erstaunliches Ereignis. Noch immer sind Einzelheiten der Mechanismen dieser Kooperation ein Rätsel geblieben: Welche Signalkette bringt das Spermium an sein Ziel (Abb. 2)? Wie gelingt es, eine Fremdzelle (!) zu penetrieren, ohne sie zu zerstören? Man vermutet, daß bei diesem „Such-Finde-Vorgang" Zuckermoleküle auf den Zelloberflächen vorrangig beteiligt sind.

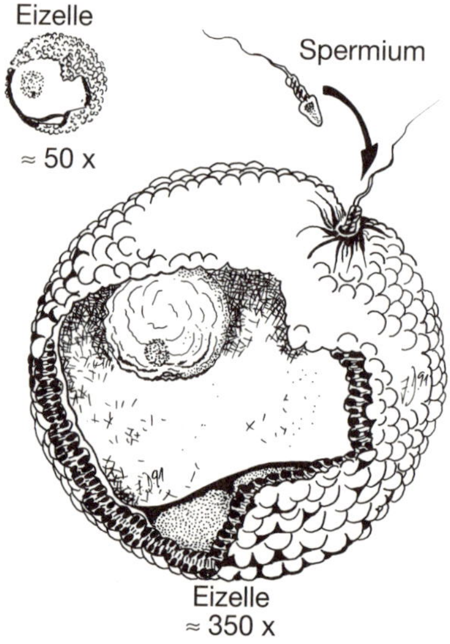

Abb. 2: Wenn ein Spermium in eine Eizelle eindringt, kommt es immunologisch zu keinem Zwischenfall.

Der Katalog der Fragen erweitert sich exponentiell, wenn man die ersten Schritte zum werdenden Embryo (Abb. 3) verfolgt. Wie entsteht aus einer

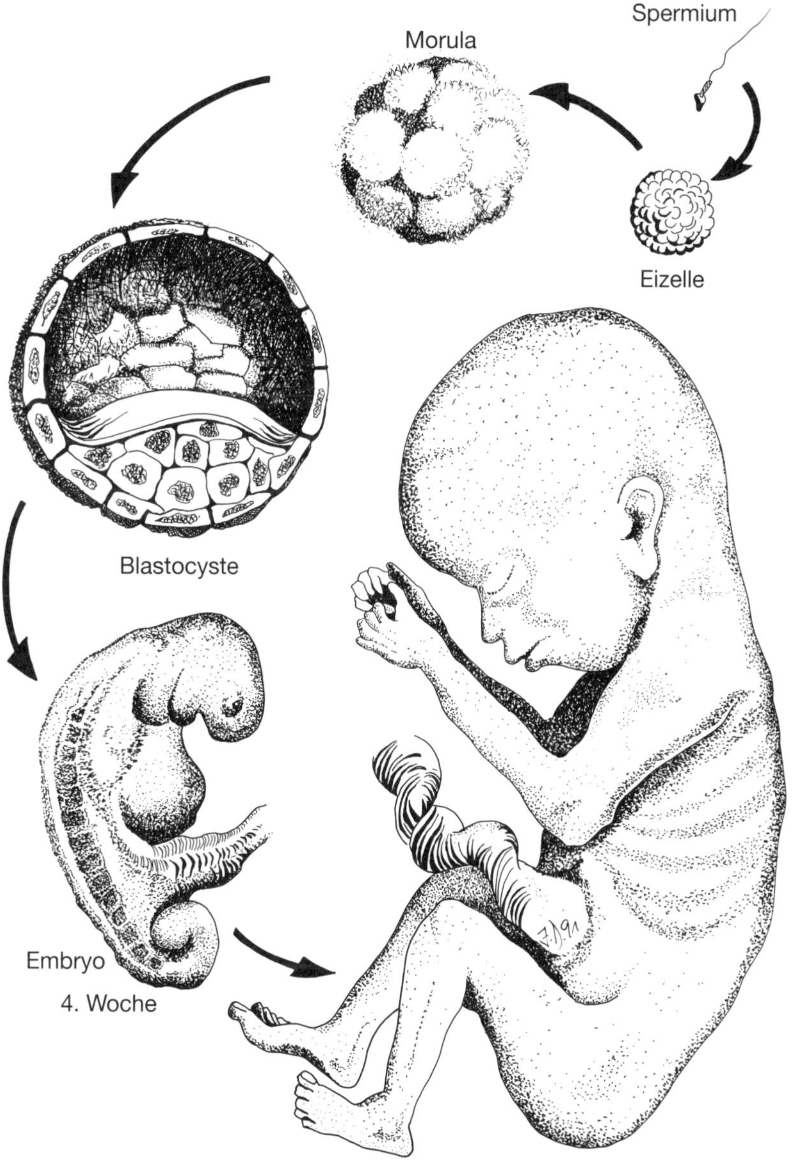

Abb. 3: Keimblattorganisation, Organogenese

einzelnen Zelle das hochspezialisierte Gefüge eines Lebewesens? Welche Signale, welche Strukturen sind die Informationsvermittler bei der Organogenese? Wie orientieren sich Zellen, die im Organismus zeitlebens auf Wanderschaft sind?

Kontaktfläche der Kooperationen: Plasmamembran

Die äußere Zellmembran (Abb. 4) steht als erste Kontaktfläche der Zelle mit ihrer Umwelt im Mittelpunkt des Interesses: Zytologen, Biochemiker und Immunologen befassen sich eingehend mit den Eigenschaften dieser äußeren Hülle, mit deren Kontaktmolekülen (Rezeptoren z. B. in Form von Lektinen oder Antikörpern), Kanalproteinen, Elektronenpumpen, Strukturfetten und Struktureiweißen; sie befassen sich vor allem auch mit einer bemerkenswerten Eigenart fast aller Zellen: mit dem „Zuckermantel" (Glykokalix), einem rundherum nach außen ragenden „Antennenwald" von Polysachariden unterschiedlichster Art. Diese Zucker sind an Fette oder an Eiweißmoleküle der Plasmamembranen an deren äußerer Seite gebunden (Glykolipide/Glykoproteine), sie gehen „fließend" in die jede Zelle umgebende Grundsubstanz über (Abb. 5).

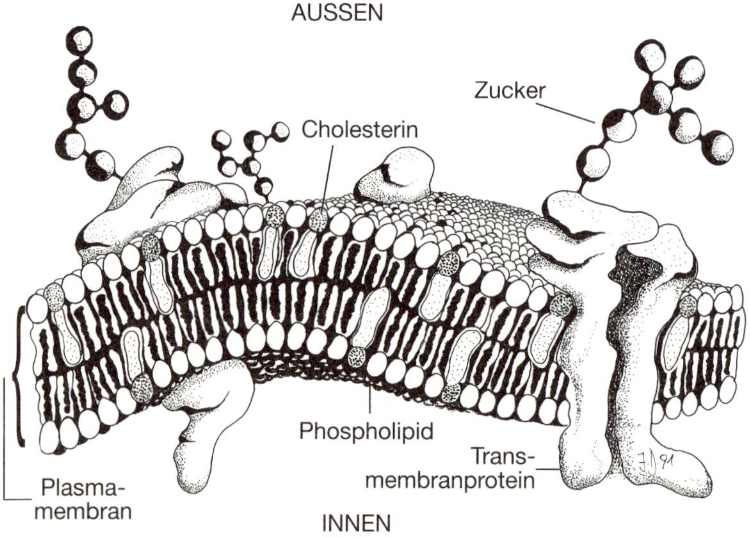

Abb. 4: Modell des Grundtyps einer Plasmamembran (Ausschnitt). Fettdoppelschicht mit Proteinen und Glykoproteinen.

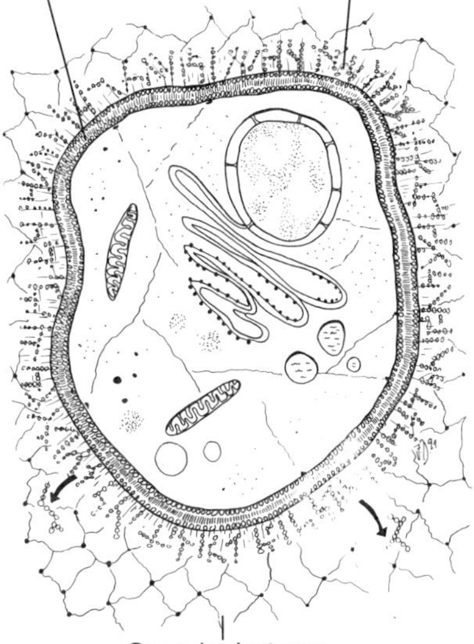

Abb. 5: Der „Zuckermantel" (Glykokalix) ist ein für die interzelluläre Kommunikation wesentlicher Strukturanteil praktisch jeder Zelle. Der Übergang in die Grundsubstanz ist fließend. Viele Membranzucker sind so locker an die Plasmamembran gebunden, daß man sie fast genauso der Grundsubstanz zurechnen könnte.

Glykolipide und Glykoproteine scheinen bei der Zellhaftung, Zellbeweglichkeit, Zell-zu-Zell-Erkennung, Fremdstoffixierung (z.B. Antigen-Antikörperreaktion) Ortsorientierung, bei der immunologischen Toleranz, Phagozytose und Exkretion bzw. Sekretion den Ton anzugeben.

Kooperation im Blickfeld verschiedener Disziplinen

1. Anatomie

Die Anatomie im klassischen Sinn befaßt sich mit den topographischen, morphologischen und funktionellen Gegebenheiten der Systeme und Organe des Körpers.

Erst die medizinhistorisch jüngere Subdisziplin der Anatomie – die Histologie – sieht die Zelle (*Virchow*) im Zentralgeschehen und beschreibt die geweblichen Grundvoraussetzungen der Kooperationen auf der Ebene der Beziehung: Zelle – Zwischenzellraum – Strombahn (Abb. 6).

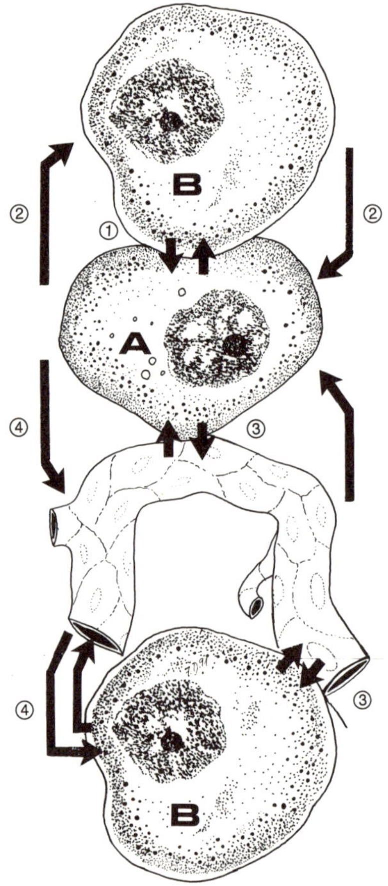

Abb. 6: Kommunikation auf der Ebene: Zelle – Grundsubstanz – Gefäß.
1. Direkter Weg: Zelle zu Zelle.
2. Indirekter Weg: Zelle zu Zelle über Grundsubstanz.
3. Direkter Weg: Zelle – Gefäß – Zelle.
4. Indirekter Weg: Zelle – Gefäß über Grundsubstanz.

Die Zytologie als spezialisierter Sproß der Histologie entstand mit geradezu explosionsartigem Wissenszuwachs. Diese Disziplin hat uns die mikroskopische, elektronenmikroskopische wie auch biochemische Wunderwelt der Zelle nahegebracht und viel dazu beigetragen, das Instrumentarium zellulärer Kooperationen besser zu verstehen: Wege der Signalstoffproduktion, Endo- und Exozytosemechanismen (s. Abb. 7), Rezeptorstrukturen (s. Abb. 8, S. 90) mit deren genialer Präzision des Empfanges von Informationen im Wechselspiel der Zusammenarbeit mit anderen Zellen des gleichen Gewebsverbandes oder mit Zellen weit entfernter Provinzen des Körpers.

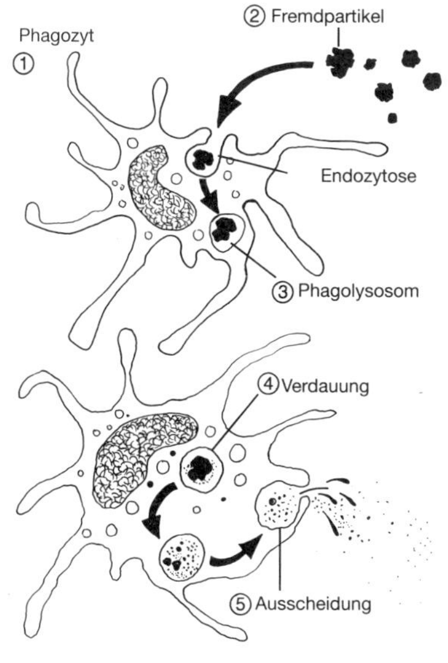

Abb. 7: Endozytosevorgang: Eine Freßzelle (Phagozyt) (1) nimmt Fremdpartikel (2) auf und lagert das Material in einer „Kammer" (Phagolysosom 3). Innerhalb des Phagolysosoms wird das Fremdmaterial verdaut (4) und – soweit nicht für den eigenen Zellstoffwechsel benötigt – ausgeschieden (5).

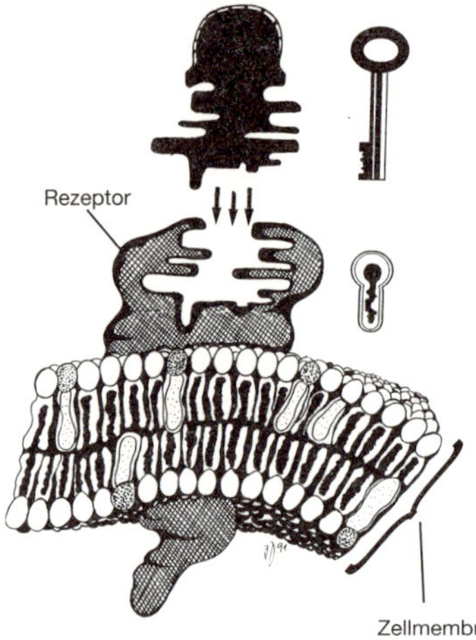

Abb. 8: Prinzip des spezifischen Bindemechanismus zwischen Rezeptor und Ligand (= anbindendes Molekül). „Schlüssel-Schloß-Prinzip".

4. Physiologie

Es sind nicht allein die Forschungsergebnisse der Anatomie, Histologie oder Zytologie, die das Problemfeld „Zelluläre Kooperationen" beleuchten. Die Physiologie hat entscheidende Beiträge geliefert und so zum Verständnis der Grundbedingungen und Mechanismen der „Nachrichtentechnologie" in der Biologie wertvolle Fakten erarbeitet: Die Reizphysiologie beispielsweise befaßt sich mit den Fragestellungen der informativen Signale (Reize), mit deren Verarbeitung und Weiterleitung sowie mit den Rückantworten auf Reize (Reizreaktionen, Rückkopplungen, „bio-feed-back").

Eine Auseinandersetzung mit diesen Erkenntnissen führt den Studierenden weiter in die subtilen Vorgänge des interzellulären Informationsaustausches. Diese Vorgänge werden noch vertiefender beleuchtet, wenn Biochemiker zu Wort kommen.

5. Biochemie und Biophysik

Beide Fächer haben den Wissensstand über die funktionellen Vorgänge der Zell-, Organ- und Systemkooperationen in einem atemberaubenden Tempo erweitert und vertieft, obgleich mit jedem Fortschritt der Forschung auf diesen sich weiterhin dynamisch entwickelnden Gebieten neue Fragen auftauchen.

Ein verwirrendes Netzwerk: Kooperation auf der Ebene der Biochemie

Biochemiker beschreiben uns ein verwirrendes Netzwerk stofflicher Wechselwirkungen als feinstofflich-molekulare Grundlage der „Unterhaltung“ der Zellen miteinander. Man schätzt die Zahl biochemischer Reaktionen in einem 70 kg schweren Menschen auf etwa 30 Billiarden pro Sekunde.

Das Vokabular der verschiedensten Gruppen biochemischer „Kommunikationsmediatoren“ wächst ständig und führt den Nichtexperten in eine kaum umgehbare Verwirrung.

Längst ist nicht mehr alleine von Hormonen oder Neurotransmittern die Rede. Die klassische Nomenklatur der Botenstoffe erweiterte sich durch Begriffe, die schon morgen wieder unmodern sein können: Interferone, Interleukine, Lymphokine, Zytokine, Wachstumsfaktoren … (Abb. 9).

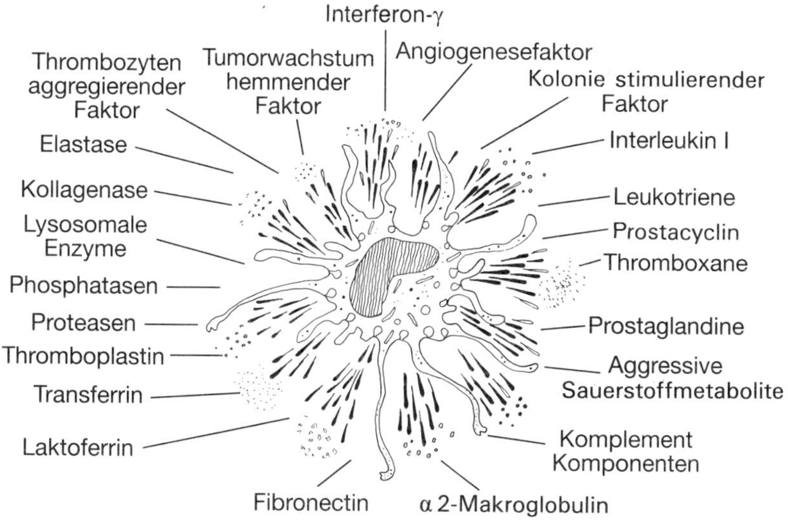

Abb. 9: Makrophagen sind vermutlich die sekretorisch aktivsten Zellen des menschlichen Organismus. Mehr als 150 Sekrete (Monokine) sind bekannt. In der Abbildung sind einige wichtige Monokine zusammengestellt. Es ist nicht abschätzbar, mit wieviel Zelltypen Makrophagen kommunizieren.

Kooperation – In Wahrheit nur ein „Spiel der kleinen Teilchen“

Schließlich ergänzt die Biophysik die oben erwähnten Fachbereiche in immer aufregenderer Weise. Sie führt uns in eine kommunikative Ebene, die man als Brückenschlag zwischen materieller und immaterieller Welt sehen mag. Sie stellt sich noch vor den Biochemiker und versucht ihm zu erläutern, daß das „molekulare Konzert“ ohne ein Wechselspiel der kleinen Teilchen undenkbar wäre.

Es gehört heute durchaus zur gängigen Anschauung vieler Forscher, sämtliche Lebenserscheinungen – die materielle wie die immaterielle Welt, die körperlichen wie die geistigen Sphären – aus den Gesetzen der Wechselbeziehungen zwischen Neutronen, Protonen, Elektronen und Phononen zu verstehen.

Kommunikationsanalytik führt somit – und das gilt vielleicht ganz besonders für die Lebenseinheit Zelle – in eines der phantastischsten Gebiete

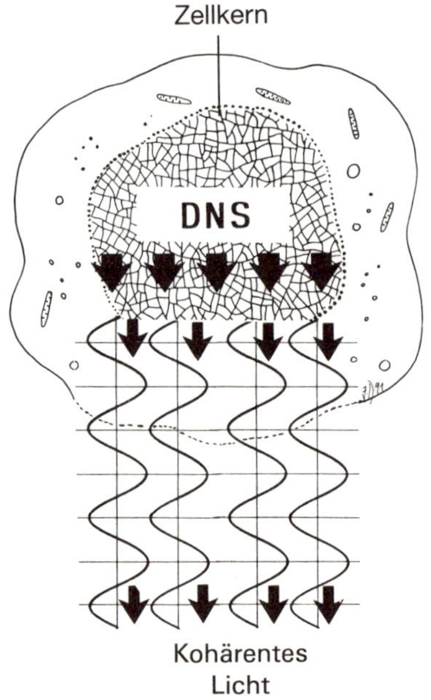

Abb. 10: Lebende Zellen geben Licht ab. Diese Photonenemission dient wahrscheinlich der zellulären Kommunikation. Als Ursprungsort des „Zellichtes“ vermutet man die Desoxyribonukleinsäure.

menschlicher Forschungen: in die Quantenphysik. Hier wurden in den letzten Jahren vor allem durch *Popp* et al. grundlegende Arbeitsergebnisse publiziert. Sie deuten darauf hin, daß Lichtemissionen der Zellen (Abb. 10) ganz entscheidend in die Ereignisse der zellulären Kooperationen miteinzubeziehen sind.

Abb. 11: Grundsystem-Komponenten
1. Parenchymzellen, 2. Interzellularraum, 3. Basalmembran, 4. Grundsubstanz, 5. peripherer, frei endigender vegetativer Nerv, 6. Lymphbahn, 7. Kapillare, 8. Bindegewebszelle, Gewebsmakrophage, 10. Lymphozyt, 11. Eosinophiler Granulozyt, 12. Bindegewebsfasern (kollagene, elastische), 13. Mastzelle, 14. Neutrophiler Granulozyt. – Pfeile, Wechselwirkungen einzelner Strukturen mit ihrer Umgebung.
Grundsystem: Bindegewebszellen (fixierte/mobile), Grundsubstanz, Bindegewebsfasern, Gefäße, Nerven, Basalmembranen.

Das Grundsystem – Schlüssel zum Verständnis zellulärer Kooperationen

Seit Jahrzehnten summieren sich die Forschungsergebnisse aus dem Bereich der Matrixforschung. Diese Subdisziplin führte inzwischen zu beachtenswerten Erkenntnissen hinsichtlich eines lange „vernachlässigten Raumes“: der nach herkömmlicher Nomenklatur bekannten Interzellularsubstanz bzw. extrazellulären Flüssigkeit.

Unter Einbeziehung der zellulären Elemente (mobile und sessile Bindegewebszellen) sowie aller humoralen und nervösen Komponenten wird heute vom „Grundsystem“ gesprochen (Abb. 11).

> Jede Körperzelle steht direkt oder indirekt mit der Grundsubstanz des extrazellulären Raumes in Verbindung.

Die Grundsubstanz muß als Transitstrecke zwischen den Gefäßen und den Parenchym- bzw. Stromazellen verstanden werden. Dieses gilt gleichermaßen für das Zusammenleben hämatopoetischer Immunabwehrzellen, die nach dem Verlassen der Blutbahn in ununterbrochener Folge extrazelluläre Räume durchstreifen (Abb. 12). Vergegenwärtigt man sich, daß in der

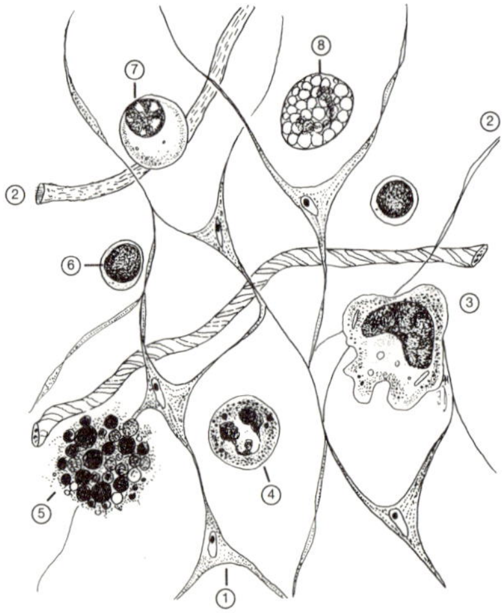

Abb. 12: Lockeres, faseriges Bindegewebe. 1. Bindegewebszellen (Fibroblasten/Fibrozyten). 2. Bindegewebsfasern (kollagene u. elastische F.), mobile Zellen: 3. Gewebsmakrophage, 4. Neutrophiler Granulozyt, 5. Mastzelle, 6. Lymphozyt, 7. Plasmazelle, 8. Eosinophiler Granulozyt.

Grundsubstanz sämtliche vegetativen Nervenfasern blind endigen und hier Neurotransmitter freisetzen können, wird das komplexe Netzwerk zellulärer Kooperation lebendig, wenn man sich gleichzeitig vor Augen hält, daß Immunzellen wie auch Bindegewebszellen durch ihre sezernierten Mediatoren und Zytokine (Interferone, Interleukine, Lymphokine ...) Nervenimpulse auslösen.

Kooperation durch Kommunikation

Kommunikative Mechanismen ermöglichen überhaupt erst eine Kooperation. Es ist deshalb sinnvoll, sich mit den Fragen der Kommunikation eingehender auseinanderzusetzen:

Kommunikation ist eine der zentralen Grundvoraussetzungen des Lebens. Überall dort, wo in einem biologischen System Kommunikation nicht möglich ist, Kommunikation gestört wird, kommt es zu empfindlichen Gleichgewichtsänderungen bzw. es erlischt über kurz oder lang die Lebensfähigkeit eines Organismus. Der Tod ließe sich in diesem Zusammenhang als Ende der Kommunikation definieren, wenn man im Sinne einer Vereinfachung etwa photonische Wechselwirkungen nach dem offensichtlichen äußeren Ereignis des Todes (siehe klinische Todeszeichen) außer acht lassen möchte.

Kommunikation: Versuch einer Definition

Der Begriff der „Kommunikation" bedeutet in lateinischer Sprache: Verständigung, Übermittlung, Austausch, Vermittlung von Wissen. Im erweiterten Sinn werden dem Kommunikationsbegriff alle Prozesse der Übertragung von Nachrichten oder Informationen ohne Berücksichtigung der Richtungsgebung zugerechnet, also ohne Hinweise darauf, ob ein lineares Geschehen oder ein Vorgang im Sinne des Kreisschlusses vorliegt.

Die Übertragung erfolgt durch „Zeichen" verschiedenster Art. Im üblichen Sprachgebrauch ist die Übertragung zwischen Lebewesen (Menschen, Tiere, Pflanzen) und/oder technischen Einrichtungen gemeint. Als Übertragungswege werden solche der technischen, biologischen, sozialen und psychischen Informationsvermittlung beschrieben.

Kommunikative Vorgänge auf zellulärer Ebene zeigen uns eine Fülle an Möglichkeiten und das bei einem derzeitig immer noch relativ spärlichen Wissensstand.

Kommunikation: Die Frage nach der Richtung

Die oben erwähnten Übersetzungsmöglichkeiten des lateinischen Wortes „communicatio“ schließen zwei grundsätzlich unterschiedliche Möglichkeiten der Kommunikation ein:

1. Eine Nachricht, ein Signal, eine Botschaft gelangt von A nach B (Abb. 13) ohne eine informative Rückmeldung an A zu induzieren („feed back“). Dieser Weg in eine Richtung entspricht dem Begriff der „Information“.
2. A sendet eine Nachricht an B. B antwortet im Sinne einer „feed back“-Reaktion mit einer Nachricht an A. Hier liegt eine „komplette Wechselwirkung“ vor. Sie besteht aus einer Doppelinformation von A nach B und von B nach A und entspricht damit einer „Kommunikation“.

Es ist eine Frage der Semantik, inwieweit man die Berücksichtigung der Richtung eines Nachrichtenflusses begrifflich abgrenzen will. Aus biologischer Sicht kann man davon ausgehen, daß Lebensabläufe über mehr oder weniger große Kreise im Zusammenhang stehen: Wenn eine Zelle agiert, bekommt sie irgendwann Anweisungen, ihre Aktion einzustellen, auf eine actio erfolgt eine reactio.

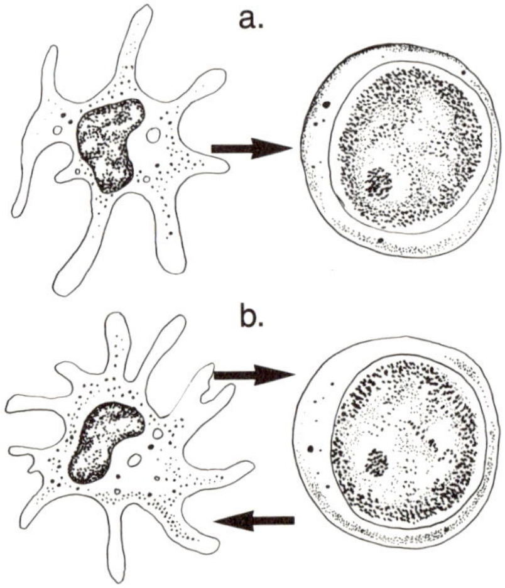

Abb. 13: Möglichkeiten der interzellulären Nachrichtenübermittlung unter Berücksichtigung der Richtung:
a. Meldung von Zelle A zur Zelle B = „Information“.
b. Meldung von Zelle A zur Zelle B mit Rückmeldung („feed-back“) = „Kommunikation“.

Kommunikation: Der direkte Weg – Der indirekte Weg

Eine Botschaft (engl.: message) erreicht ihren Adressaten direkt oder indirekt. Auf zellulärer Ebene lassen sich viele direkte Zell-zu-Zell-Kommunikationen beschreiben, etwa in Form der Direktkontakte zur Beseitigung von Fremdzellen (Zell-„Killing", Abb. 14) als wesentlicher Bestandteil der körpereigenen Immunabwehr.

Indirekte Wege der Übermittlung von Botschaften sind im „Konzert" biochemischer Wechselwirkungen sozusagen das tägliche Brot. Jeder Naturwissenschaftler kennt den kettenartigen Ablauf bestimmter Reaktionen.

Im menschlichen Organismus sind mehrere „Kaskadensysteme" bekannt (Gerinnungssystem, Komplementsystem, Kininsystem...). Nervale „Durchgaben" oder Immunreaktionen laufen über viele Stationen, bis das „letzte Glied" erreicht ist und entsprechend seinem biologischen Auftrag handelt.

Trotz bestaunenswerter Ergebnisse biochemischer Forschung sind all unsere Kenntnisse nicht mehr als der Ansatz zu einem Einblick in eine Wunderwelt der Kommunikation unseres Vielzellenstaates: In jeder Zelle laufen pro Sekunde 2500 biochemische Reaktionen ab!

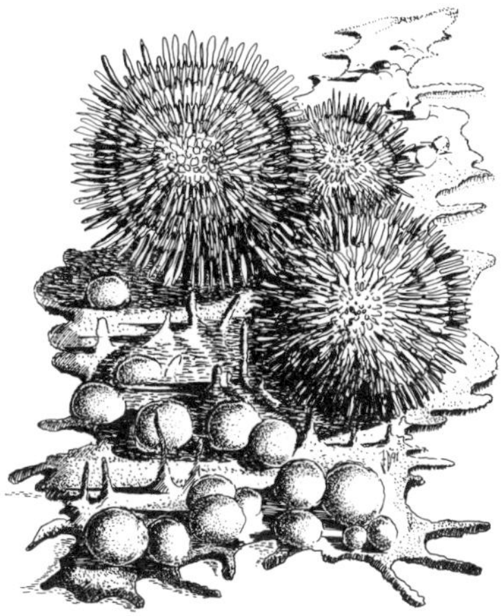

Abb. 14: „Zellkilling". Drei natürliche Killerzellen (rundliche, sternförmige Kugeln) greifen eine Krebszelle (flach mit blasenartigen Wölbungen) an. Blasen sind die ersten Zeichen des beginnenden Zelltodes. (Nach einem Photo von *Lennart Nilsson)*

Die Elemente des Kommunikationsprozesses

Ungestörte Kommunikation ist nur möglich, wenn:

1. Ein intakter Sender (Kommunikator) existiert. (Eine kranke Zelle könnte die Ursache für „schlechte Nachrichten“ sein.)
2. Eine Nachricht vorliegt. Eine Zelle muß „wissen“, was sie sagen will.
3. Eine geeignete, ungestörte bzw. möglichst wenig gestörte Meldestrecke vorhanden ist. (Obliterierte Gefäße beispielsweise zerstören den vaskulären Meldeweg, Bindegewebsblockaden beeinträchtigen das Grundsystem, Plasmamembranschäden führen zur Beeinträchtigung der Endozytose etc.)
4. Ein Empfänger (Adressat, Rezipient, Rezeptor) zur Verfügung steht und aufnahmebereit ist. Er muß in der Lage sein, die Nachricht zu verstehen und nutzbar zu machen. Rezeptorblockaden beispielsweise unterbrechen bei einer Besetzung sämtlicher Rezeptoren eines Typs jeglichen Nachrichtenfluß, der auf diesen Rezeptortyp angewiesen ist.

> Zelluläre Kommunikation läßt sich auf eine einfache Formel bringen: Zellen müssen „senden“ und „empfangen“ können, die Meldestrecke muß intakt sein.

Rezeptoren – Werkzeuge der Kommunikation

Rezeptoren gehören zur „Grundausrüstung“ einer jeden lebensaktiven Zelle. Reize aus der Zellumwelt wie auch der Zellinnenwelt werden von Rezeptoren auf inneren und äußeren Membranen „empfangen“. Entsprechend ihrer Funktion haben sie verschiedene Namen: Chemo-, Photo-, Thermo-, Presso-, Baro-, Osmo-Rezeptoren sowie Immunrezeptoren (Antikörper, T-Zell-Rezeptor ...), Lektinrezeptoren etc.

Als Zellrezeptoren aus biochemischer Sicht gelten besondere Strukturen auf der Plasmamembran bzw. auf den Membranen der Zellorganellen. Sie gehören vorwiegend zur Gruppe der Zuckereiweiße (Glykoproteine). Rezeptoren zeichnen sich durch ihre „hohen Ansprüche“ aus, d.h. sie reagieren nur mit einem ganz bestimmten Molekül, ihre Bindung besitzt das Charakteristikum der Spezifität: Histamin-Rezeptoren reagieren mit dem entsprechenden Histamintyp (H1/H2-Rezeptortyp), für Interleukin I, für alpha-Interferon, Progesteron, Insulin, Prostaglandin E1 ... stehen jeweils spezifische Rezeptoren zur Verfügung. Als „Königsmoleküle“ unter den Rezeptoren mag man die zellständigen Antikörper bezeichnen:

B-Lymphozyten (Abb. 15) sind in der Lage, mehr als 10 Millionen spezielle Antikörpermoleküle herzustellen, von denen jedes spezifisch ein „Gegenmolekül“ (Antigen) binden kann.

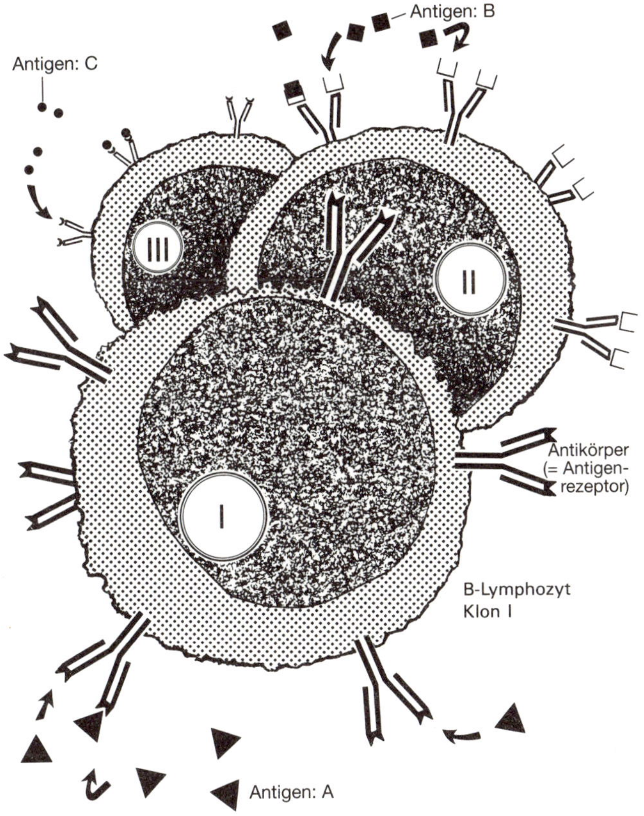

Abb. 15: Antikörper als Rezeptoren auf Zellmembranen der B-Lymphozyten.

Übereinstimmung ist Trumpf

Je besser sich Sender und Empfänger verstehen, desto höher ist die Garantie einer ungestörten Durchgabe von Nachrichten. Die vom Sender für die Übermittlung vorgesehene Botschaft muß in ein kommunizierbares Zeichensystem umgewandelt werden. In der Nachrichtentechnik und in der Datenverarbeitung spricht man von einem Code. Begriffe dieser Art haben sich seit langem in der Medizin etabliert. Zellen codieren einen Teil

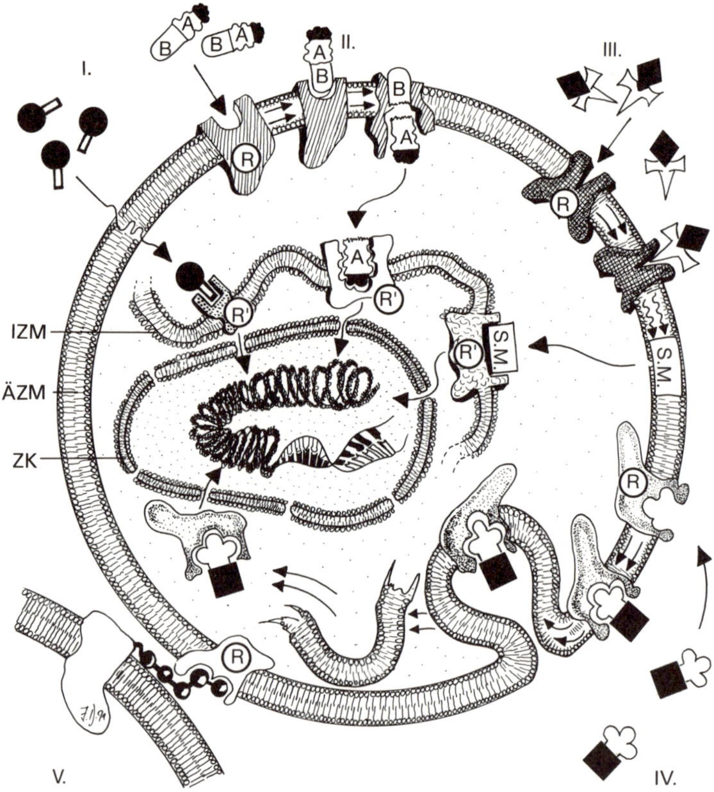

Abb. 16: Meldewege intrazellulär

Signalwege zwischen der Zellaußenwelt und dem Zellkern (hypothetisches Modell!).
ÄZM = äußere Zellmembran mit Rezeptoren (R). IZM = innere Zellmembranen mit Rezeptoren (R'). ZK = Zellkern.

I. Fettlösliche Steroidhormone und Thyreoidhormone passieren die ÄZM und binden an Rezeptoren der IZM.

II. Bestimmte Bakterientoxine bestehen aus einem Bindeprotein (B) und einem toxischen Teil (A). Das B-Protein bindet an Rezeptoren der ÄZM. Durch „Umlagerungen" wird schließlich das Toxin (A) in das Zellinnere geschleust, wo es an „seine" Rezeptoren bindet.

III. Manche Signale lösen in der ÄZM ein zweites Signal aus (sog. second messenger SM). Sie führen den Ablauf der Signalkette im Zellinneren fort.

IV. Einige Signale werden mitsamt ihrem Rezeptor (R) in das Zellinnere aufgenommen (Endozytose) und freigesetzt, um die weitere Signalkaskade auszulösen.

V. Noch weitgehend unklar ist der Signalmechanismus im Falle einer Direktberührung zweier Zellen.

Alle Signale/Meldungen/Reize ... führen letztlich in der Zellkern-DNS zu einer Beantwortung. Die Folge: Änderungen der Lebensäußerungen verschiedenster Art (Stoffwechsel, Wanderung, Sekretion ...).

ihrer Nachrichten. Für die Herstellung von Rezeptoren oder Botenstoffen vom Proteintyp durchläuft die Nachrichtenvermittlung komplizierte Stufen, die hier nicht weiter erörtert werden sollen (siehe Proteinsynthese, Codierung der messenger-RNS). In jedem Fall muß die kooperierende Zelle in der Lage sein, Nachrichten „zu entziffern“. Die angesprochenen Rezeptoren setzen die Mitteilung in „praktische Anweisungen“ um. Zellen können jedoch der Erledigung der gewünschten Aufgaben nur dann nachkommen, wenn die von den Rezeptoren empfangene Information ungestört über die inneren Meldewege zum „Gehirn der Zelle“ (Zellkern: DNS) weitergeleitet werden (Abb. 16).

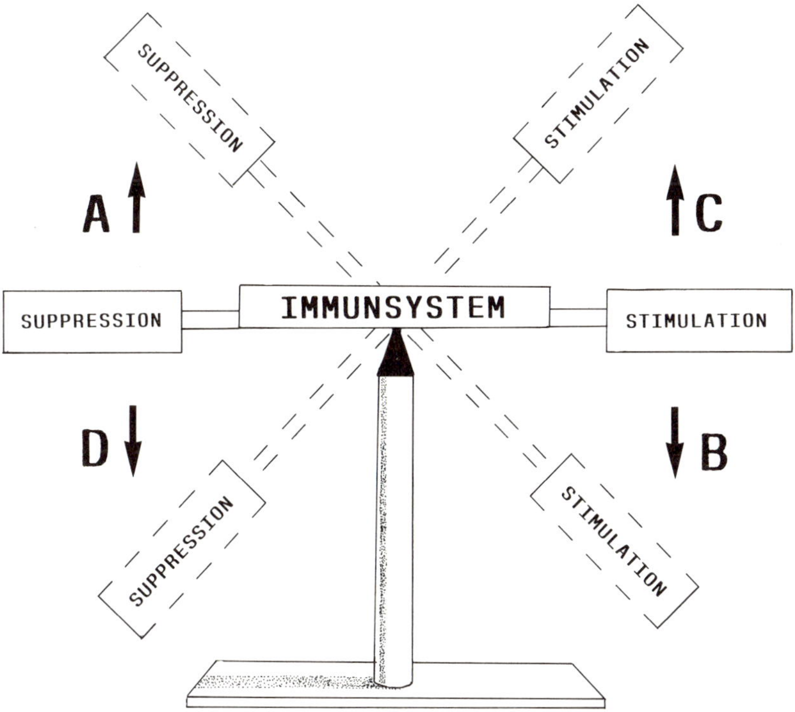

Abb. 17: Lebensdynamik am Beispiel des Immunsystems.
„Immunbalance“ = Gleichgewicht zwischen hemmenden und fördernden Impulsen (waagerechter Balken).
Überwiegen der Suppression (A) bedeutet eine Reduktion der Stimulation (B). Im Zustand der Stimulation (C) ist die suppressive Regulation gebremst (D).

Die kontrollierte Kommunikation

Ein ungebremster Informationsfluß in eine Richtung würde biologische Empfänger „überfüttern". Es gibt keine Zelle, die dauerhaft ohne eine Weiter- oder Rückmeldung einseitigen Informationsfluß „ertragen" kann. Biologische Prozesse sind immer gegenreguliert und damit kontrolliert. Insulinsezernierende Zellen, Antikörper produzierende Zellen, Phagozyten, Kreislaufsituationen, Verstoffwechselungen, Ausscheidungen etc. brauchen ein ständiges „An- und Abschalten". Leben ist Schwingung, Dynamik in Form eines Wechselspiels. Dieses Geben und Nehmen, Fördern und Hemmen (Abb. 17) läßt sich bis auf die Ebene der Quanten verfolgen.

Kontrollsysteme arbeiten im Verbund

Die drei wichtigsten Systeme zur Wahrung der Homöostase sind das Nervensystem, das Endokrine System und das Immunsystem (Abb. 18). Diese drei Systeme arbeiten in engster Verflechtung zusammen, d. h. also, daß ihre Gewebe, ihre Zellen im ununterbrochenen, fein abgestimmten Informationsaustausch stehen, eine Kooperation, die nie pausiert, ein Signaltransfer über endokrine Stoffe, Neurotransmitter, Endorphine, Hormone und „Gewebshormone", Thymuspeptide, Interleukine, Interferone und Änderungen elektrostatischer Zustände an Zellmembranen oder in der extrazellulären Matrix. Sämtliche Impulse und Rückmeldungen stehen unter physiologischen Bedingungen in einer Balance.

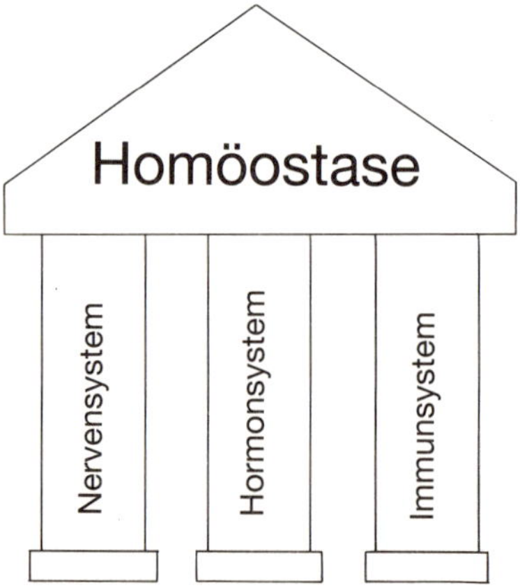

Abb. 18: Die drei tragenden Systeme des Körpers.

Kommunikationskontrolle aus kybernetischer Sicht

Das Fachgebiet der Kybernetik hat zum Verständnis kommunikativer Lebensprozesse außerordentlich wichtige Beiträge erbracht. Grundlage einer Orientierung ist das theoretische Modell des Regelkreises (Abb. 19). Es wurde 1948 von *Norbert Wiener* in seinem Standardwerk „Kybernetik oder die Regelung und Nachrichtenübertragung in Lebewesen und Maschinen“ vorgestellt.

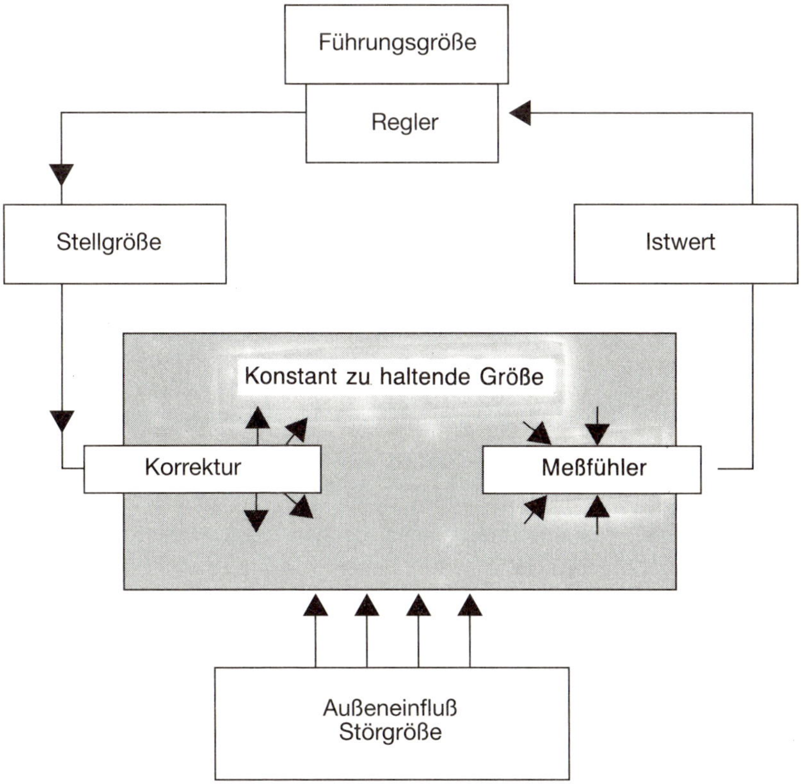

Abb. 19: Regelkreismodell. Führungsgröße (Beispiel): PH-Wert im Gewebe. Dieser Wert wird mit geringsten Schwankungen in einem bestimmten Bereich gehalten. Ein Meßfühler kontrolliert ständig den Ist-Wert und meldet ihn an die „Zentrale“, in der der Sollwert der Führungsgröße mit dem Istwert mittels eines Reglers verglichen wird. Liegt der Istwert außerhalb der physiologischen Schwankungsbreite, wird er über eine sog. Stellgröße bis zum Erreichen des Sollwertes korrigiert.

Die zunächst in der Technik entwickelten Regelkreissysteme zeigten erstaunliche Analogien mit biologischen Lebensabläufen. So wurde denn auch versucht, anhand des Regelkreismodells unter anderem zelluläre Kooperationen besser zu verstehen, obwohl biologische Systeme so kompliziert und feinabgestimmt sind, daß eine Übertragung der Regelkreiseinheiten mit ihren funktionellen Zusammenhängen auf die biologischen Abläufe des menschlichen Organismus vielfach abgelehnt wird.

Immerhin gelang es – von einer „black box" ausgehend, in die man alle Fähigkeiten eines Systems hineinprojizierte – mehr über die Funktionalität im einzelnen dadurch zu erfahren, daß man die Eingangsgrößen variierte und bei der Messung der Ausgangsgrößen wertvolle kybernetische Rückschlüsse ziehen konnte. Kybernetisches Denken gehört heute zu den Grundlagen medizinisch-diagnostischer wie therapeutischer Konzeptionen der naturheilkundlichen Ganzheitsmedizin.

Das Modell des Regelkreises – Kommunikation im Kreisschluß

Regelkreise sind geschlossene – d.h. mit einem geschlossenen Informationsfluß arbeitende – Systeme. Regelkreise funktionieren mittels eines gegen Störungen im allgemeinen relativ stabilen Rückkopplungsmechanismus. Der jeweilige Wert (Ist-Wert = aktueller Wert) einer konstant zu haltenden Größe (= Regelgröße, z.B. Ph-Wert, Körpertemperatur, Blutzucker ...) wird durch eine Meßeinrichtung (= Fühler, z.B. Druckrezeptoren, Chemorezeptoren ...) ständig und selbständig – d.h. sozusagen „in Eigenverantwortung" des Regelkreissystems beobachtet. Der Meßfühler leitet seine Meßergebnisse an ein Zentrum weiter (= Regler, z.B. ZNS). Der Regler „kennt" den Soll-Wert der Führungsgröße (z.B. Ph-Wert etc.) und vergleicht den vom Fühler gemeldeten Ist-Wert mit dem Soll-Wert.

Im Falle einer unerwünschten Differenz zwischen Soll-Wert und Ist-Wert wird über ein Steuersignal (= Stellgröße, z.B. Nervenbahn, Hormon) ein Korrekturmechanismus (= Stellglied) „eingeschaltet". Die Regelabweichung wird korrigiert, die Homöostase wiederhergestellt.

Bei einer solch trocken-technischen Beschreibung muß man sich nun vergegenwärtigen, daß hinter all diesen Vorgängen sehr eng miteinander kooperierende Zellen stehen!

Im Endresultat gilt, daß ein „verstellter" Soll-Wert nur so lange toleriert wird, als das für eine aktuelle Anpassungsreaktion des Körpers zweckdienlich ist. Verzögerte oder überschießende Reaktionen bzw. eine langanhaltende „Verstellung“ bedeuten Krankheit.

Zelluläre Kommunikation – Thema der Ganzheitsmedizin

Viele Ärzte haben sich heute auf eine sehr einfache Formel verständigt: Krankheit ist gestörte Kommunikation (engl.: communicative disorders). Daraus ergeben sich zwangsläufig Maximen des Handelns: es geht darum, intakte Kommunikation der Zellen, Organe und Systeme zu wahren, also wenn irgend möglich, nicht iatrogen zu stören. Im Falle der Krankheitssituation zielt die Therapie auf eine Wiederherstellung der normalen Kommunikation, auf eine Wiederherstellung der physiologischen „Kommunikationshomöostase“. In der Ganzheitsmedizin wird versucht, diese Homöostase mit naturheilkundlichen Verfahren zu erreichen bzw. zu schützen.

Auch die klassische Hochschulmedizin nimmt für sich in Anspruch, kommunikative Störungen auszugleichen, sie ersetzt fehlende Signalstoffe (z.B. Insulin, Schilddrüsenhormone ...), versucht, durch Rezeptorblockaden Hochdruckkranke oder Allergiker von plagenden Symptomen zu befreien; mit Wachstumsfaktoren, Interferonen und Interleukinen greift man heute in das Feingefüge der Immunabwehr ein.

II. Beispiele zellulärer Kommunikation

Dieser Abschnitt befaßt sich nicht mit den wenig geklärten Hintergründen der Histo- bzw. Organogenese, also nicht mit den Fragestellungen, wie Zellen „ihren Platz“ im werdenden Organismus finden und sich dort – mit Ausnahme der „Wanderzellen“ – zum Teil besonders fest verankern.

Die Strategien der Gewebebildung sind unterschiedlich; sie werden seit geraumer Zeit eingehend beforscht. Da ist von „Fruchtkörperbildung“, „Wolfsrudeleffekt“, „Aggregationsfaktoren“ und von der „differentiellen Adhärenz“ im Sinne einer Zell-zu-Zell Adhäsion nach den Prinzipien einer Rangordnung die Rede. Viele Darstellungen basieren zur Zeit noch auf modellhaften Hypothesen.

Nachfolgend wurden zyto-histomorphologische, biochemische und biophysikalische Befunde zusammengestellt.

Zelluläre Kommunikationen: Versuch einer Einteilung

Einteilungen passen schlecht zu den Bemühungen einer ganzheitlichen Sicht histologischer Vorgänge; sie besitzen die Gefahr, Vernetzungen zu zerreißen, sie trennen dort, wo eigentlich nicht getrennt werden darf. Das hier vorgestellte Schema der Einteilung zellulärer Kommunikationen sollte durch eine gewisse ordnende wie didaktische Wertigkeit dennoch akzeptabel sein.

A. **Kommunikation durch direkte Zell-zu-Zell-Kontakte**
   1. Durchlässige Haftverbindungen (Desmosomen)
   2. Undurchlässige Haftverbindungen (Tight Junctions)
   3. Kanäle (Gap Junctions)
   4. Passagäre Direktkontakte (Adhäsionen)

B. **Kommunikation durch indirekte Zell-zu-Zell-Kontakte**
   1. Über Spalträume (Synapsen)
   2. Über die Grundsubstanz (extrazelluläre Matrix)
   3. Über Strombahnen (Blut-/Lymphbahnen)

C. **Elektromagnetische Nah- und Fernwirkungen**

Abb. 20: Schema zur Einteilung der Möglichkeiten zellulärer Kommunikationen aus aktueller Sicht: Elektromagnetische Kommunikationen wurden als Sonderkapitel aufgenommen.

Zusammenhalt durch Bänder und Nieten: Desmosomen

Desmosomen sind in Geweben verbreitet, in denen die strukturelle Einheit eine der tragenden Funktionen darstellt. Wir finden sie deshalb in Form von Bändern (= Gürteldesmosomen) und Nieten (Punktdesmosomen, Abb. 21) in solchen Geweben, die starken Beanspruchungen ausgesetzt sind (Hautepithel, Herzmuskel, Uterushals ...).

Sogenannte Hemidesmosomen ähneln den Punktdesmosomen, sie verbinden aber nicht benachbarte Zellen, sondern sie „schlagen eine Brücke" zwischen Zellen und Basalmembranen, sie bilden gleichsam eine Verankerung dieser Zellen auf einer „Fußplatte".

Verschluß durch völlige Verschmelzung: Tight Junctions

Tight junctions (engl.: tight = fest, junction = Verbindung) sorgen dafür, daß das interne interzelluläre Milieu eines Organs vom externen Milieu

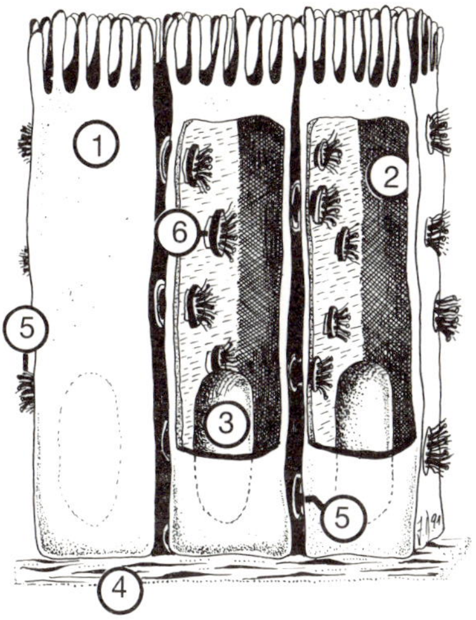

Abb. 21: Punktdesmosomen (PD) zwischen zylindrischen Epithelzellen. 1. Epithelzelle, 2. Zellinnenraum (das Zytoplasma wurde „ausgeräumt"), 3. Zellkern, 4. Basalmembran, 5. PD-Anteile im Interzellularraum, 6. PD-Verbindungen mit dem Zytoskelett (nicht dargestellt).

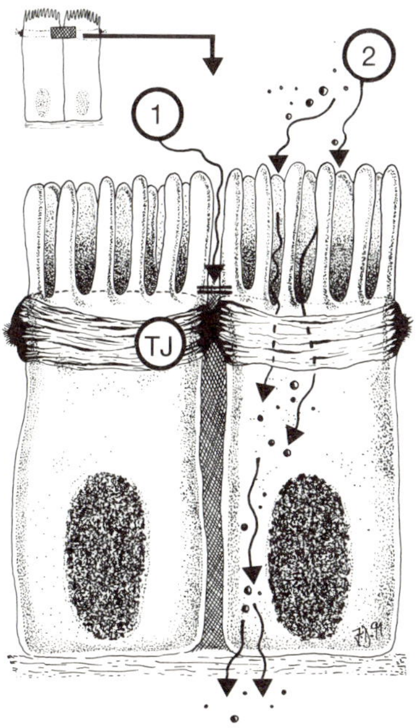

Abb. 22: Tight Junction
Gürtelförmige tight junctions (TJ) sind undurchlässige interzelluläre Verbindungen. Eine Stoffdiffusion (1) zwischen den Zylinderepithelzellen über den Interzellularraum ist somit unmöglich. Die epitheliale Passage läuft ausschließlich transzellulär ab (2).

abgeschlossen ist. Damit ist eine Diffusion zwischen den Zellen ausgeschlossen (Abb. 22).

Dieses wird dadurch erreicht, daß die äußere Zellhülle (Plasmalemm) der einen Zelle mit der äußeren Zellmembran der anderen Zelle fest verschmilzt. Solche verschlossenen Interzellularspalten sind beispielsweise im hochprismatischen Darmepithel (größtes Resorptionsorgan des Körpers: 200–300 qm^2!) von grundlegender Bedeutung für den richtungsvorgegebenen Stofftransport.

Kanäle von Zelle zu Zelle: Gap Junctions

Gap junctions (engl.: gap = Lücke, Kluft) stellen eine direkte Verbindung von Zelle zu Zelle her. Sie können innerhalb von Millisekunden gebildet werden. Es handelt sich um plattenförmige, scharf begrenzte Appositionen benachbarter Zellmembranen. In diesen Bereichen kommunizieren Nachbarzellen über feinste Kanälchen (Abb. 23).

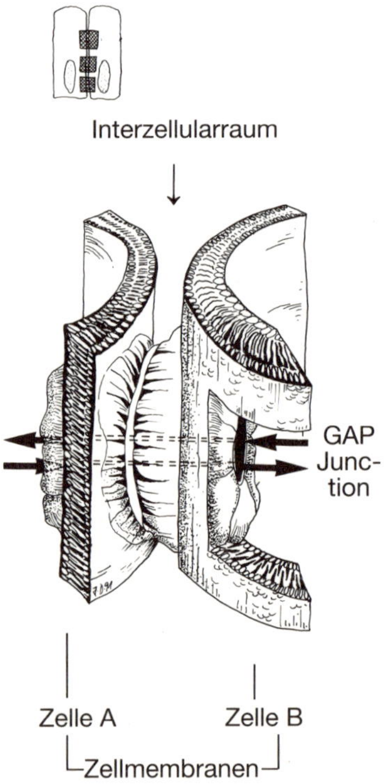

Abb. 23: Gap junction: Eine kanalartige direkte Verbindung zwischen Zellen

Gap junctions dienen dem direkten Informationsaustausch in kürzester Zeiteinheit. Dieses gelingt zum einen durch den gegenseitigen Stoffaustausch, zum anderen durch die Übertragung elektrischer Signale.

Gap junctions sind die in den Geweben aller Säugetiere, einschließlich des Menschen, am meisten vorkommenden Zell-zu-Zell-Verbindungen. Warum sind so viele Zellen durch Kanäle dieser Art elektrisch und metabolisch gekoppelt?

In vielen Geweben ist eine Synchronisation elektrischer Potentialänderungen erforderlich (Herzmuskel, Darmperistaltik ...). Andere Zelleistungen, wie z. B. der Zilienschlag, müssen koordiniert werden. Man nimmt heute an, daß gap junctions zur Lösung solcher Probleme wesentlich beitragen.

Zellkontakte „im Vorübergehen"

Im gesamten Organismus treffen wir auf „mobile" Zellen, die zeitweilig oder pausenlos alle Gewebe durchstreifen oder bestimmte Areale kontrollieren. Hierbei handelt es sich im wesentlichen um Zellen mesenchymaler Herkunft, um Bindegewebszellen oder um hämatopoetische Zellen, damit also um Zellen vor allem der Immunabwehr. Viele Immunzellen sind ausgesprochene „Wanderer". Wanderung bedarf der Orientierung. Sie wird dadurch erreicht, daß sich Zellen ununterbrochen „abtasten" und in irgendeiner Weise die molekularen Oberflächenstrukturen des „Kurzkontaktpartners" analysieren.

Wir wissen heute noch erheblich wenig über diese Art der Wechselwirkungen im Rahmen dieser interzellulären Kontakte. Man vermutet Kurzkontakte zwischen Liganden und Rezeptoren. Wahrscheinlich spielen dabei Lektine (Abb. 24) eine entscheidende Rolle. Lektine sind Zuckereiweiße (Glykoproteine). Sie gehören damit chemisch in die gleiche Gruppe wie die Antikörper oder T-Zell-Rezeptoren (Abb. 25) und wie bei den Antikörpern und T-Zell-Rezeptoren ist der Proteinanteil für die Hauptfunktion verantwortlich: Lektine (lat.: legere = lesen) können Zucker zum Teil sogar spezifisch erkennen, sie erkennen damit jene Molekülanteile auf Zelloberflächen, die an vielen Membranfetten und an den meisten Membranproteinen fixiert sind. Es ist denkbar, daß der Lektinmechanismus ein phylogenetisch „archaisches Relikt" ist, vielleicht der erste Weg überhaupt einer differenzierteren zellulären Kooperation war.

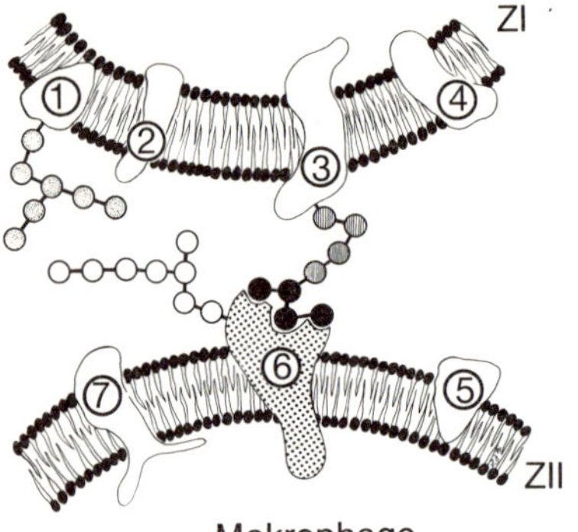

Abb. 24: Lektin als Zelloberflächenrezeptor. ZI = Zellmembran Zelle I. ZII = Zellmembran Zelle II.
1, 2, 3, 4, 5, 6, 7: Membranproteine. 1, 3 und 6 tragen Zuckerketten, es sind also Glykoproteine. 6 ist ein Lektin, da es eine Zuckerkette (hier: des Glykoproteins 3) erkennen und binden kann. Das Lektin funktioniert also als Zelloberflächenrezeptor.

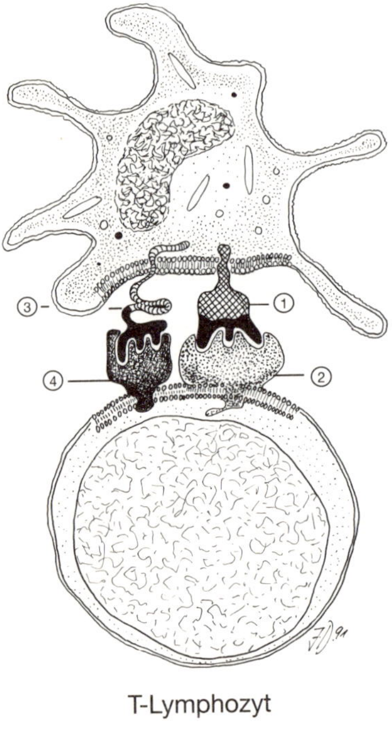

Abb. 25: Zelluläre Kommunikation zwischen einem Makrophagen und einem T-Lymphozyten. Beispiel einer Direktkommunikation unter Umgehung der Zwischenzellsubstanz. Makrophagen können Antigene „aufarbeiten" und deren molekulare Information an T-Lymphozyten weitergeben (sog. „Antigenpräsentation"). Gleichzeitig werden dabei in jedem Fall körpereigene spezifische „Identitätsmarker" („Personalausweise" für das Immunsystem) mitangeboten. Auf diese Weise erkennt der Lymphozyt gleichzeitig „Fremd" und „Eigen". 1. Antigenstruktur, 2. T-Zell-Rezeptor für Antigene, 3. „Identitätsmarker": ein HLA-Molekül der Klasse II, 4. HLA-Rezeptor.

Umschaltstellen für die Erregungsübertragung: Synapsen

Als Synapsen (gr.: synhapis = verknüpfen) werden alle diejenigen Umschaltstellen bezeichnet, in denen sich das axonale Ende eines präsynaptischen Neurons mit dem Dentriten einer anderen Nervenzelle oder mit dem Zellkörper einer Nichtnervenzelle „verbindet" (Abb. 26, S. 112).

Ein Neuron kann 1000 synaptische Endköpfe bilden und so mit einer Vielzahl anderer Neuronen in Beziehung treten (Prinzip der Divergenz). Auf der anderen Seite liegen der postsynaptischen Zelle meist nur wenige Endköpfe desselben präsynaptischen Neurons an, vielmehr empfangen postsynaptische Zellen Verbindungen von zahlreichen (im Mittel etwa 100!) verschiedenen präsynaptischen Zellen (Prinzip der Konvergenz).

Man schätzt die Zahl der Synapsen allein im menschlichen Gehirn auf etwa 10^{14}. Diese unvorstellbare Zahl wie auch die Divergenz und Konvergenz bilden die Grundlage für ein Wunderwerk der zellulären Kommunikation. Der Signalmechanismus läuft über Neurotransmitter (s. Tabelle) die in kleinen „Behältern" (präsynaptische Bläschen) im Bedarfsfall in den synaptischen Spalt entleert werden und an der postsynaptischen Zelle eine Änderung des Membranpotentials auslösen. Je nach Charakter der Potentialänderung kommt es in der betreffenden postsynaptischen Zelle zu einer Stimulation oder zu einer Hemmwirkung.

Tab. 1

Neurotransmitter im Gehirn

Alfa-Aminobuttersäure	Glutaminsäure	Prostaglandine?
Azetylcholin	Glycin	Releasingfaktoren
Dopamin	Histamin	Serotonin
Endorphine	Noradrenalin	Substanz-P

Grundsubstanz: Kommunikation über ein feines Maschenwerk

Die nicht zellulären Bestandteile des extrazellulären Raumes galten über lange Zeit als ein inertes Gerüst, das lediglich die physikalische Struktur der Gewebe stabilisiert. Auch mit dem „Bindegewebs"-Begriff wurde in sehr unvollkommener Weise beschrieben, welche lebenswichtigen Aufgaben den mobilen und fixen Bindegewebszellen zukommen und welche bedeutenden regulativen Funktionen Bindegewebszellprodukte erfüllen. Seit *Pischinger* hat sich hier ein grundlegender Wandel vollzogen, als er 1953 das

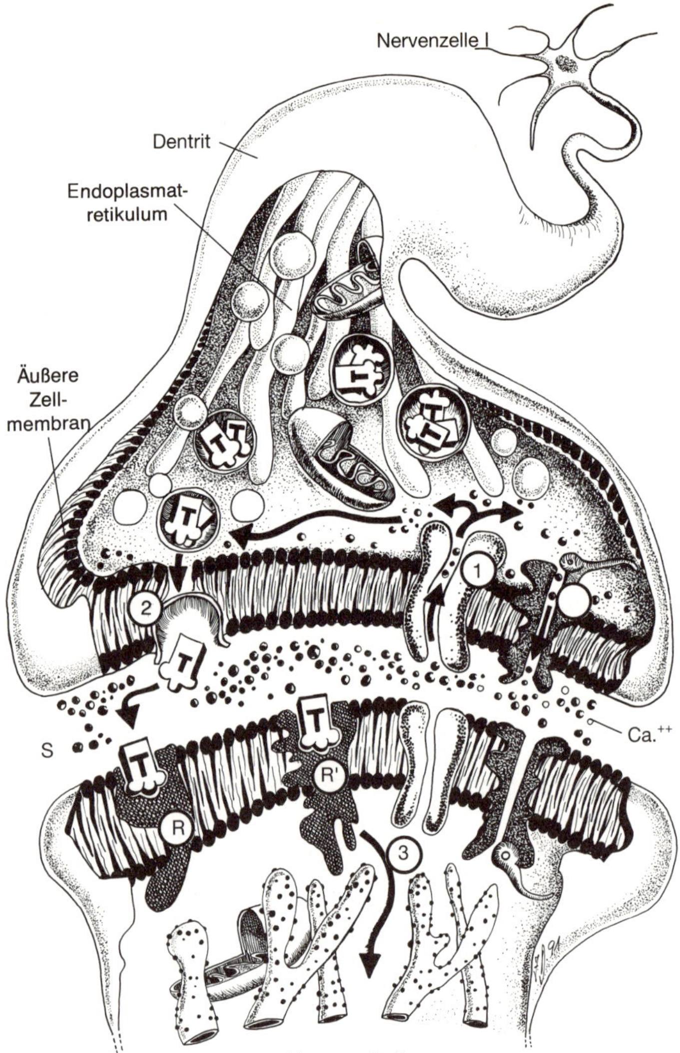

Abb. 26: Synapse als Modell
Chemische Synapse zwischen zwei Nervenzellen (Hypothetisches Modell). Kommunikativer Mediator : Neurotransmitter (T).
Durch Calciumeinstrom in das Zellinnere über Kanäle (1) kommt es in der Nervenzelle I zur Entleerung (2) der in Bläschen gespeicherten Neurotransmitter (T) in den Synapsenspalt (S). Diese Mediatoren binden an spezifische Rezeptoren (R), die dadurch eine molekulare elektrostatische Veränderung R') erfahren und in der Nervenzelle II Folgesignale auslösen (3), die das Verhalten dieser Zelle ändern.

„System des Unspezifischen“ beschrieb. Damit wurde das Licht auf ein System geworfen, welches den gesamten Organismus durchzieht, jede Zelle erreicht und, anders als das Nervensystem und das Hormonsystem, stets einheitlich reagiert. 1954/57 beschrieben *Pischinger* und Mitarbeiter dieses System als das „System der Grundregulation“, heute auch kurz „Grundsystem“ genannt (Abb. 27).

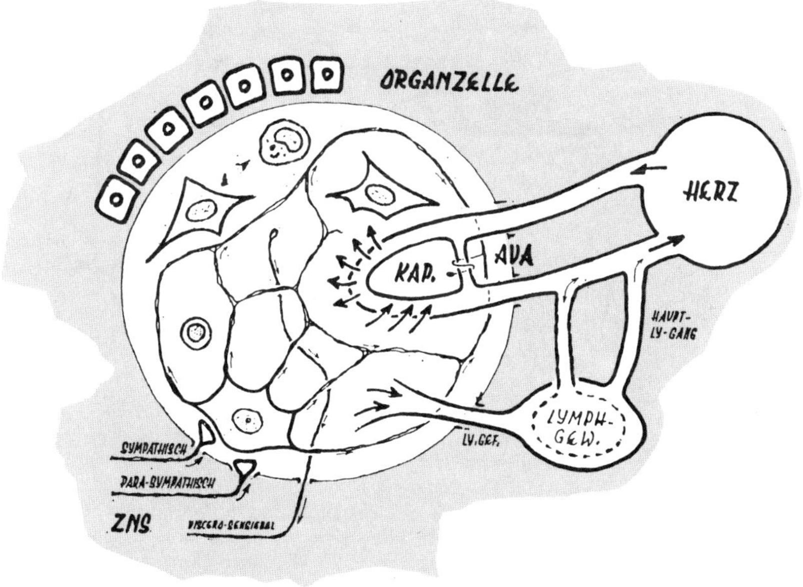

Abb. 27: *A. Pischingers* Originalzeichnung und Bildlegende seiner Konzeption des „gesamten Grundregulationssystems:
KAP = Kapillare; AVA = arteriovenöse Anastomose, Hauptlymphgang. Lymphgewebe mit hämolymphatischer Kommunikation. Lymphozyt, Fibroblast, Monozyt, Dogielzelle II mit Anschluß an Sympathikus und Parasympathikus bzw. an die vegetative Endstrecke.

Heute wissen wir, daß die Matrix des Grundsystems (s. *R. van Wijk:* „Die extrazelluläre Matrix als informatives Prinzip“) eine äußerst aktive, komplexe Rolle bei der Steuerung des Zellverhaltens derjenigen Zellen besitzt, die mit der Grundsubstanz in Berührung stehen – daß sie deren Entwicklung, Wanderung, Vermehrung, Form und Stoffwechsel beeinflußt. Hierbei spielen die Eigenschaften eines Maschenwerks aus hochpolymeren Zucker-Proteinen – Proteoglykane (PGs) und Glukosaminglykane (GAGs) – eine entscheidende Rolle (Abb. 28, S. 114).

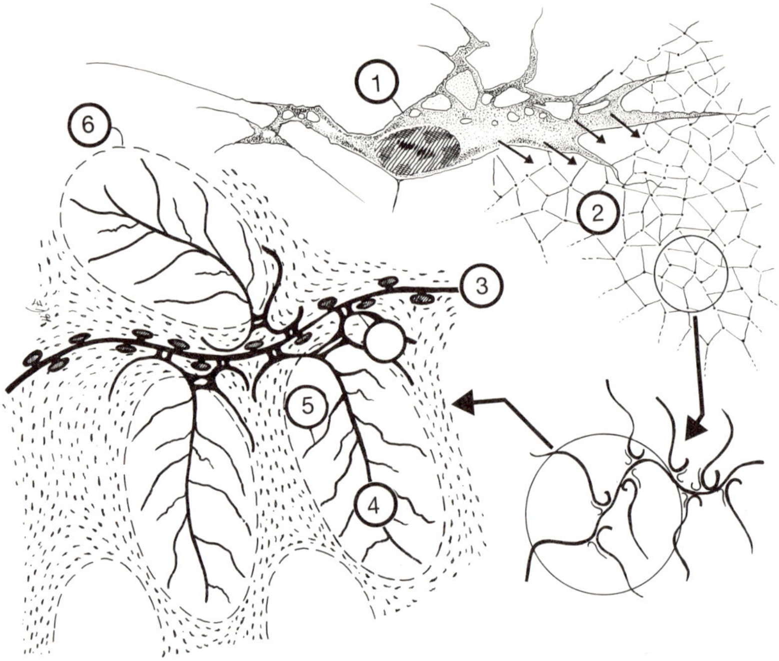

Abb. 28: Hochpolymeres Maschenwerk der Grundsubstanz
Netzwerk der Grundsubstanz. 1. Das Netzwerk (Proteoglykane) synthetisierende Bindegewebszelle (Fibrozyt), 2. Proteoglykan-Gitter, 3. Hyaluronsäure, 4. Proteoglykan, 5. Zuckerkette des Proteoglykans, 6. „Domäne" eines Proteoglykans.
(Zeichnerische Darstellungen nach Vorlagen von *H. Heine*, Witten Herdecke).

Grundsubstanz: Treffpunkt mehrerer Systeme

Im Extrazellularraum sind mehrere Systeme eng miteinander verbunden: das Bindegewebssystem, Gefäßsystem und das Nervensystem. Diese Trias wiederum steht je nach Organ mit Parenchymzellen verschiedenster Zelltypen in lebenswichtigen Wechselbeziehungen. Einzelheiten über die Kooperation dieser Systeme, über deren histomorphologische und biochemische Korrelate und über deren Bedeutung für die Homöostase des Gesamtorganismus wurden in den letzten Jahren wegweisend von *Heine* erarbeitet. Hierdurch wurde detaillierter deutlich, wie die Zellen des ZNS, des Endokriniums, Bindegewebes und die Zellen der Parenchyme in einem ständigen Informationsfluß zueinander und miteinander leben, indem sie sich anregen oder hemmen. So scheint keine Lebensäußerung der Zellen unseres

Körpers unkontrolliert, sondern immer zugleich auch gegenreguliert abzulaufen.

Die Komplexität zellulärer Leistungen und deren multidimensionale Auswirkungen lassen sich beispielhaft an den Mastzellen des Bindegewebes demonstrieren (Abb. 29), so daß sie als „Wächter der Grundsubstanz" beschrieben wurden (*Heine* und *Schaeg* 1979).

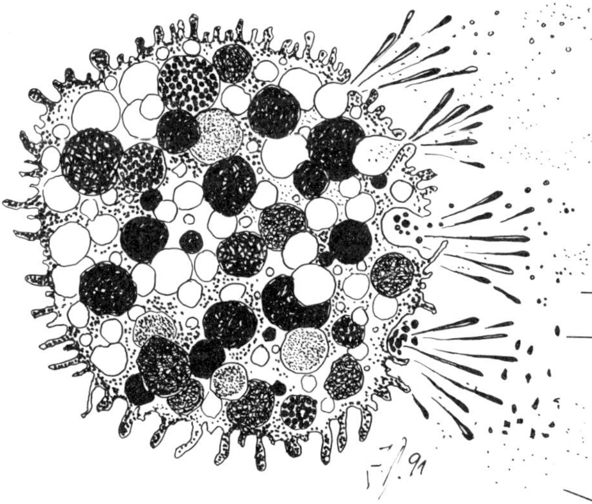

Abb. 29: Gewebsmastzelle im Zustand der Sekretion. Mastzellen erfüllen wichtige physiologische Funktionen. Ihre Sekrete wirken vor allem auf Immunabwehrzellen, Bindegewebszellen und Endothelzellen.

Anschluß an die Rohrsysteme

Strombahnen gehören zu den interzellulären Meldewegen unseres Körpers. Ein im Blut transportiertes Signal hat zwar eine relativ langsame „Reisegeschwindigkeit", es erreicht aber sicher und vor allem alle Gefäßprovinzen, eine Botschaft kann auf diese Weise breitenwirksam sämtliche „Verteiler" erreichen. Endokrine, vor allem aber neuroendokrine Zellen scheinen ihre Mitteilungen in recht direkter Weise der Blutbahn zuzuführen, ohne wesentliche Transitstrecken des Bindegewebes passieren zu müssen.

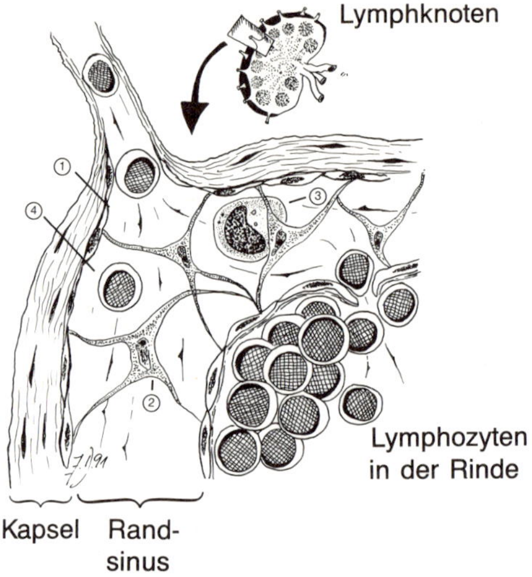

Abb. 30: Uferzellen (1) im Randsinus eines Lymphknotens.
Zwischen ihnen und anderen Zellen des Sinus bestehen Direktkontakte: z. B. zu den Retikulumzellen (2) oder solchen Zellen, die regelmäßig den Lymphstrom passieren: Monozyten (3), Lymphozyten (4) etc.

Noch eindrucksvoller ist die Positionierung der Sinuszellen, die sozusagen „im Wasser hängen". In der Leber, in der Milz oder in den Lymphknoten (Abb. 30) kontrollieren diese großen Freßzellen den Blutstrom. Werden sie gereizt – beispielsweise im Falle eines Antigenkontaktes – sezernieren Makrophagen eine Vielzahl von Mediatoren, die – wie beim Interleukin I zu beobachten ist – Fernwirkungen zeigen können (ZNS-Stimulation: Fieberreaktion).

Elektromagnetische Nah- und Fernwirkungen

Die Beschreibung physikalisch-elektromagnetischer Lebensphänomene in Form eines von den zuvor geschilderten Möglichkeiten der zellulären Kooperation getrennten Sonderkapitels ist im Grunde genommen unvertretbar: Jedes Atom, jedes Molekül, der Zellkern, Zellmembranen, gap-junctions, Basalmembranen, das Netz der Grundsubstanz, alle Strukturen der Zellen und Zwischenzellsubstanzen sind Ausgangspunkte bzw. Empfangsstationen elektromagnetischer Wechselwirkungen.

Leben ist Elektromagnetismus, ein wellenförmiges Schwingen in jeder Sekunde des Daseins, dirigiert vom „Wissen der kleinen Teilchen“, von deren sonderbarem Verhalten und von deren sonderbarer „Korrespondenz“ miteinander.

Popp et al. haben sich in den letzten Jahren diesbezüglich eingehend vielerlei Problemen gewidmet, und es zeichnet sich ab, daß hier ein eigenständiges Gebiet der Biologie bzw. Medizin („Neuer Weg der Medizin“, *Popp* 1979) geboren wurde. Hierin möge der Leser die Berechtigung sehen, elektromagnetische Grundphänomene als abgegrenzte Einheit in Form von Kurzhinweisen im Rahmen der Gesamtthematik dieser Arbeit darzulegen.

„Blitze“ aus Pflanzen, Tieren und Menschen

Bereits 1923 vermutete der Russe *Alexander Gurwitsch* aufgrund seiner eigenen experimentellen Ergebnisse, daß Pflanzen UV-Licht emittieren. 1975 konnte der deutsche Physiker *Ruth* die Existenz solcher Strahlung einwandfrei nachweisen. Hier ist nicht von der sogenannten Biolumineszenz, also etwa von dem Leuchten eines Glühwürmchens oder faulenden Holzes die Rede, sondern von einem „Biolicht“, welches der nichtsichtbaren ultravioletten Strahlung, dem sichtbaren Bereich wie auch dem nicht sichtbaren Infrarotbereich zuzuordnen ist. Dieses Licht (Photonen, Lichtquanten) verläßt vermutlich blitzartig bzw. salvenartig – also nicht in Form eines „Dauerleuchtens“ – die Zellen der Pflanzen, Tiere und des Menschen. Gleichsam den „Funkfeuern“ einer küstennahen Leuchtturmkette könnte sich die „Schiffahrt des Lebens“ an deren „Morsealphabet“ orientieren: Lichtzeichen also als eine Art Basiskommunikation der Biologie?

Modernste Technologie machte es möglich, dieses Licht extrem niedriger Intensität (etwa um den Faktor 10^{18} niedriger als unser Tageslicht) meßbar zu erfassen. Seitdem versuchen Forscher im Fachbereich der biophysikalischen Zytologie, den Geheimnissen der „photonischen Kommunikation“ auf die Spur zu kommen.

Ein „besonderes Zellicht“

Das von den Zellen und Organen emittierte „Biolicht“ besitzt zwei bemerkenswerte Eigenschaften:

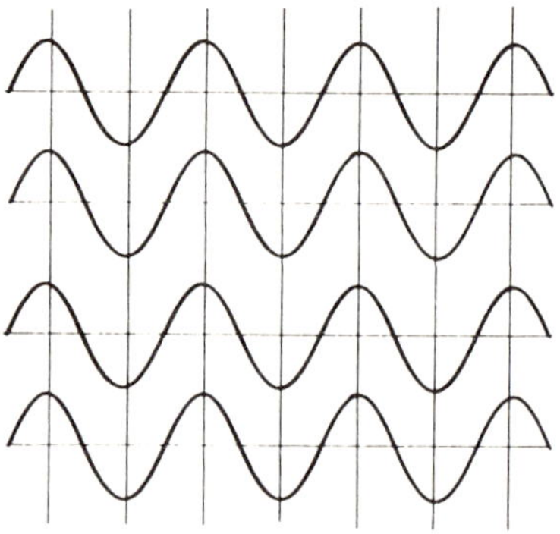

Abb. 31: Kohärentes Licht: Wenn Wellentäler und Höhen verschiedener Wellenpakete gleichzeitig auftreten, spricht man von Kohärenz oder Phasengleichheit. Kohärente Strahlen haben also eine gleiche Frequenz, sie schwingen gleichzeitig.

1. Es ist ein Licht auffallend hoher Ordnung, also kein „Lichtchaos", sondern ein relativ kohärentes Licht (Abb. 31). Kohärenz ist ein Maß für den Ordnungszustand eines Systems, mit anderen Worten ein Maß für das geordnete Zusammenwirken der Einzelelemente eines Systems, z. B. der Wellen des Lichtes.
2. In welchen Frequenzbereichen man diese „Photonen-Pakete" auch untersucht, die Zahl der abgegebenen „kleinen Teilchen" (Lichtquanten) ist über den gesamten Spektralbereich gleich verteilt (Abb. 32), d. h. man zählt im Mittel überall die gleiche Zahl Photonen.

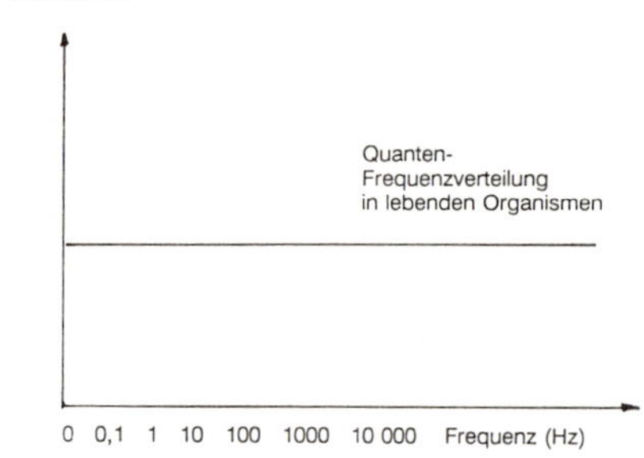

Abb. 32: Frequenzverteilung der Photonen (Wellenpakete) in lebenden Zellen: Im zeitlichen Mittel findet man – gleichgültig, welche Frequenz man betrachtet, etwa die gleiche Wahrscheinlichkeit von Quanten. (Nach *F. A. Popp*)

Erbsubstanz im Blickwinkel der Biophysik

Zellen enthalten „Photonenspeicher". Es liegen nunmehr Hinweise dahingehend vor, daß jede Zelle einen solchen Speicher besitzt. *Popp* lokalisiert diesen Speicher in die meterlange „Strickleiter" der Desoxyribonukleinsäure, also in das Trägermaterial der Erbanlagen. Hierfür sprechen mehrere Überlegungen wie auch experimentelle Ergebnisse. So zeigen spektroskopische Untersuchungen, daß die DNS langlebige und stabile „Anregungszustände" im optischen Bereich besitzt. DNS kann vermutlich Photonen lokal absorbieren und sofort über das gesamte Molekül in Form von komplexen „Anregungszuständen" verteilen und mehr noch: DNS kann Photonen speichern und diese schließlich als „kohärenter Breitbandoszillator" wieder abgeben. Es muß angenommen werden, daß auf diese Weise Biomoleküle unterschiedlichster Art selektiv durch Lichtimpulse angeregt werden können, eine auf der Ebene der Quanten ablaufende Kommunikation also.

Licht von hoher biologischer Bedeutung

„Biophotonen" scheinen wegen ihrer Geschwindigkeit (Lichtgeschwindigkeit: 300 000 km/sec!) das geeignete Medium zu sein, um die etwa 30 Billiarden biochemische Reaktionen und einen Zellnachschub von 10 Millionen pro Sekunde im Körper des Menschen steuern zu können. Für diese kommunikativen Erfordernisse wären nach *Popp* Signalmechanismen aus der Sicht der Biochemie viel zu träge.

Die biologische Bedeutung der Photonenstrahlung läßt sich aus weiteren Eigenschaften ableiten:

1. Es handelt sich hier nicht um ein etwa speziesgebundenes Einzelphänomen. Die Emission ist in allen bisher untersuchten kernhaltigen Zellen nachgewiesen worden: in niederen Pilzen, Pflanzen, Wirbellosen und in Wirbeltieren einschließlich dem Menschen. Das Vorhandensein eines Grundphänomens im Sinne der biophotonischen Emission in derartig weiten Bereichen der Evolution lenkt die Schlußfolgerungen in Richtung eines elementaren Lebensprinzips überhaupt.
2. Photonische Kommunikation ist nicht ortsgebunden sondern „langreichweitig". Ein idealer „Fernmeldemechanismus mit Lichtgeschwin-

digkeit“ könnte über Organgrenzen hinaus systemisch also ganzheitlich zur Wirkung kommen.

Damit handelt es sich hier also nicht um einen substanzgebundenen Weg der Kommunikation, wie ihn die Biochemie nachzuweisen gewohnt ist.

3. Durch ihren hohen Ordnungsgrad besitzt die Strahlung trotz äußerst geringer Intensität einen hohen informativen Wert, soweit ein geeigneter Empfänger (Resonator) dafür vorliegt, beispielsweise eine andere Zelle oder ein Zellverband, ein Organ. Und wir wissen, daß Zellen solche geeigneten Resonatoren sein können.

Literatur

Alberts, B.; Bray, D.; Lewis, J.; Raff, M.; Roberts, K.; Watson, J.D.: Molekularbiologie der Zelle. VCH-Verlagsgesellschaft, 1986.

Bader, H.: Lehrbuch der Pharmakologie und Toxikologie. Edition medizin, 1985.

Bargmann, W.: Histologie und Mikroskopische Anatomie des Menschen. Georg Thieme Verlag, Stuttgart 1977.

Bergsmann, O.: Grundsystem, Regulation und Regulationsstörung in der Praxis der Rehabilitation. Karl F. Haug Verlag, Heidelberg 1989.

Bergsmann, O.; Bergsmann, R.; Kellner, M.: Grundsystem und Regulationsstörungen. Karl F. Haug Verlag, Heidelberg 1984.

Cottier, H.: Pathogenese. Springer-Verlag, Heidelberg 1980.

Doolittle, F.R.: Proteine. In: Spektrum der Wissenschaft „Die Moleküle des Lebens“. Verlagsgesellschaft Heidelberg (1986).

Draczynski, G.: System der Grundregulation als übergeordnetes Ordnungsprinzip. In: *Schimmel, Chr.:* Lehrbuch der Naturheilverfahren. Hippokrates Verlag, Stuttgart 1990.

de Duwe, Ch.: Die Zelle. Spektrum der Wissenschaft, Heidelberg 1986.

Eder, M.; Gedigk, P.: Lehrbuch der Allgemeinen Pathologie und der Pathologischen Anatomie. Springer-Verlag, 1986.

Felsenfeld, G.: DNA. In: Spektrum der Wissenschaft „Die Moleküle des Lebens“. Verlagsgesellschaft Heidelberg (1986).

Fudalla, S.G.: Die Feinstruktur des Organismus. Medizin. Lit. Verlg., Uelzen 1989.

Heimpel, H.; Hoelzer, D.; Lohrmann, H.-P.: Hämatologie in der Praxis. Edition medizin, Weinheim 1988.

Heine, H.: Lehrbuch der biologischen Medizin. Hippokrates Verlag, 1991.

Hippéli, R.: Zehn Monde Menschwerdung. Basotherm Edition, Biberach 1982.

Jerne, N.: Das Immunsystem. In: Spektrum der Wissenschaft Verlagsgesellschaft, Heidelberg 1987.

Junqueira, L.C.; Carneiro, J.: Histologie. Springer-Verlag, Heidelberg 1986.

Karlson, P.: Kurzes Lehrbuch der Biochemie. Georg Thieme Verlag, 1984.

Keidel, W.-D.: Physiologie. Georg Thieme Verlag, Stuttgart 1985.

Kleinig, H.; Sitte, P.: Zellbiologie. Gustav Fischer Verlag, 1984.

Köhler, B.: Grundlagen der Multiresonanztherapie. Therapie mit biologisch wirksamen Umweltsignalen. In: *Brügemann, H.:* Die Grundlagen der Bioresonanztherapie. Karl F. Haug Verlag, Heidelberg 1990.
Krstic, R.V.: Die Gewebe des Menschen. Springer-Verlag, Heidelberg, Berlin 1982.
Kühnel, W.: Taschenatlas der Zytologie und mikroskopischen Anatomie. Georg Thieme Verlag, Stuttgart 1985.
Leder, Ph.: Die Vielfalt der Antikörper. In: Spektrum der Wissenschaft Verlagsgesellschaft, Heidelberg 1987.
Leonhard, H.: Histologie, Zytologie und Mikroanatomie des Menschen. Thieme Verlag, Stuttgart 1985.
Ludwig, W.: Die Grundlagen der Bioresonanztherapie. In: *Brügemann, H.:* Bioresonanz und Multiresonanztherapie. Karl F. Haug Verlag, Heidelberg 1990.
Mörike, D.,; Betz, E.; Mergenthaler W.: Biologie des Menschen. Quelle und Mayer Verlag, Heidelberg 1976.
Neurohr, R., Galle, M.: Kommunikationsfähigkeit von Zellen. In: Natur und Ganzheitsmedizin, F.K. Schattauer Verlagsges., 1991, 4: 28–33.
Perger, F.: Kompendium der Regulationspathologie und Therapie. Sonntag Verlag, München 1990.
Pischinger, A.: Das System der Grundregulation. Karl F. Haug Verlag, Heidelberg 1989.
Popp, F.A.: Nachweis und theoretische Basis langreichweitiger Wechselwirkungen in biologischen Systemen. Vortrag Kongreß „Ganzheitsmedizin – Medizin der Zukunft", Bad Nauheim 1991.
Popp, F.A.: Neue Wege in der Medizin. In: *Brügemann, H.:* Bioresonanz und Multiresonanztherapie. Karl F. Haug Verlag, Heidelberg 1990.
Ritter, H.: Humangenetik. Herder Verlag, Freiburg 1987.
Roitt, I.; Brostoff, J.; Male, D.K.: Kurzes Lehrbuch der Immunologie. Georg Thieme Verlag, 1987.
Silbernagel, S.; Despopoulos, A.: Taschenatlas der Physiologie. Georg Thieme Verlag, Stuttgart 1983.
Weinberg, R.A.: Moleküle des Lebens. In: Spektrum der Wissenschaft: Die Moleküle des Lebens. Verlagsgesellschaft, Heidelberg 1986.
Wick, G.; Schwarz, S.; Förster, O.; Peterlik, M.: Funktionelle Pathologie. Gustav Fischer Verlag, 1989.

Wasser und Information – neue Forschungsergebnisse aus der Ionisierten-Sauerstoff-Intensiv-Therapie (IO_2ITh/Engler)

Von *Ivan Engler*

Nach dem Begründer der Informationstheorie *N. Wiener* (1948) ist Information weder Materie noch Energie. Es wird angenommen, daß Information eine dritte Fundamentalgröße darstellt, was auch dem Polaritätsmodell Yang-Yin entsprechen dürfte.

Wasser ist ein vielfältiges Polaritätsphänomen, zum Beispiel Überschwemmung – Dürre, Flut – Ebbe, lebendiges – totes Wasser, Eis – Dampf, Trinkwasser – verseuchtes Wasser, usw.

Eine Information wird durch ein Signal dargestellt und übertragen. Ein Signal kann ein mentaler, biologischer, pharmakologischer, chemischer, physikalischer, medizinischer oder anderer Zustand oder Prozeß sein. Es besteht kein Zweifel, daß Wasser in diesem Sinne vielfältigen und verschiedenen Informationsgehalt haben kann (natürliches Quellen-Trinkwasser, Mineralwasser, Heilwasser, Meereswasser, Weihwasser, kontaminiertes Wasser, verseuchtes Wasser, chloriertes, ozonisiertes Leitungswasser).

G. Bayr (1972) erklärt den Wirkungsmechanismus von homöopathischen Mitteln anhand der Informationstheorie, *Gutmann* (1987) durch hierarchische Wasserstrukturen, respektive die Informationsaufnahme über fähige Wasserstoffbrücken einer Wasser-Alkoholmischung bzw. eines Zuckers.

Die Zuordnung bestimmter Informationen zu bestimmten Signalwerten bezeichnet man als Codierung (die genetische Information, eine der kompliziertesten Informationen der Natur, ist in den Desoxyribonukleinsäuren, die Wasserstoffbrücken enthalten, gespeichert. Äußerst interessant ist, daß der genetische Code des Menschen zahlenmäßig dem Lebens-Code, der im altchinesischen „Buch der Wandlungen“, einem umfassenden Ratgeber, beschrieben ist, sehr ähnlich ist *(M. Schönberger)*.

Da Signale nur relativ von Materie oder Energie abhängig sind, können auch Sprache (Sprechstunde (!), Gesprächstherapie, Autogenes Training, Hypnose), Handkontakt (Be-Handlung (!), Massage, Chirotherapie), hoch potenzierte Homöopathika (nur Information ohne ursprüngliche Substanz), Licht (Lasertherapie), Farbe (Colortherapie), verschiedene Formen von Wasser (z.B. angereichertes Wasser mit O_{2^-} oder O_{2^+} im Rahmen der IO_2ITh) sehr wirksame Signale im positiven oder negativen Sinne sein (vergleiche: Butterfly-Effekt – kleine Ursache, große Folgen).

Die Grundinformation in der Natur und der Regelkreise in unserem Körper ist wahrscheinlich archaisch-entwicklungsmäßig bedingt. Es ist die Sprache der elektromagnetischen Felder, der Photonen, wie es *F. A. Popp* (1983) darstellt. Die Radikalen-Scavenger-Theorie, welche einige Autoren (*R. W. Bradford, E. F. Elstner, I. Engler*, u.a.) in den letzten Jahren beschrieben haben, muß auch als Information diskutiert werden. Der Nachweis eines Informationsträgers auf der Ebene dieser „feinen" Informationen, der Sprache der Natur, ist nicht leicht. Die Störungen in der Informationsverarbeitung von den Grundelementen und den Grundinformationen der Natur können wir aber täglich und ausreichend beobachten, z.B. als Beschwerden und Krankheiten aufgrund einer Radikalen-Entgleisung, das Waldsterben in der Natur, usw.

Die Informationstheorie unterscheidet

1. syntaktische (es wird über Wasser geschrieben),
2. semantische Aspekte einer Information (das Wort „Wasser", den Dreizack – das Neptun-Symbol des Wassers, das sehr ähnlich dem atomaren Abbild des H_2O = H^+H^+ ist, was auf den physikalischen Dipol
   \ /
   O^-
   dieser Moleküle deutet).

   Die Formel von Wasser ist dem griechischen Buchstaben Psi (ψ) ähnlich, ein Zeichen für Metaphysisches, nicht immer Verständliches.

   Psi könnte wiederum mit einem stylisierten Kreuz verglichen werden, was auf Tod und Auferstehung hinweist, für ewiges Leben spricht.

   Trincher (1985) beschreibt, daß sich in den Erythrozyten, zwischen Hämoglobinmolekülen, das kristalline „lebendige Wasser" befindet in Form eines Kreuzes (Symbol der Polarität zwischen Tod und Auferstehen!). Dieses „lebendige" Wasser ist fähig, Informationen zu speichern, im Unterschied zum „toten" Wasser, das diese Fähigkeit nicht besitzt.
3. den Aspekt des Signals bzw. der Information, die Pragmatik (Nützlichkeit des Wassers, Wahrheit über Verschwendung, Verschmutzung von Wasser ...).

Die Qualität der Informationen ist von dem Informationssender (z.B. verschiedene Formen von Wasser), von dem Informationsempfänger (z.B. den Menschen) und dessen Verarbeitung (Decodierung, Speicherung, Erfahrung, Beantwortung bzw. Art der Reaktionen des Empfängers, momentaner Zustand, Einfluß durch Umwelt, u. s. w.) abhängig. Lebendige Organismen reagieren auf verschiedene innere oder äußere Reize (Signale) mit einer Antwort-Reaktion, laut dem bekannten, biologischen Grundgesetz von *H. Schulz* und *R. Arndt* (1925).

Nach dem Gesetz der Informatik gibt es aber keine einfache Dosisabhängigkeit zwischen Signaleinwirkung und Signalbeantwortung. *Bayer* (1972) hat dafür den durch Signal-Ampeln geregelten Verkehr als Beispiel zitiert. Stauung oder flüssiger Verkehr ist nicht nur von Verkehrsampeln und deren Signalen abhängig, sondern auch von vielen anderen Faktoren des Verkehrs und dessen Teilnehmern. Ein „Schmetterlings-Effekt", z. B. eine Wespe im Wagen, könnte chaotische Zustände unabhängig von den Ampel-Signalen hervorrufen.

Bei den Menschen, von denen keiner dem anderen gleich ist, und die zu den offenen, dissipativen Systemen gehören, die vernetzt sind in sich und mit der Umgebung, die mannigfaltig kommunizieren und unzählige, sehr differente Informationen austauschen (ähnlich wie das Wasser), ist die Informationsaufnahme, Informationsverarbeitung und Informationsweitergabe ungeheuer kompliziert. Deswegen sind Prognosen bei Patienten im voraus kaum berechenbar, und die Experimente aus dem Labor bzw. die daraus gefolgerten Theorien sind meistens nicht vollkommen und meistens nicht mit demselben Erfolg in der Praxis umsetzbar (Medicus curat, natura sanat). Eine ständige Veränderung laut den altchinesischen Polaritäten Yang und Yin, zwischen Chaos und Ordnung, hat ein Spiegelbild im Wasser: stetige Veränderungen, Bildung und Lösung von Cluster, den molekularen Anhäufungen von Wassermolekülen, bei denen die Wasserstoffbrücken als Strukturbildner als wichtige Informationsspeicher eine sicher große, heute noch nicht ganz durchschaubare Rolle spielen.

Alle biologischen Steuerungsprozesse durch sog. biokybernetische Regelkreise in der Natur (z. B. Kreislauf des Wassers) oder im menschlichen Körper (z. B. Herz-Kreislauf-System, Abwehr usw.) sind immer von Informationen abhängig. Alle biologischen Prozesse auf dem blauen Planeten Erde spielen sich fast ausschließlich im wäßrigen Milieu ab, wie wir es am Beispiel der Zelle, an Zellmembranen, der Grundsubstanz nach *Pischinger* et al. (1988), an den Schleimhäuten sogar im Zentralnervensystem sehen.

Wasser ist nicht nur Grundlage und Voraussetzung für das Leben, sondern Wasser ist auch der beste, allgegenwärtige, biologische (!) Informationsträger.

Bei der Grundlagenforschung über die IO_2ITh (*Engler* 1988, 1989) konnte durch die Anwendung des Color-Plate-Verfahrens, eine Form der Kirlian-Hochspannungsfotografie, die Messung der Photonen-Emission mittels sog. Fourieranalyse mit Signalanalysator gezeigt werden, daß das mit verschiedenen Sauerstoffarten durchperlte Wasser auf diese feinsten biologischen, chemischen und physikalischen Grundinformationen (Ladungen, Elektronen, Photonen) empfindlich reagiert und daß es diese Informationen für eine gewisse Zeit behält.

Das war die Grundlage für den Einsatz des mit ionisiertem Sauerstoff angereicherten Wassers im Rahmen der Ionisierten-Sauerstoff-Intensiv-Therapie nach *Engler.* Mit O_{2-} angereichertes Wasser wirkt als Yang-Mittel, mit O_{2+} angereichertes Wasser als Yin-Mittel.

Die Grundlage des Lebens auf unserer Erde war das Wasser der Urozeane, das besonders Wasserstoff, Sauerstoff, Kohlenstoff, Stickstoff, die verschiedenen Mineralien, wie sie auch heute im Meereswasser vorkommen, beinhaltete. Diese Urbrühe wurde durch Wellengang durchgemischt, mit den Wellen des ganzen elektromagnetischen Spektrums durchgestrahlt, mit Sonnen-Energie und Photonen durchgewärmt.

Alles Lebendige auf unserem blauen Planeten, der zu 3/5 mit Wasser bedeckt ist, bezieht seine ganze notwendige Energie ausschließlich aus der Sonnenenergie, aus deren Wasserstoff-thermonuklearen Prozessen. Der biokybernetische Kreislauf, der große Wasserkreislauf der Erde, Verdunstung, Bildung von Feuchtigkeit und dem lebensspendenden Regen, ist ein großer Destillationsprozeß, der durch die reine, die Umwelt nicht belastende Sonnenenergie unterhalten wird. Nur der Mensch in seiner Kurzsichtigkeit und in seinem Egoismus stört und verschmutzt diesen Kreislauf, von dem er abhängig ist, besonders durch die Anwendung von „schmutziger" resp. gefährlicher Energie (Kohle, Öl, Kernenergie).

Die bei der Photosynthese transformierte Solar-Energie in den Lebensmitteln ist Spenderin von Kalorien-Joules für alle unsere körperlichen und geistigen Prozesse und Funktionen. Das menschliche Wohlbefinden, die Leistungsfähigkeit, Gesundheit, Abwehrsystem sind vorwiegend von Informationen und Energie abhängig.

Die lebenswichtige Reaktion der Transformierung der Sonnenenergie in die Lebensmittel während der Photosynthese, Abfangen des CO_2 und Bildung von O_2 lautet:

$$H_2O + CO_2 + \text{Chlorophyll} + \text{Lichtenergie} = (CH_2O)x + O_2 \text{ (Teil davon } O_{2-}\text{)}$$

Diese Reaktion ermöglichte vor 600 Millionen Jahren die Entwicklung der heutigen sauerstoffhaltigen Atmosphäre und die Entstehung der Aerobier, von Sauerstoff abhängiger Organismen, wie des Homo sapiens. Diese Reaktion erhält auch das Gleichgewicht von Kohlendioxyd (CO_2) in der Natur und verhindert den Treibhauseffekt, der fatale Folgen haben könnte (der Mensch als Zerstörer dieses Gleichgewichtes in der Natur durch Urwaldrodung, Verkehr, Zerstörung der Ozonschicht in der Stratosphäre).

Aus dem Wasser, scheinbar einfache Moleküle aus drei Atomen (H_2O), entstand die Atmosphäre reichlich aus Sauerstoff (O_2) und aus seinen vielfältigen Formen (O_2, O_{2-}, O_{2+}, O_3, $1O_2$), vorwiegend als Träger von lebensnotwendigen Ladungen, Elektronen, Photonen bzw. des elektromagnetischen Feldes. Diese Sauerstoff-Formen sind in der letzten Zeit bekannt und werden auch medizinisch genützt (z.B. IO_2ITh/*Engler*, Hämoaktivierung/*Höveler*, O_2–O_3 Therapie etc.) nach dem Prinzip der Homöopathie: Similia similibus curentur; Radikale in homöopathischer Dosis gegen Krankheiten, die durch Radikalentgleisung verursacht sind.

Alle diese Sauerstoff-Formen waren in der Natur im Gleichgewicht, bis der Mensch der Konsum-Industrie-Gesellschaft es änderte (Smog, Überschuß an Ozon in der Atmosphäre, wenig ionisierter Sauerstoff und die allgemeinen Radikalenentgleisungen mit Folgen in der Natur und bei den Lebewesen).

Wasserstoff (H) ist das am meisten vorkommende Element des Kosmos mit Abstammung aus dem Urknall. Er trägt die Informationen der ganzen kosmischen Evolution. Nicht nur deshalb haben die sog. Wasserstoffbrücken eine so wichtige Funktion beim Tragen von Informationen. Zwei Wasserstoffatome mit einem Sauerstoffatom bilden zusammen die merkwürdigsten, die kostbarsten Moleküle des Kosmos: die Wassermoleküle.

H. Lamers (1986) machte aufmerksam, daß diese beiden für das biologische Leben so wichtigen Atome, nämlich H und O_2, die gleiche Ionisationsenergie ausweisen (12,6 eV). Sie kooperieren sehr oft zusammen, und ohne Aktivierung durch Ionisation bzw. durch Aufwertung um Elektronen, Photonen, also ohne daß sie radikalisiert wurden, sind sie beide nicht imstande, irgendwo und auf irgendeine Weise zu reagieren.

In der alchemistischen Urbrühe der Urozeane entwickelten sich im Modul des elektromagnetischen Feldes mit der Informationssprache von Photonen mit Hilfe der Ionisation von Atomen (also durch Radikale!), die ersten bio-logischen (!) Eiweiß-, Zucker-, Fett-Moleküle und ihre Ketten, bei denen die Wasserstoffbrücken eine wichtige Rolle spielen, nicht nur als

Brücken, die etwas verbinden, nicht nur als Donator der solaren Wasserstoff-Energie, sondern auch als Träger der Informationen, des bio-logischen Urgedächtnisses.

Wasser-Moleküle schwingen bis heute in vielfältigen archaisch verankerten Wellenbereichen und Frequenzen, die äußerst empfindlich auf alle Informationen reagieren und diese Informationen kurzzeitig oder langzeitig auch speichern bzw. abgeben können. Ebenso schwingen die meisten metabolischen Zellenreaktionen im Schwingungsbereich der aktivierten Sauerstoff-Formen. Wasser und Sauerstoff könnte man als Mutter und ihr Kind, als eine nicht zu übertreffende Partnerschaft betrachten und sie sollten in der komplementären Medizin auch zusammen angewendet werden, wie es in der IO_2ITh beispielsweise geschieht.

H_2O (ebenso auch der Sauerstoff) ist fähig, Radikale zu bilden (Atome oder Moleküle mit ungepaarten Elektronen ohne sog. Spinverbot, die sehr reaktiv in verschiedene Reaktionen eintreten und bei Entgleisung andere Moleküle oder Strukturen destruieren). Durch Radikale verursachte Krankheiten sind z.B. Allergie, Rheuma, Infarkt, MS, Durchblutungsstörungen, Krebs usw. Bei Radioaktivität, bei Röntgenbestrahlung, bei virösem Befall, bei chemischer Belastung oder bei der Chemotherapie kommt es zur Bildung von Ausgangsprodukten für Radikale oder direkt zur Radikalenbildung (H_2O_2, OH, H, e aqu,).

Wasser, ebenso der Sauerstoff, ist entsprechend den Polaritätsregeln gleichzeitig auch ein guter Radikalenfänger, ein sog. Scavenger. (Bei Radika-

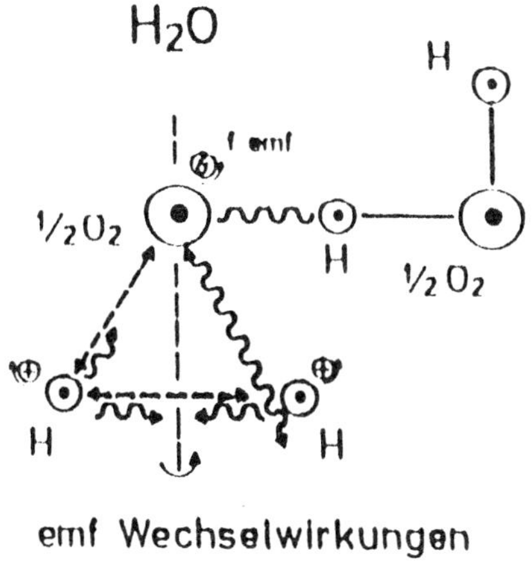

Bild 1: Wassermoleküle mit Wasserstoffbrücken

lenentgleisungen ist es notwendig, viel zu trinken, z. B. Wasser, Obst- und Gemüsesäfte.)

Das Wasser, ein elektrischer Dipol, kann intra- und interatomare, molekulare und intermolekulare Schwingungen ausüben und alle Schwingungen vom breiten emf Spektrum (IR, UV, rtg, radioaktive, kosmische Strahlung) aufnehmen und diese Information weitergeben.

Die Evolution und Selektion, von der Urzelle zu den ersten Lebewesen und den Menschen, dauerte Milliarden Jahre. Der Mensch verdankt dabei seine besondere Stellung als „Krone der Schöpfung oder Homo sapiens (!)" auch jenem Umstand, daß er bei 37,5 °C (Körpertemperatur des Menschen bis heute) während seiner Philogenese (und auch Ontogenese) das optimale Wärme-Milieu gefunden hat. Bei dieser Temperatur besitzt nämlich das Wasser ein Maximum an spezifischer Wärme und auch ein Maximum an strukturellen Möglichkeiten, die zur Aufnahme von Informationen besonders fähig sind. Weisheit ist leider nicht nur von der Informationsmenge abhängig!

Wasser kann bei 37,5 °C gleichzeitig als Flüssigkeit, als Dampf, in pseudokristalliner Form oder angereichert mit Gasen (O_2, CO_2, ...) in Hohlräumen mit enormer Oberfläche existieren. Enorm große, lebendige, in Strukturen und damit im Informationsgehalt sich veränderte Oberfläche Wasser verbindet Erde mit Kosmos, Erde mit Lebewesen, und die Lebewesen schaffen Austausch von Informationen mit Innerem und Umwelt.

Clegg (1981) stellte durch Untersuchungen mit NMR (nuklear-magnetische Resonanz) fest, daß sich fast das ganze zelluläre Wasser als Wassermasse, als interstitielles, inertes Wasser benimmt. Das Wasser an den Grenzflächen ist eine Wasserphase mit anderen Eigenschaften, mit anderer Struktur (pseudokristallin) und Informationsfähigkeit, sog. Grenzflächenwasser. Ohne dieses „lebendige", „intelligente" Wasser wäre Austausch von Informationen im Körper und zwischen Körper und Umgebung nicht möglich.

H. Heine (in *I. Engler* 1989) betont wiederholt die Rolle des Grenzflächenwassers in der für die Regulation so wichtigen Grundsubstanz, die ein Netz von Proteoglykanen trägt. Eine Störung dieser Wasserschicht ist mit funktionellen, später mit organischen Störungen, ihre Auflösung mit dem Tod des Trägers verbunden.

Der Mensch besteht aus 2/3 Wasser und kann ohne Wasser nur einige Tage am Leben bleiben, weil sich alle Reaktionen und der Informationsaustausch im wäßrigen Milieu abspielen. Die lebenserhaltende Rolle des Wassers war schon in alten Naturkulturen und allen Zivilisationen unbestritten. Früher hat man aber das göttliche Wasser verehrt und geschätzt. Heute ist Wasser ein Gebrauchsgegenstand, Abfalleimer und das Umweltproblem Nr. 1 geworden.

Die zweite biologisch schicksalhafte Reaktion macht anschaulich, daß das ganze Leben der Aerobier von der Wiedergewinnung der Sonnenenergie aus Lebensmitteln abhängt. Der von den Erythrozyten herantransportierte Sauerstoff wird mit Hilfe von Enzymen der Atmungskette (besonders Zytochrom a/a3 und Zytochromoxydase) aktiviert, ionisiert in O_2-Form. Überschüssige Wasserstoffatome werden durch ionisierten Sauerstoff zum Wasser überführt. Das Wasser kühlt die bei diesem Mikro-Wasserstoffkraftwerk freigesetzte Temperatur und bremst Radikale. Die auf diese Weise freigesetzte Energie solarer Abstammung dient für alle Funktionen und Reaktionen im Körper:

$$4\ (H^+) + O_{2^-} = 2\ H_2O + 4\ e\ (21\ \text{kcal Energie} + 31\ \text{kcal Wärme})$$

Es ist ein großer Verdienst von *P. G. Seeger* (6.6.1903–26.4.1991), meinem geschätzten Kollegen und Freund, daß er nach experimenteller Begründung diese Reaktion in Verbindung mit chronischen Krankheiten und besonders mit der Krebskrankheit brachte. Heute sprechen wir über Entgleisung von Radikalen oder über eine Schwäche von Radikalen-Scavengern (Enzyme, Vitamine, Spurenelemente, Wasser, einige Sauerstoff-Formen usw.).

Die Störung im Verlauf dieser für Leben und Gesundheit eminent wichtigen Reaktion wird durch eine Schwäche von Atmungsenzymen verursacht, durch Mangel an ionisiertem Sauerstoff bzw. durch mangelndes Abfangen von Wasserstoff-Radikalen durch O_{2^-} (O_2- ist ein Radikal und kann entsprechend der Polaritätsregeln Radikale binden, sowie als Wasser, seine Mutter). Der daraus resultierende Überdruck von Wasserstoffatomen mit einer Übersäuerung der Zelle führt zu funktionellen Störungen des Metabolismus, später zu morphologischen Veränderungen des Gewebes, zu pathologischen Informationen für die DNS, sogar zu Krebsentartung und Bildung von pathologischem Eiweiß, dargestellt durch die Carcinochrom-Reaktion (CCR) nach *Guttschmidt* (*Seeger* 1988).

Atzmüller et al. (in *I. Engler* 1988) konnten zeigen, daß die Virus-induzierten Krebszellen in vitro durch IO_2ITh gehemmt bzw. zerstört wurden. Durch diese experimentelle Studie wurde die Theorie von *P. G. Seeger* über die Entstehung des Krebses durch Wasserstoffüberdruck in den Zellen unterstützt.

Biomed Oswald Bartel GmbH
Bremerhaven
Tel. 0471-42821 Fax 0471-413220

Bei „Therapia magna des Krebses" stellte *Seeger* (1990) an die erste Stelle die von *I. Engler* entwickelte IO_2ITh, weil der negativ ionisierte Sauerstoff (O_{2^-}) mit Wasserstoff reagieren kann und so den Wasserstoff-Überdruck in der Krebszelle lindern und der Krebszelle Energie entziehen kann.

Was ist die Ionisierte-Sauerstoff-Intensiv-Therapie, die Krebsspezialisten wie *P. G. Seeger* oder *K. Windstosser, H. Kief* u.a. empfehlen als eine unterstützende Methode, respektive zur Milderung von rtg und Chemotherapie-Nebenwirkungen?

Die IO_2ITh/*Engler* ist eine kurzzeitige (ca. 10 Min.), kurmäßige Behandlung (6–12 Behandlungen, evtl. Kurwiederholungen bei schweren Krankheiten) in Form von Inhalation, Insufflation, rectale Instillation, Anwendung von ionisierten Aerosolen oder Anreicherung von Wasser als Trinkkur. Es handelt sich dabei um eine definierte Mischung von medizinischem Sauerstoff und wahlweise negativen oder positiven Sauerstoffionen (ca. 100000 Ionen/cm^3 O_2) zu therapeutischen oder präventiven Zwecken. Bei der IO_2ITh wird eine direkte, partielle und polare Ionisation des medizinischen Sauerstoffes mit einem speziellen Sauerstoffionisationsgerät angestrebt (Ionopront Super, Fa. Biomed Electronic, Buxtehude). Dieses Gerät liefert ein geeignetes Ionisationsspektrum, welches bei unserer Grundlagen-Forschung und klinischen Anwendung eingesetzt wurde und sich als optimal zeigte. Das Sauerstoff-Ionisationsgerät darf zu keiner Beimischung von Ozon, Stickstoffoxyden, Metallionen führen.

Bei der IO_2ITh wird nur jedes 100billionste neutrale Sauerstoff-Molekül ionisiert bzw. energetisch angereichert. Der ionisierte Sauerstoff wird in einer „homöopathischen Dosis" verwendet, die im Piko-Fento-Bereich liegt (D 12).

Ionisierter Sauerstoff ist naturgemäß die reaktive Art des Sauerstoffes, ohne den die biochemischen Reaktionen, besonders die Rückgewinnung von Energie aus Nährstoffen oder die Abwehr im Körper undenkbar ist. *Engler* führte diese aktivierten Sauerstoff-Formen (Spuren von O_{2^-} und seiner Spaltung $1O_2$, bzw. O_{2^+}, in O_2 Masse, als Träger) erstmal 1981 in die medizinische Inhalationsbehandlung ein, als Katalysator, nicht nur zur Verbesserung der verschiedenen Sauerstoff-Therapien, sondern auch als Regulationstherapie und besonders als wirksames Mittel, das „Simile" bei Radikalen-Entgleisung und deren Folgen.

Da bei der IO_2ITh als wesentlichstes Therapeutikum die Ladungen, Photonen und ultraschwachen elektromagnetischen Felder, getragen von aktivierten Sauerstoff-Formen, verwendet werden, gehört diese Methode zu den sog. Informationstherapien (wie z. B. Homöopathie, Akupunktur, Lasertherapie ...).

Im Jahre 1988 wurde mit ionisiertem Sauerstoff angereichertes Wasser bzw. die ionisierten Aerosole zur Optimierung vieler komplementärer Therapien eingeführt.

Über die breite Grundlagenforschung und die klinische Anwendung der IO_2ITh inklusive Behandlung durch angereichertes Wasser erschienen 2 Bücher (*I. Engler*, Hrsg. 1988, 1989).

Im folgenden wird hier nur kurz über die letzten Forschungsergebnisse auf dem Gebiet der IO_2ITh, besonders bei Krankheiten, die höchstwahrscheinlich durch Radikalen-Entgleisung entstehen, berichtet.

An der Neurologischen Klinik der Universität in Innsbruck wird durch *Pohl* (in *I. Engler:* Wasser 1989) die IO_2ITh bei folgenden Problemkrankheiten mit guten Ergebnissen seit einigen Jahren verwendet:

1. Bei 6 Patienten mit beidseitigem Verschluß der inneren Kopfschlagader (Art. carotis interna) mit starker Gehirnschädigung durch Durchblutungsstörungen kam es nach 20 Behandlungen mit IO_2ITh zu einer überraschenden Besserung folgender Symptome:
   - der Verkrampfung (Spasmen)
   - der nächtlichen Verwirrtheit
   - der gestörten Empfindungen an oberen und unteren Extremitäten (Parästhesien)
   - der psychischen Funktionen
   - der subjektiven Empfindungen bezüglich Konzentration, Merkfähigkeit, Vitalgefühl
   - der Durchblutungsstörungen in den Beinen und der Netzhaut des Auges.
2. 15 Patienten mit chronisch progredienter Multipler Sklerose (MS) wurden während drei Wochen täglich mit der IO_2ITh behandelt, dann 3 Wochen Pause und anschließend wieder täglich für 3 Wochen. Der Beobachtungszeitraum beträgt 2 Jahre im Vergleich mit 15 Patienten mit MS, die nicht mit der IO_2ITh behandelt wurden. Folgende Ergebnisse können bei der mit der IO_2ITh behandelten Patientengruppe berichtet werden (EHK 1/1992, 46–48):
   - Abnahme der Spastizität und dadurch Möglichkeit der Reduktion von antispastischen Medikamenten,
   - Verbesserung bzw. Stabilisierung des durchschnittlichen Leistungsvermögens, dadurch Möglichkeit der Reduktion der Cortison-

stöße, Verbesserung um 16 Punkte auf einer Skala von insgesamt 64 Punkten,
- subjektive Besserung und Wohlbefinden.

3. Anhand von Erfahrungen an 60 Krebspatienten (*Engler* 1988) hat sich gezeigt, daß die IO_2ITh eine äußerst günstige Zusatzbehandlung ist. Bei gleichzeitiger Röntgen- oder Chemotherapie wird bei zusätzlicher IO_2ITh die klinische Therapie verstärkt, die unerwünschten Nebenwirkungen dieser aggressiven Verfahren, die zur Radikalenbildung führen und dementsprechend Müdigkeit, Leukozytenabfall, Haarausfall etc. hervorrufen, werden drastisch gemildert und der Karnofsky-Status erhöht sich.
4. In der Grundlagen-Forschung im Rahmen der IO_2ITh bezüglich der Radikale, die bei einer Reihe von Krankheiten in Betracht gezogen werden (Durchblutungsstörungen, MS, Krebs, wie unter Punkt 1 bis 3 erläutert wurde) haben wir folgendes Experiment am Institut für allgemeine Biologie, Biochemie und Biophysik an der Universität in Salzburg unter der Leitung von *B. Krammer* (1990) durchgeführt:
Die Wirksamkeit der photodynamischen Lasertherapie ist abhängig von der Präsenz von Sauerstoff am Zielort: die in den Tumoren selektiv angereicherten Photosensibilisatoren können nach Aktivierung mit Licht größtenteils nur über die Umwandlung von O_2 zu Singulett-Sauerstoff ($1O_2$) zytotoxische Reaktionen hervorrufen. Targetmoleküle sind vor allem Proteine und Lipide. In dieser experimentellen Studie wurden Sauerstoffverbrauchsmessungen bei Bestrahlung von Sensibilisator-Protein-Gemischen durchgeführt, wobei der Luftsauerstoff in der Lösung teilweise gegen verschiedene reaktive Sauerstoff-Spezies ausgetauscht wurde. Die Effizienz des Sensibilisators nahm bei der Verwendung von positiv bzw. negativ ionisiertem O_2 und Ozon ab, was auf ein Abfangen der Singulett-O_2-Moleküle durch diese reaktiven Moleküle deutet.
5. An dem gleichen Institut wurden auch die in den Büchern veröffentlichten Studien mit menschlichen, embryonalen Lungenfibroblasten, die mit Radon bestrahlt wurden, durchgeführt. Die IO_2ITh zeigte radioprotektive, das heißt gegen Wasserstoffradikale ausgerichtete Wirkung (siehe Theorie von *P. G. Seeger*).

Es ist offenbar, daß das Wasser seit Urzeiten nicht nur das beste Kühlungs-, Lösungs-, Transport-, Erdkrusten-Verformungs-, Reinigungs-, Bewässerungs-Mittel darstellt. Das Wasser ist auch der empfindlichste Informationsträger, eine Voraussetzung für das ganze Leben auf unserem blauen Planet Erde.

Sauerstoff-Formen, als Kinder des Wassers, tragen die archaischen Informationen: die Ladungen, die Elektronen, das ultraschwache elektromagnetische Feld, die Photonen bzw. die Radikale.

Wasser und Sauerstoff-Formen bilden in der Natur und beim Menschen biokybernetische, ausgewogene Kreisläufe und sind für Ordnung und Chaos des Lebens in heutiger Form unabdingbar. Die Menschheit sollte endlich lernen, sich bio-logisch zur Umwelt, zu sich selbst zu verhalten und das innere und äußere Milieu nicht durch gefährliche Informationen, die Radikalenentgleisungen fördern, stören.

In der komplementären Medizin versucht die IO_2ITh durch Anwendung von ionisierten Sauerstoff-Formen und damit angereichertem Wasser eine informative Methode zur Optimierung anderer Heilverfahren, zur Verbesserung der Prävention und der Therapie, anzubieten.

Zusammenfassung

Wasser beinhaltet ausgeprägte Polaritäten. Aufgrund seiner physikalischen Eigenschaften und Anomalien hat dieses sonderbare Molekül die Fähigkeit, seine Strukturen und damit den Informationsgehalt mannigfaltig zu ändern. Alle Lebewesen verdanken dem Wasser ihre Evolution aus dem Urozean. Wasserstrukturen mit ihrer Dynamik bilden in der Grundsubstanz, in den Zellmembranen, überall im Körper und in der Natur empfindliche große Grenzmembranen, die als Informationsträger und Kommunikationsmittel nach außen und innen funktionieren und schicksalhaft über Ordnung und Chaos der Erde und des Menschen entscheiden.

Radikale sind wichtige Signale in der Natur und beim Menschen.

Durch Grundlagenforschung mit virustransformierten Krebszellen und IO_2ITh wurde die Theorie von *P. G. Seeger* über Wasserstoffüberdruck-Radikalenentgleisung in der Zelle als Voraussetzung für Krebs unterstützt. Die Ionisierte-Sauerstoff-Intensiv-Therapie/*Engler* verwendet in homöopathischer Dosis aktivierte Sauerstoff-Formen (O_2-, $1O_2$, O_{2+}) und damit angereichertes Wasser, besonders vorteilhaft bei Radikalen-Entgleisungskrankheiten wie Streß, Alter, Allergie, Durchblutungsstörungen, MS, Rheuma oder Krebs usw.

Literatur

Bayr, G.: Die potenzierte Arznei als pharmakologische Information. Allgemeine homöopathische Zeitung. Band 217 (1972).

Bradford, R.W.; Allen, H.W.; Culbert, M.L.: Oxidology, The Study of Reactive Oxygen Toxic Species (ROTS) and their Metabolism in health and Disease. Robert W. Bradford Foundation, ATRUST Los Altos, California, 1985.

Clegg, J.S.: Intracellular Water Metabolism and Cellular Architecture. Collective Phenomena. Vol. 3, pp 289–312, Gordon and Breach Science Publishers, Inc. USA, 1981.

Elstner, E.F.; Bors, W.; Wilmanns (Hrsg.): Reaktive Sauerstoffspezies in der Medizin – Grundlagen und Klinik. Springer-Verlag, Berlin–Heidelberg–New York 1987.

Engler, I. (Hrsg.): Ionisierter Sauerstoff. Grundlagen, Radikale, Regulation, Praxis. Medizinische Literarische Verlagsgesellschaft mbH, Uelzen 1988.

Engler, I. (Hrsg.): Wasser. Polaritätsphänomen, Informationsträger, Lebens-Heilmittel. Sommer Verlag, Teningen 1989.

Krammer, B.; Huber, M.; Engler, I.: Der Einsatz von ionisiertem Sauerstoff in der photodynamischen Lasertherapie (PDT). Deutsche Zeitschrift für Onkologie 22 (1990), pp 178–180.

Lamers, H.: Zur Repolarisierung und Stabilisierung der Cytochromoxydase, raum & zeit 23 (1986), pp 15–19.

Pischinger, A.: Das System der Grundregulation. Grundlage für eine ganzheitsbiologische Theorie der Medizin. Karl F. Haug Verlag, 6. Auflage, Heidelberg 1988.

Pohl, P.; Engler-Plörer, S.; Engler, I.: Inhalationstherapie mit IO_2ITh bei Patienten mit chronisch progredienter Multipler Sklerose. Erfahrungsheilkunde 1 (1992), 46–48 .

Popp, F.A.: Die DNA-Quelle elektromagnetischer Regelung in biologischen Systemen. Ärztezeitschrift für Naturheilverfahren 7, 24, (1983).

Resch, G.; Gutmann, V.: Wissenschaftliche Grundlagen der Homöopathie. O. Verlag GmbH, 6. Auflage, Berg am Starnberger See, 1987.

Schönberger, M.: Verborgener Schlüssel zum Leben. Welt Formel I-Ging im genetischen Code. Otto Wilhelm/Barth Verlag, München-Berlin, 1973.

Seeger, P.G.: Krebsspezifische Abbauprodukte als Voraussetzung für eine Frühdiagnose des Krebses aus dem Harn mit Hilfe des Carcinochromreagens. Separata 56 (1966).

Seeger, P.G.: Krebsentstehung, Erkennung, biologische Behandlung. Phönix Laboratorium, Bondorf, 1988.

Seeger, P.G.: Die Therapia magna des Krebses. Gesundheitspolitische Umschau 12 (1990).

Trincher, K.: Das bio-thermodynamische Grundgesetz. Cytobiologische Revue 2 (1985).

Die pathergischen Abwehrlagen und ihre Ursachen

Von *Felix Perger*

Der Normalfall der menschlichen Abwehrleistung ist die akute Entzündung. Unter erheblichem Energieaufwand und beträchtlichen Reaktionen in den Elektrolyten (Ca, K, Mg) läuft die Abwehr in 3 Phasen ab: primäre humorale Schockphase → sekundäre Gegenschock-(Reaktions-)Phase → und tertiäre Rekonvaleszenzphase.

Bei Störungen der Abwehrlage kann ein Organismus exogene Noxen nicht mehr überwinden. Die Fehlantworten faßt man unter dem Namen „pathergische Abwehrstörungen" zusammen. Davon kennt man 4 Typen:

1. exsudative Entzündungen (Allergien von sofortigem und verzögertem Typ),
2. degenerativ-proliferative Entzündungen schubweisen Charakters,
3. chronisch-progrediente Entzündungen und
4. das Versagen der Abwehrfunktionen gegenüber Karzinogenen.

Die derzeitige Grundtheorie der Medizin, die Zellularpathologie nach *Virchow*, kann bis heute keine befriedigende Antwort darauf geben, wie und warum es zu diesen pathergischen Störungen kommt. Sie stützt sich vorwiegend auf die morphologischen Veränderungen erkrankter Zellen. Dabei entgehen ihr die funktionellen Vorgänge im Vorfeld der Zellveränderungen, bzw. sie kann schon bekannte immunologische Vorgänge nicht deuten und daher auch nicht therapeutisch nutzen. Aber gerade die Frage nach den Ursachen der pathergischen Immunstörungen ist die große Herausforderung der Medizin unserer Zeit. Denn durch die Beherrschung der akuten Infektionen und Seuchen, dem großen Verdienst der Medizin der letzten 150 Jahre, nehmen die chronischen Krankheiten und Leiden überproportional zu. Das ist nicht nur durch die beträchtliche Erhöhung der Lebenserwartung bedingt, die die moderne Medizin als ihren Erfolg reklamieren darf, sondern auch durch immunsuppressive Nebenwirkungen unserer wirkungsvollsten Chemotherapeutika und durch die Zunahme der Umweltverschmutzung und ihrer Langzeitfolgen im industriellen Zeitalter.

Mit wenigen Ausnahmen (z.B. bei den Osteoporosen) ist die Therapie der chronischen Krankheiten auf immunsuppressorische Maßnahmen beschränkt, ob sie nun als solche deklariert sind oder nicht. Es ist zwar richtig, daß die Hemmung pathergischer Reaktionen den Betroffenen während der Therapiezeit beträchtliche Erleichterung bringt. Ihr entscheidender Nachteil aber ist, daß sie die pathergischen Störungen noch intensivieren und damit jede Chance zur Wiederherstellung normaler Abwehrfunktionen zunichte machen.

Daraus ist eine kritische Haltung gegenüber immunsuppressiven Therapien abzuleiten: Solange eine Rehabilitation der Abwehrfunktionen möglich ist, sind sie nicht indiziert, sie sind allerdings dann berechtigt, wenn keine Rehabilitation mehr möglich ist.

Dazu bedarf es aber des Wissens, in welchem Regelsystem die Abwehr energetisch und funktionell gesteuert wird, welche Einflüsse anderer Regelsysteme bestehen und welche Faktoren zur Abwehrstörung führen. Unter den fünf wichtigsten Regelsystemen der Abwehrfunktionen, dem Immunsystem, dem Gefäßnervensystem, dem Hormonsystem, den Prostaglandinen und dem Grundregulationssystem in der Zwischenzellsubstanz ist es das letztere, das die primäre Bedeutung für den Ablauf der Abwehrvorgänge hat und die Startenergie für diese Funktionen liefert. Es hat in der Reizantwort die primäre Stellung – und damit auch für deren Störungen. Die pathergische Abwehrlage entsteht so vorwiegend in einem Regelsystem, dessen Aktivität weit vor der Entstehung von Zellschäden abläuft.

Diese Feststellung trifft derzeit vielfach noch immer auf Unglauben. Aber alle Ergebnisse der Regulationsforschung, die *Pischinger* (1953, 1954, 1975, 1979) initiiert und selbst intensiv bearbeitet hat, weisen eindeutig darauf hin, daß die Abwehrfunktionen in diesem System anlaufen und daß die Intensität der Energiefreisetzung in diesem Bereich den Verlauf einer Krankheit mindestens ebenso bestimmt wie die Spezifität und Intensität der exogenen Noxen. Nach allen Forschungen der letzten 4 Jahrzehnte liegt der Schlüssel zu den pathergischen Abwehrstörungen in der Zwischenzellsubstanz, dem Grundregulationssystem nach *Pischinger.*

Zugleich muß aber betont werden, daß die normalen Funktionen nicht linear verändert werden, sondern daß auch die anderen Regelsysteme (Immun-, Hormon-, Gefäßnerven-, Prostaglandin-System und zusätzlich noch das Verdauungssystem) in das Geschehen miteinbezogen sind. So wird eine komplexe Betrachtungsweise erforderlich. Isolierte Funktionen gibt es in höher entwickelten Organismen nicht – die Systemtheorie von *v. Bertalanffy* wird gerade durch die Grundregulationsforschung eindrucksvoll bestätigt (*Perger* 1991).

Hinweise und Beweise für die Schlüsselstellung der Zwischenzellsubstanz (Synonyme: Grundsystem, Matrix) sind in dreifacher Weise gegeben:
1. durch die Phylogenese,
2. durch die histologischen Strukturen,
3. durch Funktionsanalysen vor und nach Beseitigung vermuteter Belastungen.

Erst von diesen Voraussetzungen her kann man die Ursachen der Abwehrstörungen und ihre Wirkungsweise verstehen.

Die Phylogenese

Die Zwischenzellsubstanz ist das erste und älteste Kommunikationssystem zwischen lebenden Zellen. Erst durch ihre Genese wurde die Entwicklung mehrzelliger Lebewesen möglich und damit überhaupt die gesamte Evolution (*Perger* 1990). Ihre grundlegende Funktion, die Erhaltung des Lebens an sich (noch ohne Differenzierung), ist schon durch ihre Transmitterfunktion ersichtlich. Und diese ist bis zur Entwicklung des Menschen unverändert geblieben. Die Differenzierung der Lebewesen wird durch übergeordnete Regelsysteme wie das ZNS bestimmt, aber die Matrix bestimmt das Milieu der einzelnen Organzellen, in dem letztere ihre spezifischen Leistungen erbringen.

Die Transmitterfunktion

Die histologische Untersuchung zeigt, daß in der Grundsubstanz verlaufende Kapillaren und vegetative Nervenfasern nirgends einen direkten Kontakt mit einer Organzelle haben. Daher muß die Zellatmung, jeder weitere Stoffwechselvorgang und jede Information zu und von der Zelle zunächst über die Gewebsflüssigkeit gehen. Das bedeutet aber gleichzeitig, daß alle übergeordneten Regelsysteme (Zentralnervensystem, Hormonsystem etc.) von der Transmitterfunktion abhängen und ohne diese gar nicht wirksam werden können.

Diese Tatsache, die außer Streit steht, wurde bereits 1845 von *Reichert* beschrieben und seit der Einführung der Elektronenmikroskopie mehrfach bestätigt (*Eppinger* 1949, *Pischinger* 1954, 1956, 1975, *Hauss* und *Junge-Hülsing* 1961, *Heine* und *Schaeg* 1979 und *Heine* 1987). Allein diese Tatsache beweist, daß der Matrix eine zentrale Rolle in der Erhaltung des

Mehrzeller-Lebens zukommt. Aber diese Funktion allein läßt nicht erkennen, ob diese Leistung rein passiv oder auch mit aktiven Regeleinflüssen erfüllt wird.

Die zelligen Elemente

Es wäre biologisch unlogisch, wenn eine so grundlegende Funktion wie die Transmission nur rein passiv ablaufen würde. Die histologischen Strukturen der Zwischenzellsubstanz zeigen deutliche Hinweise, daß die Transmitterfunktion hier auch aktiv beeinflußt wird. Das entspricht auch der Bio-Logik, da ja sonst lebende Erreger und Toxine, die in diese Substanz eingedrungen sind, sich ungehemmt vermehren und an die Organzellen gelangen könnten.

Die Matrix enthält zahlreiche Zellen – besonders entlang der Gefäße, im Unterhautzellgewebe und um die Darmschleimhaut. Diese Zellen (Fibrozyten oder Fibroblasten genannt) wurden erstmals von *Metschnikoff* (1905) eingehender untersucht. Diese Fibrozyten haben Ausläufer, die sich gegenseitig berühren. Dadurch ist der Austausch von Substanz und Information direkt möglich.

Bei entsprechenden Reizen, d.h. bei Veränderungen des PH-Wertes und damit des Gewebspotentials, lösen sich diese Kontakte schnell. Die Fibrozyten werden freigesetzt und übernehmen als mononukleäre Zellen (Histiozyten und Monozyten) und als Lymphozyten die bekannten Aufgaben dieser Blutzellen.

Metschnikoff (1905) war der Meinung, daß die Fibrozyten noch „omnipotent" wären, d.h., daß sie sich jeweils in die erforderliche freie Form umwandeln könnten. Das ist aber nicht der Fall. *Feyrter* (1954) wies nach, daß es zwei Formen der Fibrozyten gibt, die große „monozytoide" und die kleine „lymphozytoide" Retikulumzelle, die sich jeweils nur in eine der speziellen Blutzellformen umwandeln kann – also nur zu Monozyten bzw. Histiozyten oder nur zu Lymphozyten.

Die direkten Kontakte zwischen den Fibrozyten wurden von *Pischinger* (1975) noch als Syncytium angesehen. *Heine* (1987) wies aber später nach, daß diese Kontakte viel lockerer sind (Nexus bzw. gap junctions), die sich in Bruchteilen von Sekunden voneinander lösen und so blitzschnell ihre immunologischen Aufgaben übernehmen können.

Die von *Feyrter* (1954) entdeckte Differenzierung der Fibrozyten führte dann zu einer überaus wichtigen Beobachtung *Pischingers* (1975): Die beiden Fibrozyten-Arten weisen eine deutlich unterschiedliche Färbbarkeit auf: die kleine „lymphozytoide" Retikulumzelle zeigt wesentlich mehr saure Valenzen auf als der große „monozytoide" Fibroblast. *Pischinger*, einer der Begründer der Histochemie (1926), schloß daraus, daß die beiden Fibrozyten-Arten eine gegensätzliche elektrische Ladung haben. Das läßt mit großer Wahrscheinlichkeit vermuten, daß diese Matrix-Zellen eine wichtige und vielleicht entscheidende Rolle für die Aufrechterhaltung des Gewebspotentials und damit für die Aufrechterhaltung der genetisch vorbestimmten Ordnung innehaben.

Diese Annahme wird durch zwei experimentelle Untersuchungen gestützt. *Kellner* (1963) studierte das Verhalten von Fibrozyten-Kulturen in sauerem, neutralem und alkalischem Milieu. In einem neutralen Milieu blieb die Zellzahl nahezu unverändert, im sauren Milieu zerfallen Fibrozyten so lange, bis wieder ein neutrales PH erreicht ist, und im alkalischen Milieu vermehren sich die Fibrozyten ebenso lange, bis durch den erhöhten Zellstoffwechsel wieder ein neutrales Milieu hergestellt ist. Die Fibrozyten regulieren also den Säure-Basen-Haushalt.

Ebenfalls 1963 berichtete *McLaughlin* über Zellkulturen mit embryonalen Epithelzellen. Für sich allein vermehren sich diese völlig chaotisch. Setzt man aber Mesenchymzellen in die Zellkultur zu, dann bildet sich eine Basalmembran und es entwickelt sich ein normales geschichtetes Epithel.

Beide Experimente zeigen, daß den Zellen der Matrix eine wesentliche Ordnungsfunktion zukommt. Und alle drei angeführten Veränderungen – Freisetzung als freie Blutzellen, Wiederherstellung des neutralen Gewebs-PH und ordnungsgemäßes Wachstum embryonaler Zellen – beweisen eine hohe Aktivität der Zwischenzellsubstanz im biologischen Geschehen.

Das Molekularsieb der Proteoglykane

Zu diesen Zellfunktionen kommt noch das Molekularsieb der Proteoglykane, das erstmals von *Heine* und *Schaeg* (1979) beschrieben wurde. Elektronenmikroskopisch sieht man in der Matrix Bänder aus Hyaluronsäure, an denen dicht nebeneinander Büschel von Proteoglykanen stehen. So entsteht ein dichtes Netz, das wie ein Sieb wirkt. Die Porengröße dieses Siebes ist variabel, da es durch Wasseraufnahme und Wasserabgabe seine Porengröße beträchtlich verändern kann. Eine Wasseraufnahme verkleinert die

Porengröße dieses Siebes so sehr, daß nur Kleinmoleküle passieren können. Erreger und toxische Großmoleküle können dann nur schwer bzw. gar nicht durchwandern.

Die Wasseraufnahme bzw. -abgabe erfolgt durch Austausch von Na^{*} und K^{*} zu Ca^{**} und Mg^{**}. Gesteuert wird dies durch den PH-Wert des Gewebes und dessen Veränderung unter Reizeinfluß. Das Ausmaß der Reaktion hängt aber auch vom Verhältnis der Mineralstoffe in der Matrix ab. Dieses hängt aber u. a. auch von der Ernährung und von den Resorptionsverhältnissen im Darm ab. Störungen der Darmflora (Dysbiosen) können zu erheblicher Malabsorption und dadurch zu Mangel und Ungleichgewichten an Mineralstoffen und Spurenelementen führen (*Perger* 1990), die sich u. a. auch in Störungen der Abwehrfunktionen in den beteiligten Systemen auswirken.

Früher wurde viel über das lokale Ödem am Invasionsort der Noxen diskutiert. Die Frage war, ob dieses Ödem durch Ausschwemmung der Noxen in die Umgebung schädlich oder durch Verhinderung einer „highzone-Paralyse" der spezifischen Immunantwort nützlich sei (*Humphrey* und *Withe* 1972). Die Entdeckung des Molekularsiebes und seiner variablen Porengröße durch Wasser-Aufnahme und -Abgabe (*Heine* und *Schaeg* 1979) zeigt deutlich, daß es zur Verhinderung der Noxenausbreitung dient (*Perger* 1991).

Zugleich mit dem Ödem laufen eine Reihe biochemischer Reaktionen an, so Prostaglandin – und Leukotrien-Reaktionen u. v. a., die wieder von der Freisetzung gespeicherter Energie (Abbau von Adenosintriphosphorsäure durch AT-Phosphatasen) abhängig sind und ebenfalls durch PH-Wert-Veränderung und Depolarisation in der Matrix ausgelöst werden.

Die Funktionsanalysen

Die dritte Art, aktive Matrix-Funktionen nachzuweisen, ist die Erfassung humoraler Vorgänge. Dies wurde durch Längsschnitt-Hämogramme und Funktionstestungen möglich. Denn neben den bereits genannten Funktionen wird in der Matrix auch der O_2-, der H_2O- und der Elektrolythaushalt gesteuert (*Pischinger* 1975).

Bei diesen Funktionen bestehen allerdings so enge Verknüpfungen untereinander und mit den anderen Abwehrregelsystemen, daß eine isolierte Beschreibung einer Einzelfunktion nur schwer möglich ist.

Der Sauerstoff-Haushalt

Nach dem bisherigen Wissen ist der O_2-Haushalt die passivste Funktion der Matrix. Nach *Trincher* (1981) ist der Austausch von O_2 und CO_2 im wesentlichen davon abhängig, daß die Organzelle etwas wärmer sein muß als ihre Umgebung. Damit findet nach 60 Jahren die Entdeckung der Fettverbrennung in den Alveolarzellen (*Roger* und *Binet* 1921) ihre Erklärung: Damit wird ein höherer Wärmegrad der Alveolarzellen aufrechterhalten und so die Atmungsfunktion der Lunge – auch durch Erwärmung der Erythrozyten – garantiert.

Der Transport von Sauerstoff wird durch das Molekularsieb der Proteoglykane nicht beeinflußt. Aber das Sauerstoff-Angebot wird sehr erheblich vom Gefäßnervensystem mitgesteuert und zwar durch Öffnung und Schließung der peripheren arterio-venösen Anastomosen (*Bergsmann* 1970, 1972). Normalerweise erfolgt diese Funktion rhythmisch. Im Falle eines Reizes aber sichtlich durch Änderung des PH-Wertes in ein azidotisches Milieu. Weiterhin wird die Öffnung durch die vegetativen Zentren des ZNS gesteuert und nach Bedarf auch langfristig aufrechterhalten.

Der Nachweis der O_2-Utilisation erfolgt durch die Oxymetrie des Venenblutes. In den Arterien findet sich ein Oxy-Hämoglobin-Gehalt von 96–98%, nach Durchgang durch die Kapillaren findet man bei gesunden ruhenden Probanden einen Oxy-Hämoglobin-Gehalt von rund $40 \pm 3\%$.

Der Wasser- und Elektrolyt-Haushalt

Der Wasserhaushalt wurde schon von *Schade* (1912) aufgrund physikalischer und kolloidchemischer Vorgänge als Funktion der Zwischenzellsubstanz angenommen (zit. nach *Pischinger* 1975). Nun sind Wasser- und Elektrolyt-Haushalt so eng miteinander verbunden, daß sie als ein gemeinsames Regelsystem angesehen werden müssen.

Denn der Wassergehalt eines biologischen Substrates, ob Zelle oder Matrix, wird von den Elektrolyten bestimmt. Natrium-Überschuß oder Kalium-Mangel führen zu Wasserretentionen, Wasser-Abgabe verlangt einen höheren Kalium- bzw. niedrigen Natrium-Gehalt etc.

Aber gerade bei dieser Funktion des Grundsystems sind die Einflüsse anderer Regelsysteme besonders auffallend.

So wird der Calcium-Gehalt nicht nur vom Grundsystem, sondern zusätzlich auch hormonell mitgesteuert. Phylogenetisch betrachtet war der

Calcium-Gehalt im Urmeer, in dem das Leben entstand, für die Funktion willkürlicher Muskulatur zu gering. Dies wurde durch die evolutionäre Entwicklung der Parathyreoidea ausgeglichen, d.h. ein höherer Calcium-Spiegel in Blut und Gewebe gewährleistet.

Der Mineralstoff-Gehalt hängt – wie schon erwähnt – auch wesentlich vom Nahrungsangebot und den Resorptionsverhältnissen im Darmtrakt ab. Fehlernährung und Malabsorption haben dadurch einen großen Einfluß auf den Mineralstoffspiegel sowohl im Blut als auch in der Matrix. So können Störungen im Darmtrakt einen erheblichen Einfluß auf die verschiedenen Funktionen im Organismus gewinnen, darunter besonders auch negativ auf die Abwehrleistungen der unspezifischen Abwehrschicht, aber auch auf jene der spezifischen Immunfunktionen.

Weiter sind Steuerungseinflüsse des Hormonsystems zu beachten. So wirken die Hormone der Hypophysen-Nebennieren-Achse (ACTH, Cortisol) direkt auf die Abwehrvorgänge ein. Ihre Einflüsse auf die Elektrolyte sind exakt erfaßt und allgemein bekannt. Aber auch andere Hormone können Einfluß nehmen: so die Sexualhormone auf den Ca-Stoffwechsel und die Thyreoidea in Form der Stoffwechsel-Aktivierung. Die Bedeutung der Parathyreoidea wurde schon angeführt.

Im Hintergrund dieser Einflüsse sind aber auch die Funktionen des Grundsystems erkennbar. Die Steuerung biochemischer Vorgänge durch biophysikalische Einflüsse ist von fundamentaler Bedeutung. Die Auslösung der Abwehrfunktionen durch PH-Wert-Veränderungen (Azidose) wurde bereits angeführt. Die PH-Werte stehen in engstem Konnex mit dem Biopotential: De- und Repolarisation hängen direkt mit dem PH-Wert zusammen. Auch die K-Na-Pumpe der Zellmembranen beeinflußt den Elektrolyt-Gehalt der Matrix nicht unbeträchtlich, so daß auch hier eine gegenseitige Beeinflussung deutlich erkennbar ist.

Die biophysikalischen Reaktionen als funktionsauslösendes Moment für Abwehrvorgänge steht außer Zweifel, doch sind bisher nicht alle Vorgänge so genau erfaßt, daß nicht weitere Untersuchungen ratsam wären.

Die normale unspezifische Abwehrreaktion

Ehe man die pathergischen Abwehrstörungen beschreibt, ist die Darstellung der normalen Funktionen wichtig. Denn von ihnen lassen sich die Störungen gesetzmäßig ableiten.

Zunächst ist eine bekannte Tatsache anzuführen: Die unspezifische Abwehr (Schock-Reaktion bzw. Prodromalstadium) ist die erste Ebene der Gesamtabwehrleistungen, die der zweiten Ebene – jener der spezifischen zellulären und humoralen Immunreaktion – die nötige Zeit zu ihrem Anlaufen verschafft.

Zuerst, ab 1949, konnten nur Längsschnitt-Hämogramme bei Patienten mit Abwehrstörungen erfaßt werden. Nach den bis dahin bekannten Arbeiten war aber zweifelsfrei zu erkennen, daß die Erfassung normaler Abwehrfunktionen nur dann gelingen kann, wenn auch das Prodromalstadium miterfaßt wird (*F. Hoff* 1950: Vegetative Gesamtumschaltung, *Siedek* 1951: Vegetativer Dreitakt im Abwehrgeschehen, *Selye* 1952: Alarmreaktion). Diese Bestimmungen gelangen erstmals bei den Grippeepidemien 1952 und 1954. Damals stellten sich 20 Personen mit hoher Exposition (Ärzte und Krankenpflegepersonal) freiwillig zur Verfügung. Es wurde täglich Ca, K, Mg, Gesamtcholesterin, die absoluten Eosinophilenzahlen und die Serumeiweißfraktionen in der Serumelektrophorese bestimmt. 14 dieser Probanden erkrankten tatsächlich. Dabei erwies sich die Richtigkeit der experimentellen Untersuchungen: Die Übereinstimmung mit den einzelnen Phasen der Alarmreaktion nach *Selye* war verblüffend; ganz exakt entsprach die humorale Schockphase dem Prodromalstadium, der Ablauf der spezifischen Krankheitssymptome der Gegenschockphase und die Rekonvaleszenz der Anpassungsphase. Auch bei späteren Untersuchungen war diese Übereinstimmung immer wieder festzustellen.

Dabei waren die Reaktionen in den Elektrolyten besonders ausgeprägt. Sie erreichen beim Umschlag von der Schock- in die Gegenschock-(=Reaktions-)-Phase einen Umfang von rund 40% Differenz (!). Zugleich zeigte jeweils die Spitze der γ-Globulin-Vermehrung (die Summe von IgA, IgM und IgG) die Überwindung des Infektes an.

Diese enge Verbindung zwischen unspezifischer und spezifischer Abwehrleistung war schon vorher bei den Abwehrstörungen beobachtet worden und bestätigte sich bei allen weiteren Untersuchungen immer wieder. Das Tempo und die Intensität spezifischer Immunreaktionen hängt vom Funktionszustand der unspezifischen Abwehr ab. In späteren Untersuchungen konnten Beweise dafür gefunden werden, daß dies größtenteils von der Energiefreisetzung in der Matrix bestimmt wird – vom Abbau der Adenosintriphosphor-Säure durch AT-Phosphatasen.

Bei normaler Abwehrfunktion ist die Schockphase gekennzeichnet durch einen jähen Abfall von Ca und K i.S. um 15–20% vom Ausgangswert und gleichzeitigem Anstieg des Mg i. S., Absturz der Eosinophilenzahlen und vorübergehendem Anstieg der α_2-Globuline. Bei normalem Lipidstoffwechsel erfolgt auch ein deutlicher Abfall des Gesamtcholesterins. Allerdings wurde die Bestimmung der Cholesterinreaktion mit Eintreten der sogenannten „Freßwelle“ nach Überwindung der größten Kriegsfolgen immer unsicherer, so daß diese später aus dem Untersuchungsprogramm gestrichen werden mußte.

Die Schockphase ist die Erstreaktion des Organismus, wird aber nicht nur vom Organismus selbst, sondern auch von der Spezifität und Intensität der exogenen Noxen mitbestimmt. Es wäre widersinnig, Krankheitsvorgänge wieder nur einseitig zu gewichten und jetzt von der Noxe auf die Abwehrfunktionen zu schieben und die exogenen Ursachen plötzlich als Ne-

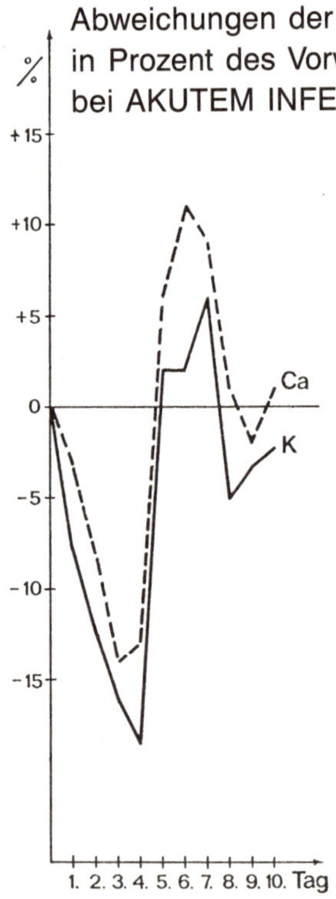

Abb. 1: Ca- und K-Verhalten i. S. bei einem fieberhaften banalen Infekt

bensache darzustellen. Das Ziel der Regulationsforschung ist nicht eine Überbetonung dieser Vorgänge, sondern eine Ergänzung des bisherigen Wissens. Die Orientierung der Abwehrfunktionen an den Noxen sei durch ein Beispiel belegt: banale Erkältungsviren – Prodromalstadium 24–72 h, Hepatitis-Viren – Prodromalstadium bis zu 100 Tagen, also jeweils so lange, bis die spezifische Immunleistung ausreichend angelaufen ist.

Der Umschlag in die Gegenschockphase (Reaktionsphase) ist – wie bereits erwähnt – von außerordentlicher Intensität. Sie erreicht z.B. in den Elektrolyten eine Schwankung von rund 40%. Das ist ein untrügliches Zeichen massiven Energie-Einsatzes. Mit diesem Umschwung wird die spezifische Krankheit erst sichtbar. Dabei beginnt ein Anstieg der γ-Globuline (Summe von IgA, IgM und IgG) i.S. und Auftreten spezifischer Antikörper. Mit dem Höhepunkt dieser Immunglobulin-Vermehrung ist die Überwindung des Infektes gegeben. Damit gleichzeitig gehen die unspezifischen Parameter wieder in die Homöostase zurück.

Anschließend läßt sich noch durch einige Zeit – je nach Schwere des Infekts – eine gewisse Labilität in den Elektrolyten nachweisen (Rekonvaleszenz-Phase), bis sich dann wieder ein stabiler Zustand einstellt.

Die Störungen der Abwehrlage und ihre Systematisierung

Störungen der Abwehrlage verlaufen aber im unspezifischen humoralen Bereich nicht 3-phasig, sondern nur 1-phasig. Das steht nun im Widerspruch zu den experimentellen Untersuchungen (*Hoff, Siedek, Selye*) und zu den eigenen Untersuchungen im Ablauf akuter Infekte.

Setzt man aber diese einphasigen Reaktionen in Beziehung zur Alarmreaktion, so sind deutliche Gesetzmäßigkeiten zu erkennen. Dies ist sowohl im Vergleich zur normalen Alarmreaktion als auch hinsichtlich einer Übereinstimmung mit dem klinischen Verlauf zu erkennen.

Man beobachtet bei chronischen Krankheiten die Einphasigkeit entweder in einem Ablauf in einer humoralen Schockphase, in einer Gegenschockphase oder aber in einer Reaktionslosigkeit der unspezifischen Parameter.

Es ist immer wieder verblüffend, daß die unspezifische Reaktionsweise in fast kongruenter Form mit dem klinischen Bild übereinstimmt. Ist ein Krankheitsverlauf in einer einphasigen humoralen Schockphase gegeben, so handelt es sich stets um Krankheiten mit allergischen Komponenten.

Kurzdauernde Schockreaktionen großer Heftigkeit findet man bei den Allergien vom sofortigen Typ, z. B. Urticaria, Asthma allergicum, Rhinitis allergica etc. – in der anaphylaktischen Reaktionsform kann dies innerhalb von Minuten zu lebensbedrohlichen Zuständen führen.

Verzögerte langdauernde humorale Schocks ohne Gegenschockreaktionen findet man bei den überwiegend exsudativen Schüben der seronegativen Polyarthritis und denen der Multiplen Sklerose. Die Schockreaktion ist nicht so intensiv wie bei den Allergien vom Soforttyp, aber ungemein zeitlich ausgedehnt. Denn die humorale Schockreaktion bleibt bei solchen Schüben mindestens 5–6 Wochen (oft längere Zeit) bestehen und zeigt eventuell bei Frühfällen manchmal noch eine rudimentäre Gegenschockreaktion, die aber eben minimal und unausgiebig bleibt. Bisher wurde spätestens nach einem 4. Schub solcher entzündlicher Systemerkrankungen nicht einmal diese Andeutung einer Gegenschockphase gefunden.

Dabei verläuft die spezifische Abwehr zwar gesetzmäßig wie beim akuten Infekt, aber zeitlich so verzögert ab wie auch die unspezifische Schockphase. Der Schub endet mit einer beträchtlichen Erhöhung der γ-Globuline i. S., die oft höher ausfällt als bei akuten Infekten. Aber – und dies ist von entscheidender Bedeutung – die Krankheit kann nur ausreguliert, aber nicht überwunden werden.

Ebenso ist es bei den Verlaufsformen in einer Gegenschockphase: Die Unfähigkeit zur Schutzreaktion des humoralen Schocks führt zu einem un-

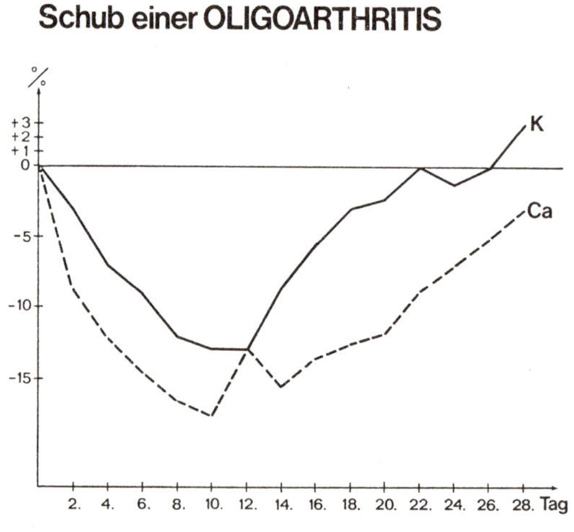

Abb. 2: Ca- und K-Verhalten i. S. bei einem Schub einer Oligoarthritis

gemein verlängerten Ablauf, der überwiegend degenerativ-proliferativ abläuft. Der längste erfaßte Schub dieser Art bei einer Polyarthritis dauerte 231 Tage, klinisch wurden auch noch längere Schübe beobachtet. Diese Reaktionsform steht schon nahe den chronisch-progredient verlaufenden Systemerkrankungen mit Starre der unspezifischen Reaktionen. Diese Starren sind aber ebensowenig wie die Verlaufsformen in exsudativen Schockverläufen undifferenziert als Lähmungen zu bezeichnen. Man kennt vorübergehende bzw. therapeutisch lösbare Starren – sie wurden von *Pischinger* (1975) als „Blockierungen" bezeichnet. Und man kennt Starren, die konstant bleiben und auch therapeutisch nicht mehr lösbar sind – dies sind die echten Lähmungen der Grundfunktionen. Diese konstanten Lähmungen können zwar doch durch massive Reize durchbrochen werden, doch führt das stets zu beträchtlichen **Schädigungen** der Betroffenen. Wir haben bis heute noch keine Möglichkeit gefunden, diese konstanten Lähmungen der Grundregulation risikoarm zu lösen und so wieder normale Abwehrbedingungen zu erreichen.

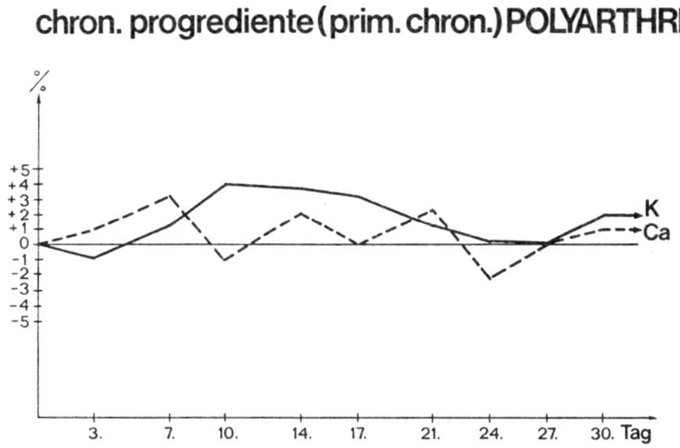

Abb. 3: Starre der Grundregulationen bei prim. chron. Polyarthritis

Bei den entzündlichen Systemerkrankungen ist dann eine Rehabilitation der Abwehrfunktionen nicht mehr möglich, wenn im Immun-Stimulationstest eine Labilität der Spurenelemente zu beobachten ist. Normalerweise verhalten sich die Spurenelemente (Fe, Cu, Zn) bei Stimulation außerordentlich stabil, bei chronisch-progredienten Entzündungen ist aber sehr häufig eine ausgeprägte Labilität – vor allem im Zink i.S. – festzustellen.

Stabiles Verhalten der Spurenelemente unter Testreiz: seronegative Oligoarthritis

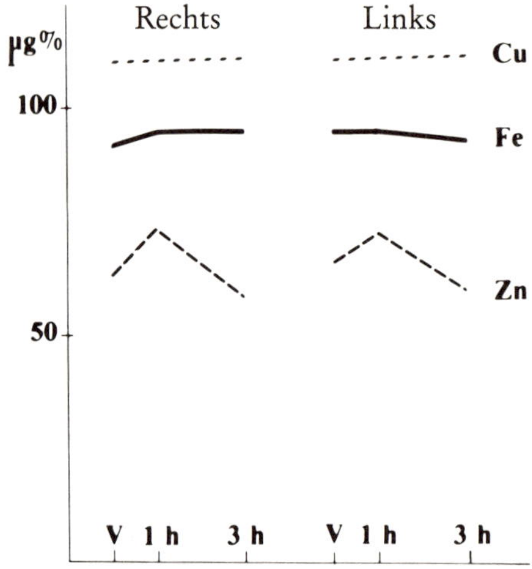

a)

Labiles Verhalten der Spurenelemente unter Testreiz:

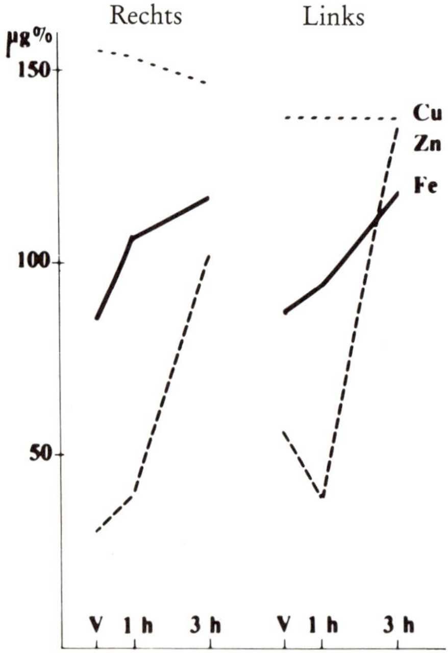

b)

Abb. 4: Stabilität und Labilität der Spurenelemente bei Immunstimulationstesten

Die Folge der Regulationsstarren ist bei entzündlichen Systemerkrankungen eine ungeregelte Über-Reaktion des Immunsystems. Wir stellten z. T. extreme Reaktionen in den Immunglobulinen fest, im extremsten Falle eine Zunahme von 1340 mg/dl IgG innerhalb von 3 Stunden bei Immunstimulationstesten, darunter einen hohen Anteil pathologischer Immunglobuline. Das wurde als Zeichen einer Dissoziation zwischen dem Grund- und Immunsystem gewertet. Ein zweiter Hinweis auf eine solche Unterbrechung der physiologischen Bindungen zwischen zwei Regelsystemen ist die Tatsache, daß man zwar auch gelegentlich passager ein Auftreten pathologischer Immunglobuline (z. B. positive Serum-Rheumaproben) nachweisen kann, ein konstantes Bestehen dieser pathologischen Immunkomplexe aber nur bei Parese der Grundfunktionen findet. Dies rechtfertigt die Annahme, daß in diesen Fällen das Grundsystem seine Funktion als Ordnungsprinzip im Abwehrgeschehen verloren hat.

Die gleiche Form der Abwehr-Parese findet man auch bei Krebspatienten.

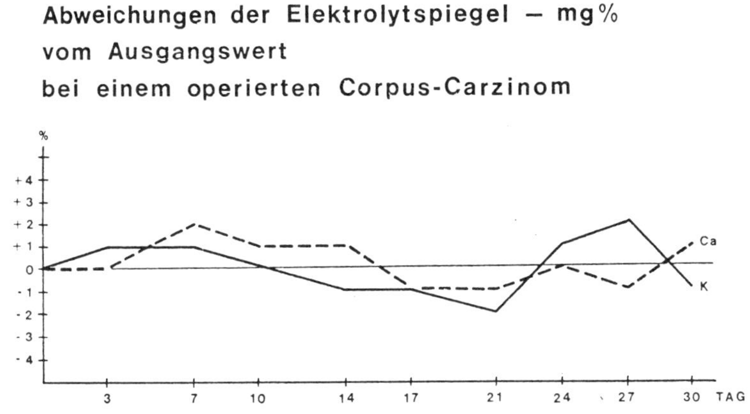

Abb. 5: Starre der Grundregulation bei Krebspatienten/op. Uterus-Npl.

Der Lähmungszustand des unspezifischen Systems ist von dem der chronisch-progredienten Entzündung nicht zu unterscheiden. Der Unterschied liegt in der zusätzlichen Störung des Immunsystems (humoral im Enhancement-Effekt und in einem intensiveren Versagen der zellvermittelten Immunreaktionen). Ob diese Immunstörungen von einer höhergradigen Störung der Grundfunktionen abhängt oder durch die exogenen Kanzerogene ausgelöst wird, konnte bisher nicht geklärt werden, soweit dies die Entstehung der ersten Tumormanifestation betrifft. Hingegen konnte *Heine* (1987) nachweisen, daß ein einmal entstandener Tumor sich ein eigenes Grundsystem schafft, indem er aus seinen Zellen Matrixvesikel ausscheidet, die dieses eigene Tumor-Grundsystem bilden. Und in diesem tumor-eigenen Grundsystem verlieren die immunkompetenten Zellen jede Orientierung und jede Funktion.

Setzt man nun diese einphasigen Abwehr-Abläufe in Beziehung zur Alarmreaktion nach *Selye* (1972), so ist eine Systemisierung dieser Störungen möglich. Trotz aller Unterschiede im biologischen Geschehen bei verschiedenen Patienten und der gelegentlichen Erfassung von Übergangsformen sind die unspezifischen Reaktionsstörungen und die klinischen Verlaufsformen von einer Übereinstimmung, die verblüffend exakt sind und als weitgehend kongruent zu finden sind.

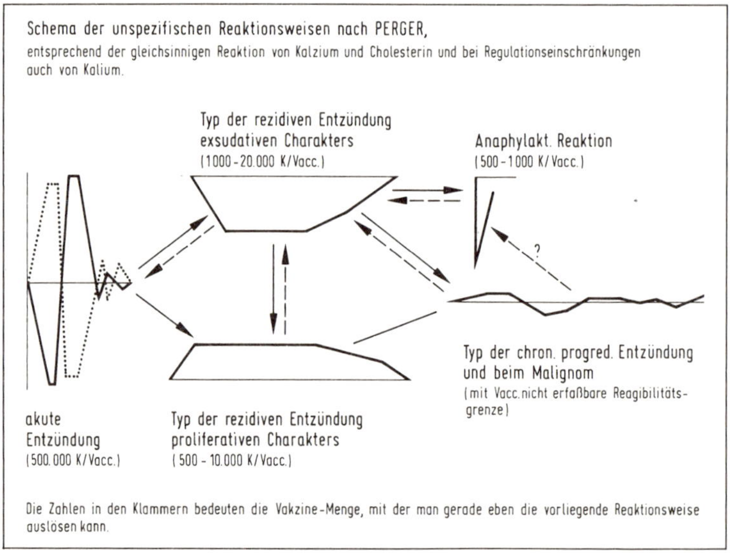

Abb. 6: Schema der Reaktionsweisen, abgeleitet von der Alarmreaktion nach *Selye*

Testungen der unspezifischen Abwehrfunktionen

Die Ergebnisse der Längsschnitt-Hämogramme und ihre Systemisierung ließen den Schluß zu, daß zumindest ein großer Teil der chronischen

Systemerkrankungen heilbar sein muß, und zwar durch Rehabilitation (Normalisierung) der Abwehrlage – auch dann, wenn man die spezifischen exogenen Noxen nicht kennt. Diese Längsschnitt-Untersuchungen sind aber für eine sofortige Therapieplanung bei der ersten Durchuntersuchung nicht geeignet.

Es war daher logischerweise notwendig, nach einer geeigneten Testmethode zu suchen, die die Reaktionsweise schnell und exakt erkennen läßt. Dazu waren aber zwei Voraussetzungen zu beachten:

1. Die Testung darf kein Risiko für die Testpersonen bedeuten und diese nur möglichst gering belasten.
2. Es mußte sich um einen genormten Reiz handeln, der in genormten Zeitabständen kontrolliert wird, so daß die Unterschiede der Reizbeantwortung zweifelsfrei erkennbar sind.

Nach zahlreichen Versuchen mit verschiedenen Testreizen wie Fremd- und Autovakzinen und unspezifischen Reizkörpern stellte sich heraus, daß für solche Bestimmungen der Monozytenfaktor *Pischingers*, die 3-fach-konjugiert ungesättigten Fettsäuren (ELPIMED®) am geeignetsten sind. Dieser körpereigene Stoff, der von den Fibrozyten in der Matrix und auch von der Escherichia coli humana im Darm synthetisiert wird, löst primär eine Gegenschockreaktion aus (*Perger* 1956). Damit fällt bei einer Testung die bei Fremdstoffen sonst gesetzmäßig auftretende primäre Schockreaktion weg. Das verkürzt die Testzeit, ist ein geringer standardisierter Reiz, so daß damit die Belastung der Testpersonen in zumutbaren Grenzen bleibt: die Blutabnahmen erfolgen am nüchternen Patienten vor, 1 Stunde und 3 Stunden nach Injektion des Testmittels und zwar jeweils zur gleichen Tageszeit (8 h, 9 h, 11 h vormittags). Damit werden auch Einflüsse des Circadianrhythmus ausgeschaltet. Dieser Test ermöglicht eine schnelle Erfassung der Reaktionsweise (*Perger* 1963).

Dieser Test-Vorgang wurde auch von *Kellner* übernommen. Seine Parameter waren die Oxy-Hämoglobin-Bestimmung im Venenblut und die Jodverbrauchswerte in der Jodometrie nach *Pischinger*. Aus 1200 Testungen ergab sich dann folgende Systemisierung (*Kellner* 1978, 1980):

Injiziert man 1 Amp. ELPIMED® einem gesunden Probanden subkutan, so wird dieser Reiz innerhalb von 3 Stunden ausreguliert, Reaktionsform (RF) 3 in der Abbildung 7. Frühfälle mit überwiegend vegetativen Störungen noch ohne oder mit minimalen spezifischen Symptomen von Systemerkrankungen reagieren überschießend (RF 1 und RF 2), schubweise verlaufende Systementzündungen reagieren „abweisend“ mit Intensivierung

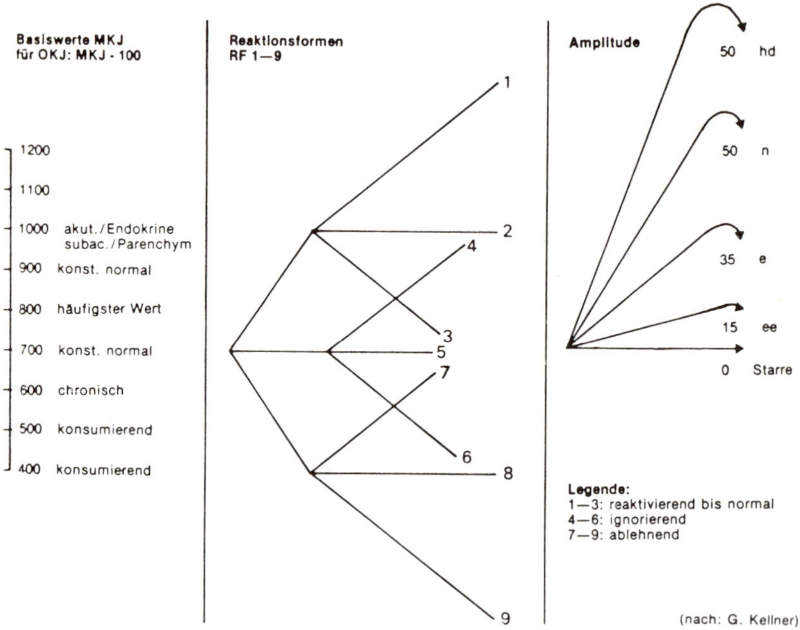

Abb. 7: Normale und pathergische Reaktionsformen im Test nach *Kellner*

ihrer Schockphase (RF 7 bis RF 9), chronisch-progrediente Entzündungen reagieren auf diesen schwachen Reiz „ignorierend" (= nicht), auch Krebspatienten reagieren „ignorierend", wie *Kellner* es formulierte.

Zeichen peripherer Abwehr-Autonomie

Mit diesem Test schien ab 1956 eine solide Diagnostik der Abwehrlage und der daraus folgenden Therapieplanung geschaffen zu sein. Dies war vor allem wegen seiner Übereinstimmung mit den Längsschnitt-Hämogrammen anzunehmen.

Aber einige Jahre später machte *Bergsmann* (1965) eine Beobachtung, die die Exaktheit dieser Teste wieder in Zweifel stellte: Er beschrieb Blutbild-Differenzen zwischen den beiden Körperhälften bei einseitigen tuberkulösen Prozessen. Er bezog diese Unterschiede aber von Anfang an nicht auf die spezifische Erkrankung, sondern ganz allgemein auf entzündliche Belastungen. Das erwies sich später als zutreffend.

Trotz anfänglicher Zweifel untersuchten *Pischinger* (1975) und *Kellner* (1978, 1980) nicht nur Blutbilder, sondern auch die der Matrix zugeordneten Parameter und bestätigten damit eindrucksvoll die Beobachtungen *Bergsmanns*. Es besteht – wie auch weitere Untersuchungen ergaben – eine gewisse Autonomie des Grundsystems. Doch ist bei den Seitendifferenzen auch ein wesentlicher Einfluß des Gefäßnervensystems erkennbar. Dies hat *Bergsmann* selbst (1970, 1972) nachgewiesen.

Mittels Rheographie konnte er eine deutliche Minderdurchblutung der erkrankten Körperseite feststellen. Es wurde bereits angeführt, daß Durchblutungsveränderungen in erkrankten Geweben durch die Veränderung des Gewebs-PH ausgelöst und vom Gefäßnervensystem dann gesteuert und aufrechterhalten wird – es ist dies einer der wichtigsten Hinweise auf die Vernetzung aller Regelvorgänge in einem Organismus.

Man hört aber noch immer den Einwand, daß Seitendifferenzen nicht möglich seien, da sich das Blut doch dauernd im Herzen mische. Dies trifft aber nur für den arteriellen Teil des Gefäßsystems zu. Beim Durchgang durch die Peripherie (durch die Kapillaren) wird das aus dem Blut entnommen und an dieses abgegeben, was Matrix und Organzellen im jeweiligen Bereich benötigen – es erfolgt ein bedarfsbestimmter Austausch, der noch dazu von der Durchblutungsgröße abhängig ist. Daher sind Seitendifferenzen im Venenblut absolut möglich und die Zweifel, die auch *Pischinger* und seine Mitarbeiter anfangs hegten, unberechtigt und falsch.

Noch wahrscheinlicher wird eine Autonomie peripherer Abwehrfunktionen durch die Reizschwellenbestimmungen für Ganzheitsreaktionen belegt. Anhand von 917 Testungen mit Vakzinen (Fremd- und Autovakzinen) wurden die Reizschwellen bei Gesunden und Kranken getestet, zum Teil noch im Zusammenhang mit der Suche nach einem geeigneten Testmittel zur Bestimmung der individuellen Reaktionsweise. Einzelne Testungen mit thermischen und mechanischen Reiz-Äquivalenten zeigten gleiche Reaktionen im unspezifischen System.

Gesunde Probanden reagieren erst bei einem Reiz mit 500 000 Keimen einer Vakzine mit einer ca. 4-stündigen Alarmreaktion. Alle geringeren Reize werden ohne Alarmreaktion peripher ausreguliert.

Bei allen Patienten mit chronischen Krankheiten sind aber diese Reizschwellen ungemein stark herabgesetzt; auf mindestens 10% (50 000 Vakzinekeime) schon bei vegetativen Betriebsstörungen, bis zu 1% bei entzündlichen Systemerkrankungen, und sind manchmal so erniedrigt, daß sie mit

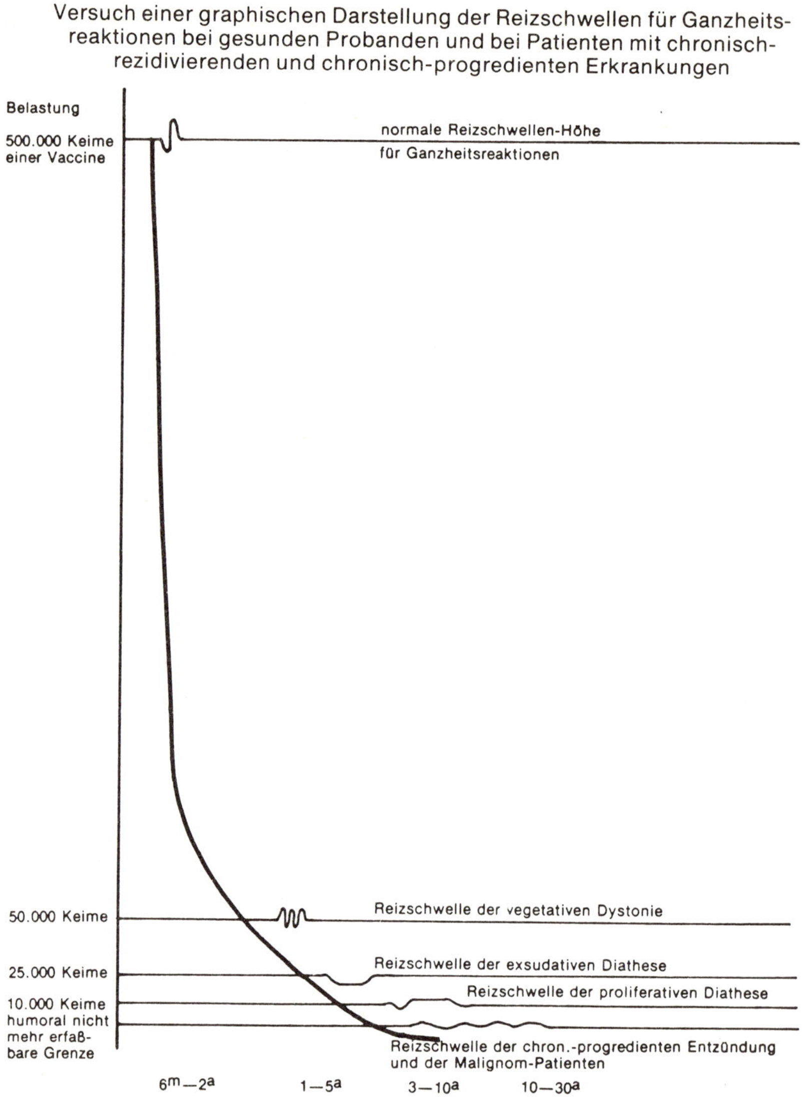

Abb. 8: Reizschwellen für Ganzheitsreaktionen

humoralen Methoden gar nicht mehr erfaßbar sind, so besonders bei schon langfristig bestehenden chronisch-progredienten Entzündungen und bei den Krebserkrankungen.

Dabei ist aber noch etwas zu erwähnen: Diese Reizschwellenangaben zeigen jene Reizschwelle an, ab der die pathergische Reaktion auftritt. Setzt man nämlich geringere Reize ein, so läuft noch eine normale Alarmreaktion ab – z.B. bei einer Reizschwelle von 20000 Vakzinekeimen eine Injektion von 10000 Keimen. Auf diesem Prinzip beruht auch die Desensibilisierungstherapie bei spezifischen Allergenen. Aus diesen Testungen ergibt sich die logische Schlußfolgerung, daß es – sozusagen als Rest der phylogenetischen Entwicklung – eine doch noch bestehende Autonomie der peripheren Abwehrvorgänge gibt. So ergibt sich auch die Tatsache, daß die pathergischen Abwehrstörungen in der Peripherie entstehen und deshalb dem Grundsystem zuzurechnen sind. Denn diese Abwehrstörungen entstehen primär durch den Verlust der peripheren Autonomie.

Denn die Ganzheitsreaktionen, die zweifellos von übergeordneten Regelsystemen gesteuert werden, laufen ja über sehr lange Zeit auch bei chronisch Kranken zwar verzögert, aber doch noch gesetzmäßig ab.

Ursachen der pathergischen Abwehrstörungen

1. Die Summation von Reizen im Grundregulationssystem

Die Ursachen der pathergischen Abwehrstörungen hängen zu einem großen Teil von einem Phänomen ab, das auch *Pischinger* und seinen Mitarbeitern anfangs große Verständnisschwierigkeiten bereitete: Im unspezifischen System wird jeder Reiz gleichförmig beantwortet. Es ist dabei die Spezifität des Reizes ohne Bedeutung, lediglich seine Intensität und Dauer sind in diesem Bereich entscheidend. Es ist völlig egal, ob es sich um lebende Erreger (Bakterien, Viren etc.) handelt, um mechanische Reize (Traumen, thermische Reize), Toxine oder um Strahlen – die Reaktion ist immer gleich. Erst in der zweiten spezifischen Abwehrphase gewinnt die Spezifität des Reizes überwiegende Bedeutung.

Diese Eigentümlichkeit der unspezifischen Reizbeantwortung ist ein Relikt der phylogenetischen Entwicklung, der bei gesunder Abwehrlage noch immer von großer biologischer Bedeutung ist. Denn die humorale Schockreaktion ist ein Schutzmechanismus, der einen beträchtlichen Zeitgewinn für das ausreichende Anlaufen der spezifischen Immunreaktionen bedeutet.

Hier ist anzuführen, daß *Pischinger* (1949, 1979) seit Beginn seiner Untersuchungen über das Grundsystem nach humoralen Stoffen für die Auslösung der einzelnen Phasen der Abwehrvorgänge gesucht hat. Dabei war er erfolgreich hinsichtlich der Auslösung der Makrophagenphase (3-fach-konjungierte ungesättigte Fettsäuren) und der Lymphozyten-Phase (Nukleotid-Komplexe in den venösen Lymphsinus). Für die primäre Reizreaktion konnte er keinen humoralen Faktor finden. Das ist biologisch gesehen durchaus verständlich. Humorale Reaktionen benötigen immer eine Anlaufzeit, bis wirksame Konzentrationen im Gewebe entstehen – die beobachtete biophysikalische Reaktion – Gewebsazidose und Depolarisierung der Zellmembranen – als sofortige Reizbeantwortung und Auslösungsmoment der Abwehrfunktionen erscheint durchaus sinnvoller, da diese in Sekundenschnelle erfolgt.

Es ist aber auch klar, daß biophysikalische Reaktionen nicht spezifisch beantwortet werden können. Das erklärt auch die Einförmigkeit jeglicher Reiz-Beantwortung. Aber durch diese Einförmigkeit ist auch eine Summation verschiedenartigster Reize möglich.

Auch im spezifischen Abwehr-Bereich sind solche Summationseffekte nachweisbar, wenn verschiedenartige Reize mit gleichem Effekt zusammentreffen. Ein Beispiel dafür sind Belastungen durch toxische Schwermetalle und Mykosen des Darmtrakts, die beide die Eigenschaft besitzen, die Synthese und Freisetzung von γ-Globulinen zu inhibieren (*Perger* 1990).

	Hg i. VBl.	Cand. alb.	γ-Glob.-Mangel
vor Th.	5,4 μg/l	10^5 Org./g	6,3 %
nach	1,2 μg/l	10^3 Org./g	10,5 %
vor Th.	7,5 μg/l	10^4 Org./g	5,8 %
nach	0,9 μg/l	$< 10^2$ Org./g	16,7 %
vor Th.	6,9 μg/l	10^5 Org./g	6,7 %
nach	0,5 μg/l	10^3 Org./g	14,1 %

Abb. 9: Inhibition der γ-Globuline bei Doppelbelastung durch Hg-Belastung und Darmmykose/Reizsummation im Immunsystem/ – Effekt der Hg-Ausschwemmung

Was schon in einem spezifischen System möglich ist, ist bei der unspezifischen Reizbeantwortung ebenso und dazu noch viel häufiger möglich und auch nachweisbar.

Der Nachweis erfolgte größtenteils durch die Entlastungsreaktionen, teils auch durch Testungen gesunder Personen mit verschiedenen Reizqualitäten.

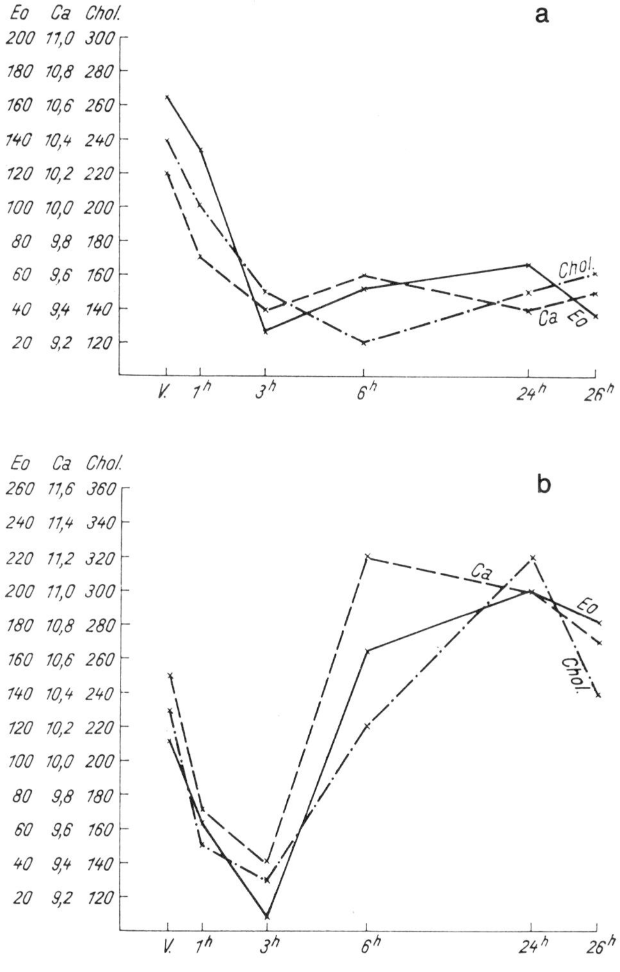

Abb. 10: Beispiel einer Entlastungsreaktion: Anhebung der Reizschwelle durch Fokal-Sanierung

Die Verbesserung der Abwehrlage zeigt sich im Verhalten der Parameter: Vor Tonsillektomie löst man mit der gleichen Menge einer Autovakzine eine Schockreaktion aus, nach TE aber wieder eine normale Alarmreaktion (*Perger* 1972, 1990).

Ein gleiches Bild – nur mit anderen Parametern – zeigt sich bei einer Patientin mit toxischer Belastung (Pb, Cd) in Kombination mit chronisch-entzündlichen Belastungen (Tonsillennarben-Abszeß, chronische Adnexitis nach septischem Abort).

	vor Therapie	nach Therapie
ALA i. H. (Pb)	6,0 mg/l	3,3 mg/l
Cd i. H.	22,5 μg/l	0,56 μg/l
oxy-HB	20% i. VBl.	30% i. VBl.
JVW	956 μg/l	822 μg/ml
AT-Phosph.	65 mU/ml/10'	83 mU/ml/10'

ALA i. H. NW bis 4,5 mg/l
Cd i. H. NW bis 1,6 μg/l
oxy-HB um 45% im Venenblut
Jodverbrauchwerte um 810 μg/ml
Adenosin-Triphosphatasen 107-148 mU/ml/10'

Abb. 11: Beispiele einer Entlastungsreaktion: Verbesserung, aber nicht Normalisierung der Stoffwechsellage nach Ausschwemmung der toxischen Schwermetalle Pb, CD bei Weiterbestehen der entzündlichen Belastungen

Die Tendenz in Richtung Normalisierung der Parameter (Oxy-HB, Jodometrie nach *Pischinger*, AT-Phosphatasen) ist unübersehbar.

Aber auch Doppelbelastungen gesunder Probanden zeigen Summationseffekte in der Reizbeantwortung des Grundsystems.

	vor	1 h	3 h	24 h nach Reiz
nur Vakzine	10,2	9,4	9,8	10,3 mg% Ca i. S.
	2,6	3,1	2,8	2,5 mg% Mg i. S.
Vakzine	10,1	9,4	9,0	10,0 mg% Ca i. S.
+ Kältereiz	2,2	3,0	3,4	2,5 mg% Mg i. S.

(Durchschnittswerte aller 3 Probanden)

Abb. 12: Beispiel für Doppelbelastung: 3 gesunde Probanden – Reaktion auf 1/2 Mill. Keime einer Fremdvakzine allein und in Kombination mit Kältereiz

Diese Summation von Reizen läßt sich also in beiden Richtungen verfolgen, durch teilweise Reizentlastung und durch Verabreichung verschiedener Reize innerhalb der Reizreaktion des Primär-Reizes (*Perger* 1990). Diese Untersuchungen lieferten den Schlüssel zum Verständnis der Entstehung pathergischer Abwehrstörungen.

2. Dauerbelastungen durch nichtüberwindbare Noxen

Sichtlich entscheidend für die Entwicklung pathergischer Abwehrstörungen sind Dauerbelastungen durch nicht-überwindbare Noxen. Denn die Dauerbelastung verlangt eine dauernde Abgrenzung und Gegenregulationen, die viel an Energie und Substanz verbrauchen. Das kann man besonders deutlich an der Belastung mit stummen chronischen Entzündungen (Herden) beobachten.

Abhängig vom Ausbildungsgang wurde anfangs die Entwicklung der Pathergien ausschließlich durch Herdbelastungen angenommen. Tatsächlich spielen die stummen Entzündungen in der Pathogenese dieser Störungen eine große Rolle, aber nicht ausschließlich und vor allem nicht in Art der alten Theorie der Fokal-Infektion.

Eine direkte bakterielle Wirkung ist bei solchen Entzündungen nur selten gegeben. Unter 7148 Patienten fanden sich nur 121 (= 1,69%) mit bakteriellen Streuungen, 116 (= 1,62%) mit bakteriellen Allergien und 539 (= 7,77%) mit erhöhten Antikörpertitern gegen Strepto- und Staphylokokken. Das sind 778 Patienten (= 10,07%) aller Herdbelasteten (*Perger* 1978, 1989). Die direkte Wirkung der Herd-Bakterien ist also verhältnismäßig selten – die Beschränkung der Herdlehre auf diesen Aspekt allein daher völlig ungenügend.

Die obligate Herdwirkung findet sich in der ersten Ebene der Abwehr, also vor den spezifischen Immunreaktionen. Die stumme chronische Entzündung reicht histologisch immer ins Grundgewebe hinein und löst dort eine Dauer-Azidose und Dauer-Depolarisation des Gewebes aus (*Pischinger* 1975). Der entzündliche Prozeß muß abgegrenzt werden, um septische Streuungen zu verhindern. Außerdem ist ein Organismus darauf programmiert, möglichst ein neutrales PH mit Repolarisation der Zellmembranen wiederherzustellen. Beides verlangt einen dauernden Aufwand an Energie und Substanz (zelluläre Abgrenzung, Immunglobuline). Beide Funktionen laufen bei nicht überwindbaren Infekten über Jahre und Jahrzehnte ab, sowohl die Abgrenzung als auch die dauernde Re- und De-Polarisation.

So wird lokal die humorale Schockreaktion aufrechterhalten. Dabei erschöpfen sich bald die lokalen Reserven, so daß zunehmend Ersatz aus der näheren und später auch weiteren Umgebung herangezogen werden muß. Daher lassen sich auch zuerst segmentale, nach Jahren auch ganzheitliche Störungen nachweisen, wie dies *Siegmund* (1950), *Nonnenbruch* und *Gross*

(1956) und *Bergsmann* (1970, 1972*)) und bzgl. der nervalen Segmentbildung vor allem *Bergsmann* (1977, 1978, 1979, 1988) beschrieben haben. Es ist zugleich auffallend, daß die Lokalisation dieser stummen Entzündungen immer an den gleichen Orten Fernstörungen auslösen, wie dies bereits von *Rosenow* (1930) beschrieben wurde. Die Fernwirkung wurde von *Voll* (1987) auf die Akupunktur-Meridiane bezogen – diese Theorie ist außerordentlich interessant und gewinnt zunehmend an Wahrscheinlichkeit. Die kinetischen Ketten der Muskulatur entsprechen nämlich den Meridianen (*Bergsmann* 1990), so daß Zusammenhänge dieser Art durchaus wahrscheinlich sind.

Die Beachtung des Zeitfaktors, der Dauer des Bestehens nicht überwindbarer Noxen, ist neben der Summation von Reizen der wesentlichste Faktor bei der Entwicklung von Pathergien – denn der unökonomische Energieverbrauch (*Bergsmann* 1977) führt schließlich zu einer Verarmung an Energie bzw. Energiefreisetzung in der Matrix und dadurch zu verzögerten Reaktionen im unspezifischen Abwehrbereich. Wenn man bei fast allen pathergischen Störungen 4–6 herdmäßige Belastungen findet und die Dauer ihres Bestehens erfassen kann, so sind Summationseffekt und Zeitfaktor die wesentlichsten Faktoren in der Entstehung der Abwehrstörungen. Allerdings gibt es einzelne Ausnahmen: schwerste Traumata – besonders Schädel-Hirn-Traumen – sind ab und zu als auslösende Faktoren solcher Störungen festzustellen. Doch sind das seltene Ausnahmen.

Doch die unspezifischen Reizreaktionen in der Matrix ließen schon bald vermuten, daß nicht nur herdmäßige Belastungen an den pathergischen Entwicklungen beteiligt sind. Dieser Verdacht ergab sich aus Mißerfolgen der Herdtherapie und der Unspezifität der Reizreaktionen. Die ersten Überlegungen betrafen toxische Belastungen durch Schwermetalle, die inkorporiert sind. Und tatsächlich wurden bald Allergien gegen diverse inkorporierte Metalle gefunden – Marknägel, Geschoßsplitter nach Kriegsverletzungen, Zahnfüllungsmetalle und nach Schwermetalltherapien (*Perger* 1954, 1956, 1958). Spätere Untersuchungen führten dann zu weiteren Erkenntnissen: die anfängliche Konzentration auf inkorporierte Metalle mußte revidiert werden, da die ständige Zufuhr toxischer Metalle über Nahrung und Atmung so zugenommen hat, daß die inkorporierten Metalle nicht mehr als einzige bzw. größte Toxin-Quelle in Frage kamen (*Perger* 1981, 1985, 1987, 1990; *Perger* und *Maruna* 1983, 1984, 1986). Diese

*) hinsichtlich des Gefäßnervensystems

Schwermetalltoxine wirken nicht nur auf die Grundregulationen, sondern sind auch Enzymgifte und greifen daher in verschiedene biochemische Prozesse in anderen Regelsystemen ein.

Zu diesen eigenen Untersuchungen kommen aber noch die Einflüsse von SO_2 und NOx auf die Regelsysteme, die *Stickl* (1985) beschrieben hat, und Einflüsse weiterer Toxine wie z.B. Dioxin und Nitrosamine, wobei eine ganze Reihe von solchen toxischen Einflüssen bisher nicht untersucht bzw. noch gar nicht erkannt sind.

Weiter wurden Störungen der Darmkeimverhältnisse als Belastungsfaktoren erkannt. Ausgehend von einer Beobachtung an der Auslösung eines rheumatischen Schubes durch eine schwere Darminfektion 1957 wurden auch Stuhlanomalien als Belastungsfaktor gewertet. Ab 1982 was es dann möglich, alle Ebenen der Dysbiosen zu erfassen – aerobe und anaerobe Bakterien, Mykosen, Nativuntersuchungen samt Mengenbestimmungen. Dabei sind zwei Fakten zu beachten: einerseits die Resorption von Toxinen, andererseits die Malabsorption bzgl. der Nahrungsbestandteile mit häufigen Mangelzuständen an Mineralstoffen, Spurenelementen und Vitaminen, die nicht nur durch Fehlernährung bedingt sein muß. Hier sei nur auf die Bildung von Fuselalkoholen aus Saccharosen bei Darm-Mykosen angeführt (*Hauss* 1987), um dieses Phänomen der Autointoxikation aus dem Darmtrakt verständlich zu machen. Zugleich beanspruchen die Dysbiosekeime einen wesentlichen Anteil an Mineralstoffen, Spurenelementen und Vitaminen aus der Nahrung für sich, so daß dem betroffenen Organismus zu wenig oder sogar nichts mehr zur Verfügung steht. Hinsichtlich der Mineralstoffe ist vor allem das Grundsystem betroffen, hinsichtlich der Spurenelemente aber mehr die anderen Regelsysteme und in sehr hohem Maße darunter die Entgiftungsfunktionen.

Das ist auch der Fall bei Fehlernährung mit Mangel an diesen Vitalstoffen. Auch diese Mangelzustände wirken sich auf alle an den Abwehrfunktionen beteiligten Regelsysteme höchst nachteilig aus und bedingen Fehlfunktionen und damit Abwehrstörungen.

3. Eine Zusammenfassung der vernetzten Belastungsfaktoren

Faßt man so die möglichen und bisher bekannten Belastungen zusammen, so ergibt sich eine Reihe von Belastungen, die zu den pathergischen Abwehrstörungen führen können. Diese sind:

a) die stummen chronischen Entzündungen (Herde), die überwiegend nicht spezifisch, sondern auf die Grundregulationen einwirken,
b) verschiedene Toxine, von denen bisher die Wirkungen von toxischen Schwermetallen, SO_2 und NOx am eingehendsten untersucht und zum Teil (z.B. Dioxin, Nitrosamine etc.) bekannt sind, aber zweifellos noch viele unbekannt sind,
c) Darmkeimstörungen (Dysbiosen), die teils durch Toxine, teils durch Malabsorption zu Störungen führen,
d) Mangelzustände durch Fehlernährung (Mineralstoffe, Spurenelemente, Vitamine).

Neben diesen vier eindeutigen Störfaktoren, die die Abwehrfunktionen zur Entgleisung bringen können, ist noch eine fünfte Einflußmöglichkeit zu erwähnen: die Belastung durch Standort-Einflüsse – geopathische Störzonen und technisch bedingte Strahleneinflüsse (Technics).

Diese werden meist als nichtexistent angesehen und die Beschäftigung mit diesem Problem als Scharlatanerie abgetan. Die Forschungen über die Matrix-Funktionen führte zu einer Revision dieser Ansicht und fand in einer Teamarbeit zwischen Ärzten und Architekten auch ihre Begründung (*Bergsmann* 1990). Die Einflüsse geopathischer Störzonen und von Technics können sehr wohl zu einer Veränderung der Reizbeantwortung führen – insbesondere wenn bereits andere Belastungen der Betroffenen bestehen. Der Einfluß erfolgt sichtlich über das Gewebspotential und ist daher bei schon gestörter Abwehr viel massiver als bei Gesunden. Die elektrischen Hautmeßwerte verändern sich schon nach wenigen Minuten Aufenthalt auf einer Störzone, spätestens nach 30 Minuten findet man auch signifikante Veränderungen des Zinks, des Serotonins, der Immunglobuline und auch des Calciums und Kaliums im Serum bzw. auch im Vollblut.

Es ist daher notwendig, sich auch mit den Standortfaktoren auseinanderzusetzen und die Einflußmöglichkeiten weiterhin wissenschaftlich zu verfolgen. *Bergsmann* (1990) spricht vom „Risikofaktor Standort“, d.h. nicht von einer linearen Ursachen-Wirkungs-Weise, sondern als einem unter vielen Belastungsfaktoren. Damit spricht er sich für ein vernetztes und komplexes Denken in der Entstehung pathergischer Abwehrstörungen aus – kongruent mit der eigenen Auffassung der Reizsummationen (*Perger* 1990) – das für die Abklärung der Problemkrankheiten unserer Zeit, der chronischen Systementzündungen und der Tumorgenese, unbedingte Voraussetzung ist.

Therapeutische Möglichkeiten

Aus diesen Untersuchungsergebnissen ergeben sich wichtige therapeutische Konsequenzen. Diese ermöglichen in einer großen Zahl der Fälle eine Heilung entzündlicher Systemerkrankungen und eine erfolgreiche Nachbehandlung nach Tumor-Operationen.

Das Ziel jeglicher Regulationstherapie ist die Wiederherstellung der normalen Abwehrfunktionen. Das ist allerdings nur dann möglich, wenn die pathergischen Abwehrstörungen nicht so massiv sind, daß sie nicht mehr beeinflußbar sind.

Bisher erfolglos war die Rehabilitation der Abwehrfunktionen bei Patienten, bei denen eine Lähmung der Grundfunktionen in Verbindung mit einer Labilität der Spurenelemente (vor allem Zink) im Testverlauf festgestellt wurde. Auch bei langfristigem Bestehen der Paralyse der Grundfunktionen ist eine normale Abwehrfunktion in allen Ebenen nur schwer und nur bei etwa 18% der Patienten zu erreichen.

Geeignet für diese Rehabilitationstherapie sind vor allem Patienten mit schubartigem Krankheitsverlauf. Dabei sind aber einige Dinge zu berücksichtigen:

1. Im aktiven Schub sind operative Sanierungseingriffe zu vermeiden, da in dieser Zeit die Reizschwellen für Ganzheitsreaktionen besonders erniedrigt sind.
2. Die Chemotherapie dieser Schübe sollte massiv auf das Grundsystem wirkende Mittel vermeiden. Immunsuppressiva und Corticoide intensivieren die pathergische Abwehrstörung und sind daher – solange eine Rehabilitations-Möglichkeit der Abwehr besteht – zu vermeiden, ausgenommen kurzfristige Corticoid-Anwendungen, wo diese zur Vermeidung größerer Organschäden (z. B. Herzklappen) unvermeidbar wären.
3. Zunächst sollten die konservativ behandelbaren Störungen so weit wie möglich abbehandelt werden, da damit die Abwehrlage bereits etwas angehoben werden kann, also z. B. Behebung von Mangelzuständen, Behandlung von Dysbiosen, Ausschwemmung toxischer Belastungen (dies wird durch Behandlung der Mangelzustände bzgl. toxischer Schwermetalle bereits eingeleitet).
4. Erst dann sind operative Sanierungseingriffe (Gebißsanierung, Tonsillektomien und andere operative Eingriffe) risikoarm möglich. Aber dabei muß zwischen mehreren Eingriffen auch eine ausreichende Erholungszeit eingehalten werden, um eine Summation dieser operativen Reizein-

flüsse zu vermeiden – Mindestabstand 4–5 Wochen zwischen den Eingriffen.

5. Eine Schutztherapie ist notwendig, sollte sich aber auf antiallergische Maßnahmen beschränken, um Überreaktionen zu vermeiden, die normale Heiltendenz aber nicht unterdrücken. D.h. Vermeidung von Antibiotika- und Corticoid-„Schutz", hingegen Gaben von Calcium, Antihistaminen, Human-gamma-Globulinen und Vitaminen.
6. Es empfiehlt sich, auch die möglichen geopathischen und sonstigen Strahleneinflüsse (Technics) zu berücksichtigen, da dies den Therapieeffekt ganz wesentlich verbessern kann.
7. Außer bei Frühfällen, die schnell eine spontane Normalisierung der Abwehrfunktionen zeigen, ist eine Nachbehandlung notwendig, da die spontane Erholung der Abwehr mindestens zwei Jahre in Anspruch nimmt. Die Gefahr ist zu groß, daß in dieser Zeit sich neue chronische Belastungen bilden, die dann zu Rezidiven der verschiedenen Haupterkrankungen führen können.
   Die Auswahl dieser umstimmenden Nachbehandlung hängt vom einzelnen Therapeuten ab. In Frage kommen alle jene Methoden, die das unspezifische Grundsystem aktivieren und sich als erfolgreich erwiesen haben: Balneologie, vorsichtige dosierte Reizkörpertherapie von Eigenblutinjektionen bis zur Autovakzine-Therapie, Akupunktur, Neuraltherapie und Homöopathie etc.

Es würde zu weit führen, die verschiedenen Therapiemethoden ausführlich zu erörtern, da diese vom Können und der Erfahrung des einzelnen Therapeuten, seiner Ausbildung in diesen Methoden und seiner Erfahrung abhängt. Wesentlich ist, daß die umstimmende Nachbehandlung die Normalisierung der Reizschwellen für Ganzheitsreaktionen aufbaut und nicht etwa durch überstarke Reize zu einer weiteren Belastung wird. Alle angegebenen Therapien wirken auf die Grundregulationen ein und beeinflussen die nachgeschalteten Funktionen des Immunsystems über den physiologischen Ablauf der Abwehr.

Schlußwort

Die Erforschung der unspezifischen Abwehrleistungen in der Matrix (Grundsystem) läßt erkennen, daß die pathergischen Abwehrstörungen sich gesetzmäßig aus der humoralen Alarmreaktion entwickeln. Die bisher bekannten Ursachen dieser Störungen finden sich in der Reizsummation verschiedener Belastungen und dem Zeitfaktor, der Dauer ihres Bestehens. Diese Erkenntnisse ermöglichen in vielen Fällen eine Rehabilitation der Abwehrfunktionen und damit eine Heilung einer großen Zahl entzündlicher Systemerkrankungen und eine Verbesserung der Überlebenschancen nach Krebserkrankungen. Allerdings ist nicht in allen Fällen diese Möglichkeit gegeben, doch ergeben sich aus den Untersuchungen weitere Fragen, die einen weiteren Fortschritt erhoffen lassen. Das erfaßte Geschehen läuft vor der Zellschädigung ab und ergänzt damit das Wissen über Krankheitsabläufe.

Literatur

Bergsmann, O.: Wiener Klin. WSchr. 71 (1965), 618.

Bergsmann, O.: Reprint from Pulmonology, Vol. 143 (1970), Nr. 2–3, 247.

Bergsmann, O.: Wiener Z. f. Inn. Med. u. ihre Grenzgebiete, 53 (1972), 152.

Bergsmann, O.: Phys. Med. u. Rehab., 16 (1977), 237.

Bergsmann, O.: Erf. Heilkunde 27 (1978), 413.

Bergsmann, O.: Biologische Funktionsdiagnostik. K. F. Haug Verlag, Heidelberg 1979.

Bergsmann, O.: Risikofaktor Standort. Facultas Univers.-Verlag, Wien 1990.

Bergsmann, O. und *R.:* Projektionssymptome. Facultas Univ. Verlag, Wien 1988.

v.Bertalanffy, L.V.: Perspectives of General System Theory. Verl. Braziller, New York 1975.

Eppinger, H.: Die Permeabilitätspathologie als die Lehre vom Krankheitsbeginn. Springer-Verlag, Wien 1949.

Feyrter, F.: Über die Pathologie der vegetativ-nervösen Peripherie und ihre ganglionären Regulationsstätten. Verlag W. Maudrich, Wien 1954.

Hauss, R.: Biolog. Med. 16 (1987), 601.

Hauss, H.W.; Junge-Hülsing, G.: Deutsche Med. WSchr. 86 (1961), 763.

Heine, H.; Schaeg, G.: Z. f. Hautkrankheiten 54 (1979), 590.

Heine, H.: Deut. Z. f. Onkologie 19 (1987), 67.

Heine, H.: ÄZ f. Naturheilv. 28 (1987), 909.

Hoff, F.: Klinische Physiologie und Pathologie, 4. Aufl., Verl. G. Thieme, Stuttgart 1954.

Kellner, G.: Öst. Z. f. Stomatologie 60 (1963), 312.

Kellner, G.: Die Heilkunst 91 (1979), 63.

McLaughlin, C.P.: Biologik, zit. n. *F.M. Lehmann*, Bd. 24 der Schriftenreihe d. Bezirksärztekammer Nord-Württemberg, Verl. Gentner, Stuttgart 1976.

Metschnikoff, E.: Kurzes Lehrbuch der Immunologie, zit. nach *Humphrey J.H.* u. *Withe R.G.*, 2. Aufl. Verlag G. Thieme, Stuttgart 1972.

Lutz, F.; Pischinger, A.: Wiener Med. WSchr. 99 (1949), 437.

Perger, F.:

Herdwirkung. Phys. Med. u. Rehab. 19 (1978), 199.
Erf.heilkunde 27 (1978), 805.
ÄZ f. Naturheilverfahren 3 (1989), 196.

Grundregulation. Öst. Z. f. Stomatologie 60 (1963), 440.
Erf.heilkunde 21 (1972), 261 und 341.
ÄZ f. Naturheilverfahren 31 (1990), 772.
Therapeutikon 1991 (im Druck – Heft 1/2/1991)
Tox. Metalle. Dt. Med. WSchr. 79 (1956), 1418.
Wiener klin. WSchr. 68 (1956), 267.
Therapiewoche 70 (1958), 771.
Ärztl. Praxis 33 (1981), 2046.
Dt. Z. f. biolog. Zahnmedizin 3 (1987), 89.
Medical Tribune 1988, 19, 4.
ÄZ f. Naturheilverfahren 28 (1987), 774.
Ganzheitsmedizin 2 (1989), 33.
Darm-Dysbiosen. Erf.heilkunde 34 (1985), 812.
ÄZ f. Naturheilverfahren 32 (1991), 36.
Gesamtdarst. Kompendium der Regulationspathologie und -therapie. Verlag I. Sonntag, München, 1990.

Perger, F.; Maruna, R. F. L.: Biomed 8 (1983), Nr. 7/8, 22.

Perger, F.; Maruna, R. F. L. et al.: Forum Dr. med. 8 (1984), 14.

Perger, F.; Maruna, R. F. L.: Erf.Heilkunde 35 (1986), 316.

Pischinger, A.: Z. f. Zellf. u. mikroskop. Anatomie Bd. 3 (1926).

Pischinger, A.: Pathophysiologische Grundlagen und Probleme der Herdtherapie. In: Ther. d. Herderkrankungen (DAH. Kongreß 1953), Hrgb. *K. u. E. Thielemann*, Verl. C. Hanser, München 1954.

Pischinger, A.: Das System des Unspezifischen und seine Bedeutung für die Herdlehre. In: Herderkrankung-Grundlagenforschung und Praxis (DAH-Kongreß 1955), Hrgb. *K. u. E. Thielemann*, Verl. C. Hanser, München 1956.

Pischinger, A.: Ärztl. Praxis 18 (1966), 1242.

Pischinger, A.: Das System der Grundregulation, 1. Aufl., K. F. Haug Verlag, Heidelberg 1975.

Pischinger, A.: Erf.heilkunde 28 (1979), 317.

Reichert, C.B.: Vergleichende Beobachtungen über das Bindegewebe und die verwandten Gebiete. Dorpat 1845.

Roger, H.; Binet, L.: Bulletin de l'Academie de Médecine t 86 (1921), 129.

Rosenow, E.C.: Verhandlungen Dt. Ges. f. Inn. Medizin 42 (1930), 408.

Schade, H.: Das System der Grundregulation. zit. nach *A. Pischinger*, 1. Aufl., K. F. Haug Verlag, Heidelberg 1975.

Selye, H.: Einführung in die Lehre vom Adaptionsyndrom. Verl. G. Thieme, Stuttgart 1952.

Siedek, H.: Wiener klin. WSchr. 75 (1951), 687.

Stickl, M.: Acta Med. Austr. 12 (1985), 9.

Trincher, K.: Die Gesetze der biologischen Thermodynamik. Verl. Urban & Schwarzenberg, Wien-München 1981.

Voll, R.: Ostitis und Wechselbeziehungen. Vortrag am 31. 10. 1987 bei der Medizinischen Woche Baden-Baden.

Chemotherapie aus ganzheitsmedizinischer Sicht

Von *Karl Windstosser*

Nach kurzer Übersicht über die in der konventionellen Onkologie üblichen Präparate werden die mit den verschiedenen Kombinationen erzielbaren Wirkungen betrachtet. Trotz der auf diese Weise bei einigen wenigen Malignomen, besonders bei Leukosen und Lymphomen des Kindesalters erreichten Langzeiterfolge verbietet die damit verbundene Toxizität eine generelle Anwendung dieser Substanzen. Die meisten Tumoren sprechen auf diese in Monotherapie gar nicht an. Alle Zytostatika sind nebenwirkungsreich, leber- oder herzmuskelschädigend und immunsuppressiv, mehrere derselben eindeutig karzinogen. Während der letzten Jahre mehrten sich die kritischen Stimmen auch schulmedizinischer Sachverständiger. Mehrere klinische Untersuchungsreihen verliefen enttäuschend. 1989 ergab die Studie eines Mitarbeiters des Tumorzentrums Heidelberg-Mannheim, das dem Deutschen Krebsforschungszentrum in Heidelberg angeschlossen ist, anhand vieler multizentrischer wissenschaftlicher Statistiken, daß Chemotherapie trotz aller Verbesserungen bei den Tumoren epithelialer Herkunft, die 80% aller Geschwulsterkrankungen darstellen, keine Lebensverlängerung erbringt. Diese allein gilt weltweit als das eigentliche Kriterium der Wirksamkeit eines Krebstherapeutikums.

Aus diesen Gründen ist die Weiterentwicklung, die Optimierung und der flächendeckende Einsatz bewährter nichttoxischer Immunmodulatoren umso wichtiger, um diese immer öfter an die Stelle oder auch an die Seite der Chemotherapeutika treten zu lassen. Insbesondere für die Mistelpräparate der anthroposophischen Schule wurde deren Gleichwertigkeit oder sogar Überlegenheit gegenüber den zelltoxischen Substanzen bereits nachgewiesen.

Der Behandlung Krebskranker mit Zellgiften liegt die gleiche monokausale, lokalpathologische Denkweise zugrunde wie der Chirurgie und Radiologie: „Gelingt die Beseitigung der Geschwulst, so ist der Patient gesund." Ein Dogmenwandel ist in dieser Beziehung bis heute nicht eingetreten. Außerdem hat schon die Übernahme zytotoxischer Substanzen von der Medizin eine makabre Vorgeschichte. 1944 wurden solche Giftgase amerikanischer Herkunft, bestimmt für die Monte-Cassino-Front, im süditalienischen Hafen Bari ausgeladen. Infolge eines deutschen Luftangriffes auf eines der Transportschiffe mit hundert Tonnen Senfgas (Gelbkreuz, Stickstofflost, Mustard, Chlormethinum) kam es zu einer Katastrophe mit zahlreichen, teils sofort toten, teils unheilbar erkrankten Opfern. Sie wiesen alle schwerste Systemschädigungen und Immunschwächen, insbesondere letal verlaufende Agranulozytosen auf. Dies gab den ersten Anstoß, über die therapeutische Verwendung dieser Stoffe als Zellgifte bei Malignomen nachzudenken. Die Chemotherapie nahm ihren Ausgang demnach von kriminellen, menschenverachtenden Konzepten. Ein Rest dieser Inhumanität scheint all diesen Derivaten immer noch anzuhaften.

Die seit der Mitte des Jahrhunderts sich daraufhin entwickelnde chemotherapeutische bzw. zytotoxische Behandlung Krebskranker wurde zur jüngsten, aber auch problematischsten aller gegen die malignen Zellen gerichteten klinisch-onkologischen Techniken. Sie verfolgt die Absicht, diese Zellen möglichst vollzählig, nachhaltig und selektiv zu vernichten oder so zu schädigen, daß sie anderweitigen zusätzlichen Angriffen nicht mehr standzuhalten vermögen.

Das damit verbundene Risiko und bis heute nicht gelöste Problem ist die gleichzeitig verursachte Schädigung gesunder, lebenswichtiger Zellen und die Ausschaltung derer Funktion für unbestimmte, oft sehr lange Zeit. In besonderem Maße davon betroffen werden die an der Zellatmung maßgeblich beteiligte Zellwandmembran *(Seeger)* und die für die Zellteilung kompetente Kernsubstanz. Diese ist besonders empfindlich während bestimmter Phasen der Mitose. Es werden also nicht nur die schnellwachsenden Tumore geschädigt, sondern alle Zellverbände mit lebhaftem Eigenstoffwechsel und hoher Mitoserate, z. B. das Knochenmark, die Drüsen mit innerer und äußerer Sekretion, die Gonaden, die Haut und ihre Anhangsgebilde, der Herzmuskel. Darüber hinaus wird immer eine mehr oder weniger starke generelle, zelluläre und humorale Immunsuppression ausgelöst, erkennbar an Anämie, Granulozyten- und Lymphozytenmangel und Infektanfälligkeit.

Hinsichtlich ihrer zytostatischen Fähigkeit haben bestimmte Derivate folgender Wirkstoffgruppen Bedeutung erlangt, aus denen die Pharmaindustrie eine ständig wachsende Zahl von Präparaten hergestellt hat und immer noch weitere entwickelt:

Alkylantien, Alkaloide, Anthrazykline, Antibiotika, Antimetaboliten, Carbamide, Carbazine, Enzyme, Mitoxantrone, Schwermetallsalze.

Die Monotherapie mit einzelnen dieser Substanzen wurde, z.T. wegen ihrer Toxizität, weitgehend verlassen und findet nur noch in Fällen bestimmter Krebserkrankungen Anwendung. Vorwiegend bedient man sich heute der Kombination mehrerer Faktoren mit unterschiedlicher Angriffsweise als Polychemotherapie. Zwar reduziert man damit die Gefahren der früher hochdosiert gegebenen Einzelmittel, nimmt dafür aber die synergistische Multitoxizität der verabreichten Zellgifte in Kauf. Außer ihrer toxischen Allgemeinwirkung sind manche der verwendeten Substanzen sogar selbst karzinogen, sei es infolge direkter Zellkern- oder Zellmembranschädigung, sei es infolge systemischer Immunsuppression. Für die Alkylantien gibt *Schmähl* [34, 35], Institut für Toxikologie und Chemotherapie des Deutschen Krebsforschungszentrums in Heidelberg, an, daß schon die fünfmalige Gabe von Cyclophosphamid (eines der gebräuchlichsten Präparate dieser Gruppe ist Endoxan), in Abständen von 14 Tagen gegeben, Krebs zu erzeugen vermag, vorwiegend Hämangioendothelsarkom, Harnblasenkarzinom und Leukämie.

Die Chemotherapie der Geschwulsterkrankungen hat Jahrzehnte bis zu ihrer heutigen, um Differenzierung bemühten Anwendung gebraucht. Erst spät und allmählich begann man nach der „physiologisch richtigen", d.h. möglichst wirksamen und gleichzeitig nebenwirkungsarmen Substanz und Dosierung zu suchen und sich auf die zum Heilungsvorgang ebenso wichtige „Lebensqualität" zu besinnen. Laufende Verbesserungen der Chemotherapie werden nicht nur durch Steigerung der Selektivität und Verträglichkeit der einzelnen Wirkstoffe angestrebt, sondern auch durch ausgeklügelte Kombinationsvarianten als Polychemotherapie. Jede einschlägige Publikation, jeder Kongreß bringt neue Vorschläge dieser Art. *Burkert* [7] zählt in seiner Zusammenstellung für rund 30 Geschwulsterkrankungen etwa 150 Schemata mit je 2–4 zytotoxischen Bestandteilen auf, ohne daß auch nur eine einzige derselben als völlig gefahrlos für den Patienten bezeichnet werden kann. Welcher gewissenhafte Therapeut mag sich in diesem Irrgarten von Möglichkeiten und Risiken noch zurechtfinden? Die Folge ist, daß jedes Tumorzentrum, jede Klinik anders vorgeht und daß von einer einheitlichen Regel selbst bei bestimmten Tumorarten, -stadien und -verläufen vorerst keine Rede sein kann.

Im Bemühen um die verringerte Toxizität bei gleicher Wirksamkeit wurde, um ein Beispiel zu nennen, in den beiden vielfach verwendeten Modellen CMT (Cyclophosphamid–Methotrexat–Fluorouracil) und VAC (Vincristin–Adriblastin–Cyclophosphamid) neuerdings anstelle von C das

Alkylans Sterecyt, anstelle von V das Alkaloid Vindesin (Eldisine) und anstelle von A das Antibiotikum Farmorubicin bzw. Novadron empfohlen [15].

Chemotherapeutika finden vor allem dann Verwendung, wenn eine operative, radiologische oder hormonale Behandlung des vorliegenden Krebsgeschehens nicht oder nicht mehr möglich ist, gewissermaßen als „Ultima ratio", wie denn nach der Chemotherapie deshalb mit solcher Begeisterung gegriffen wurde, weil sie zu einem Zeitpunkt an die Seite von Stahl und Strahl getreten ist, da diese Disziplinen eingestandenermaßen die Grenzen ihrer Leistungsfähigkeit erreicht hatten. Zu den Anlässen ihres Einsatzes zählen ferner lebensbedrohliche therapieresistente Zustände wie tumorbedingte Obstruktionen der Atemwege, foudroyante Krankheitsverläufe und die gefürchtete Lymphangiosis carcinomatosa, wobei leider auch hier das „Ut aliquid fiat" zur Beruhigung des ärztlichen Gewissens dienen muß. Prä- und postoperativ behandeln manche Onkologen ihre Patienten, um die Metastasierung, das Rezidiv oder die Generalisierung des Leidens zu verhüten, wobei man eine Verzögerung dieser Komplikationen um wenige Wochen oder Monate statistisch stolz als „Erfolg" bucht, obwohl sich dies auf breiter Front überhaupt nicht als Lebensverlängerung, für viele Krankgebliebene aber als Leidensverlängerung auswirkt. Auf diese Selbsttäuschungen wird noch ausführlicher einzugehen sein. Man muß sich nämlich immer vor Augen halten, welch erschreckende Nebenwirkungen an psychischer und physischer Depression mit Schlaflosigkeit, Erbrechen, Amenorrhöe, Anämie, Haarausfall usw. von der Mehrzahl der so behandelten Patienten ertragen werden müssen. *Bonadonna* [4, 5] gibt sie mit 94% an.

Pharmaindustrie und Klinik bemühen sich selbstverständlich um die Dämpfung dieser Therapieschäden. Es gibt Ataraktika und Tranquillizer gegen die psychischen Symptome (Adumbran, Atosil, Neurocil usw.), Antiemetika gegen Übelkeit und Erbrechen (Paspertin, Pervetral, Vomex A usw.). Man versucht, die Wirkung der Zytostatika durch bestimmte Adjuvantien, z.B. Nitroimidazole, zu steigern, ohne gleichzeitig deren Toxizität zu erhöhen, man neutralisiert die Schleimhautschädigung in der Blase durch die mit dem Harn ausgeschiedenen Zellgifte mit Mesna, man gibt gleichzeitig mit Methotrexat das Folsäurepräparat Leucovorin, um der Anämie vorzubeugen (wodurch andererseits die beabsichtigte Zytostase im Malignombereich beeinträchtigt wird), man nützt die chronobiologisch bedingte Dämpfung des Vegetativums während der Nacht und gibt die toxischen Infusionen in den Stunden nach Mitternacht, um auf diese Weise die unangenehmen subjektiven Beschwerden zu verringern. Die Bemühungen um Verbesserungen innerhalb der Kombinationen wurden bereits erwähnt.

Die besten, nicht nur kurzfristigen, sondern in 70–80% die Fünfjahresgrenze überschreitenden Erfolge weist die Chemotherapie der akuten lymphatischen und myeloischen Leukämien (ALL und AML) des Kindesalters auf, bedingt auch die des embryonalen Rhabdomyosarkoms und des juvenilen Neuroblastoms. Dies erklärt sich damit, daß die im 1. und 2. Jahrsiebt zur maximalen Aktivität heranreifende Thymusdrüse den jugendlichen Organismus zur Toleranz und Überwindung der hier besonders hohen Chemotherapiebelastung wesentlich besser befähigt als es beim Erwachsenen der Fall ist. Nach der Pubertät sinken die Erfolgsquoten bei ALL auf 30–40%, bei AML auf 10–25% [36]. Auch durch Hinzunahme neuerer Adjuvantien wie Interferon, Knochenmarkstransplantation, genetische Lymphozytenaktivierung usw. konnten diese Ergebnisse bisher nicht nennenswert verbessert werden. Eine zusätzliche Beeinträchtigung derselben bedingt der Umstand, daß Langzeitstudien nicht unerhebliche Zahlen von Rezidiven oder Zweittumoren aufweisen (*Gutjahr*, Mainz), die von den Erfolgsstatistiken der Kliniken meist gar nicht erfaßt werden. *Li* und Mitarbeiter [24] berichten: „Noch nach drei Jahrzehnten sind in der Kindheit wegen Krebs behandelte Patienten durch Zweitmalignome gefährdet. Meist handelt es sich um Sarkome, Schilddrüsen- und Mammakarzinome, die häufig in früher bestrahlten Regionen auftreten. Das Risiko eines Zweitmalignoms ist bei kombinierter Radio-Chemotherapie am größten."

Ein spektakulärer Aktivposten für die generelle Leistungsfähigkeit der Chemotherapie resultiert auch aus diesen Zahlen leider nicht, so erfreulich jeder einzelne Erfolg im individuellen Krankheitsfall, besonders bei Kindern, auch sein mag. Die malignen Leukosen machen laut „Krebsatlas" im Mittel nur 2,5% der gesamten Tumormorbidität aus. Nehmen wir als Optimum für die Hälfte dieser Zahl einen im wesentlichen der Chemotherapie zukommenden Behandlungserfolg an, so resultiert eine statistisch kaum in Erscheinung tretende Quote.

Patienten mit chronisch verlaufenden Leukämien lassen sich in vielen Fällen auch ohne Chemotherapie, erfahrungsgemäß sogar nur unter „alternativer" Behandlung über Jahre und Jahrzehnte bei befriedigendem Befinden am Leben halten. Bei manchen systemischen Malignomen werden überhaupt große Unterschiede hinsichtlich ihrer Verlaufsform beobachtet. Aus diesem Grund bedürfen z. B. das Plasmozytom und die Paraproteinämien nicht immer einer Chemotherapie oder sonstigen Intensivbehandlung.

Zu den bedingt auf Chemotherapie ansprechenden Geschwulstarten des Erwachsenen zählt das Mammakarzinom. Hierüber liegen zahlenmäßig wohl die meisten Erfahrungen und Veröffentlichungen vor, von denen hier nur wenige berücksichtigt werden können [5, 15, 19, 21, 23]. Auch hier überwiegen die Warnungen vor schematischem Einsatz und übertriebenen Erwartungen. Von kompetenter Seite wird immer wieder darauf hingewiesen, daß vor dem Einsatz der Zytostatika alle klassischen, also operativen und radiologischen, hier vor allem auch die hormonalen Behandlungsmöglichkeiten korrekt durchgeführt und ausgeschöpft sein müssen. Für Chemotherapie vorzugsweise geeignet gelten die jüngeren, präklimakterischen Patientinnen, während man im postklimakterischen Alter, insbesondere bei nachgewiesenen Rezeptoren, die Antihormone (Tamoxifen, Androsteron), sei es mit, sei es ohne adjuvante Chemotherapie, bevorzugt. Auch hierüber bestehen keine einheitlichen Auffassungen unter den Gynäkologen. Die Ganzheitstherapie kann selbst in fortgeschrittenen Fällen dieser Art noch hilfreich sein, solange die Patientin in ihrem Repairvermögen nicht total geschädigt ist.

Die meisten soliden Geschwülste und deren Metastasen sprechen auf Zytostatika überhaupt nicht oder nur ungenügend an, etwa die Ösophagus-, Magen- und Darmkarzinome, das (primäre) Leber- und Pankreaskarzinom, das Bronchialkarzinom (mit Ausnahme des kleinzelligen), das Blasenkarzinom und die (primären) Hirntumore. Adjuvante Chemotherapie ist angebracht bei malignen Lymphomen einschließlich M. Hodgkin und Non-Hodgkin I bis IV, beim Retinoblastom, Wilms-Tumor, Burkitt-Lymphom, Ewing-Sarkom, Hoden- und Ovarialkarzinom sowie Chorionepitheliom, soweit in den letzteren Fällen nicht die Hormontherapie zu bevorzugen ist. Bei all diesen Geschwulstformen sind die Dauerheilungen in der Minderzahl, Lebensverlängerungen bis zu 10 Jahren aber keine Seltenheit, besonders bei Hinzunahme immunmodulierender Ganzheitstherapie. 10–15% aller nur mit Chemotherapeutika (und Strahlen) zunächst erfolgreich behandelter Hodgkin-Patienten erkranken 5–15 Jahre später an Leukämie [11].

Erwähnenswert ist noch die im Versuchsstadium steckende, bisher erst an wenigen Kliniken (Essen, Erlangen, Hannover, München) zur Anwendung kommende Variante der Chemotherapie als Perfusion. Dabei wird das systemische Risiko vermindert und die lokale Wirkung verstärkt. Es eignen sich hierfür vorerst nur Tumore der Extremitäten und der Leber. Gelegentlich kombinierte man dieses Verfahren mit Überwärmung des extrakorporal kreisenden Blutes. Die bisher damit erzielten Erfolge gehen über Einzelfälle nicht hinaus. Einem Einsatz des Verfahrens auf breiterer Front stehen sowohl die aufwendige Technik als auch der schmale Indikationsbereich im Weg. Ob das von der Ganzkörperhyperthermie abgeleitete Prinzip auf isoliertes Blut übertragen werden kann, erscheint fraglich.

Insgesamt und unter Berücksichtigung aller damit erreichten Erfolge und Mißerfolge hat die Chemotherapie die in sie gesetzten Hoffnungen *nicht* erfüllt. Die anfängliche Begeisterung wich einer zunehmenden Skepsis und Kritik.

Bereits 1974 hatte *Kienle*, Gemeinnütziges Gemeinschaftskrankenhaus Herdecke/Ruhr, in seinem Buch „Arzneimittelsicherheit und Gesellschaft" eine kurz zuvor von *Brunner*, Mitglied der „Schweizer Arbeitsgruppe für Klinische Krebsforschung" in St. Gallen, durchgeführte multizentrische und randomisierte Studie über Endoxan zitiert. Sie hatte strikt den von der Internationalen Kontrollstelle für Arzneimittel in der Schweiz (IKS) aufgestellten Forderungen entsprochen. Es zeigte sich, daß nach einer Beobachtungszeit von 3 Jahren ab Versuchsbeginn von den Patienten der Endoxan-Gruppe 47,3%, von den chemotherapiefrei gebliebenen Patienten 26,1% verstorben waren. Nach 4 Jahren stiegen diese Zahlen auf 61% gegenüber 41% mit Rezidiven und 54% gegenüber 31% Todesfällen. Der hier zutage getretene Malus der Chemotherapie hinderte Kliniker und Pharmahersteller nicht, diesen Weg wie hypnotisiert weiterzuverfolgen und die Mehrzahl der auf diese Weise Behandelten gefährlichen Nebenwirkungen auszusetzen, ohne eine angemessene Erfolgsquote anbieten zu können.

1983 erwiesen Studien zweier kompetenter Onkologen der erwähnten Schweizer Arbeitsgruppe *Sauter* [30] und *Cavalli* [8] die Chemotherapie als „nutzlos und überflüssig", also nur schädlich für die Patienten. Ihre zusammenfassende Feststellung lautet: „Vier bzw. sechs Jahre nach Behandlung Krebskranker mit den Kombinationen LMT bzw. CMF über 6–24 Monate ergaben keine erkennbaren Unterschiede hinsichtlich Überlebenszeit und Rezidivfreiheit gegenüber Unbehandelten."

1986 wurde eine 1978 begonnene prospektive, multizentrische und randomisierte Studie abgeschlossen, an der sich Tumorabteilungen mehrerer Kliniken und Krankenhäuser beteiligt hatten, u.a. in Bad Sooden-Allendorf, Gauting, Bad Homburg, Augsburg-Zusmarshausen. Es wurden wahllos insgesamt 400 Krebskranke in fortgeschrittenen Stadien, darunter 200 mit kleinzelligem, inoperablem Bronchial-Ca, gruppenweise behandelt

a) mit einer Kombination von Polyerga, einem Mistelpräparat und BVK-Roche,
b) mit Zytostatika,
c) mit Placebo oder anderweitigen Alternativmethoden.

Nach 7 Jahren ergab sich bei den Patienten der Gruppe a mit 12,5 Monaten eine Verdoppelung der Überlebenszeit gegenüber den Probanden der Gruppen b und c in ihrer Gesamtheit. *Dold*, als Leiter des Zentralkrankenhauses in Gauting einer der Teilnehmer an der Studie, äußerte sich dazu: „Wir haben im Eifer, den Krebs auf jede nur mögliche Weise totzuschlagen, übersehen, daß die Patienten oft mehr unter der Therapie als unter ihrem Krebs leiden." (Medical Tribune 48/1986).

Der Berliner Röntgenologe *Schlitter* [31] schrieb 1986 in einer chemotherapiebezüglichen Arbeit: „Weil alle Krebskrankheiten auf einer präkanzerösen chronischen Immuninsuffizienz und vegetativen Regulationsstarre beruhen, können immunsuppressiv wirkende Pharmaka im Prinzip keine Krebsheilmittel sein. Die damit gesetzten Reize können die den Geschwulstkrankheiten zugrundeliegenden Fehlfunktionen nicht ausgleichen, sondern nur verstärken. Die damit verbundenen Therapieschäden sind unvermeidlich und irreparabel. Jahrelange Erfahrungen mit Chemotherapie beweisen diesen zwangsläufigen Sachverhalt."

Ebenso eindeutig negativ lautet das Resümee einer anhand von hunderten klinischer Studien und Statistiken erarbeiteten Synopse von *Ulrich Abel* [2, 3], Biometriker am Institut für Epidemiologie und Biometrie des Krebsforschungszentrums in Heidelberg, in Kooperation mit dem Tumorzentrum Heidelberg-Mannheim. Die 1989 erschienene vorläufige Mitteilung trug den Titel „Verlängert die zytostatische Chemotherapie das Überleben von Patienten mit fortgeschrittenen epithelialen Tumoren?". Zu diesen zählen fast alle Malignome der Lokalisationen Luftröhre, Bronchien, Ösophagus, Magen, Darm, Leber, Pankreas, Gallenblase, Harnblase, Ovar, Uterus, Prostata, Brustdrüse sowie die meisten Tumore des Kopf- und Halsbereiches. Es sind dies die Geschwulstarten, auf die rund 80% der Krebstodesfälle in den westlichen Industrieländern zurückzuführen sind. *Abel* nennt seine Arbeit „Eine kritische Bestandsaufnahme". Sie enthält nach seinen eigenen Worten „eine umfassende Analyse der Publikationen, der laufenden Studien sowie persönlicher, als Antworten auf Rundschreiben eingegangener Äußerungen klinischer Onkologen".

Ihrer Wichtigkeit wegen seien dem Vorwort und der Zusammenfassung dieser ersten Publikation folgende Passagen entnommen:

„Es gibt, abgesehen vom Bronchialkarzinom (vor allem dem kleinzelligen), keine direkte Evidenz dafür, daß Chemotherapie ... das Überleben verlängert. Die verfügbare indirekte Evidenz spricht (mit Ausnahme des Ovarialkarzinoms) insgesamt eher gegen eine solche Wirkung. Diese Bilanz steht im Widerspruch zu den publizierten Einschätzungen der Chemotherapie, die nicht selten ein überoptimistisches Bild von den Wirkungen der Therapie zeichnen." –

„In der überwältigenden Mehrzahl der Publikationen wird die Wirkung der Chemotherapie mit Response gleichgesetzt, ohne Ansehen der Wirkung auf die Überlebenszeit. Viele Onkologen halten es für selbstverständlich, daß Response auf Therapie das Leben verlängert, eine Auffassung, die auf einem Fehlschluß beruht und durch kontrollierte Studien nicht gestützt wird."

„Bis heute ist unklar, ob die behandelten Patienten in ihrer Gesamtheit hinsichtlich der Lebensqualität von der Chemotherapie profitieren. ... Wenn eine nebenwirkungsreiche Krebsbehandlung die Überlebenszeit nicht verlängert, so haben die Therapeuten sogar die Bringschuld, nachzuweisen, daß sie die Lebensqualität verbessert."

„Die gemeinhin verbreiteten Erfolgsmeldungen sind, was die epithelialen Krebse betrifft, zumindest irreführend."

„Nachdenklich muß stimmen, wenn Umfragen ergeben, daß viele Onkologen bei sich selbst eine zytostatische Therapie nicht vornehmen lassen würden."

Die *Abel*sche Arbeit stellt ferner fest, „daß der Glaube an die Wirksamkeit der Chemotherapie dogmatisch festgeschrieben wird, indem nämlich Vorschläge für ganze Klassen innovativer Studienkonzepte von vornherein chancenlos sind, weil man glaubt, den Patienten die vermeintlich effektivere Therapie nicht vorenthalten zu können".

„So niederschmetternd das Ergebnis dieser Arbeit auch sein mag: Es ist das eindeutige Resultat des Unterfangens, das relevante Schrifttum möglichst vorurteilsfrei und umfassend auszuwerten."

„Einstweilen erscheint in dieser von Erfolglosigkeit geprägten Situation die derzeitige starke Konzentration der Studienkapazitäten auf die Chemotherapie schwerlich gerechtfertigt. ... Ein Umdenken in Krebstherapie und Krebsforschung erscheint nicht nur aus wissenschaftlichen Gründen, sondern vor allem im Interesse der Patienten dringend erforderlich."

Es konnte nicht ausbleiben, daß diese „ketzerische" Studie des „Nicht-Klinikers" *Abel* bei seinen orthodoxen Kollegen Anstoß erregte.

Hossfeld und *Pfleiderer* [17] nahmen als Vertreter der Arbeitsgemeinschaften Internistischer Onkologen und Gynäkologischer Onkologen der Deutschen Krebsgesellschaft kritisch dazu Stellung, ohne die vorgebrachten Argumente jedoch restlos widerlegen zu können. Insbesondere wird einmal mehr jede Effizienz alternativer Behandlung bestritten, auf die *Abel* mehrfach hinweist. Die Kritiker geben jedoch zu, daß man sich von neueren Therapieformen, immunkompetenten Biological Response Modifiers u.a. Fortschritte erwartet, mit anderen Worten, daß die Chemotherapie in ihrer heutigen Form nicht befriedigt.

Die wissenschaftlich uneinheitliche Beurteilung der Zytostatika und das Problem Lebensqualität – Lebensverlängerung machen jeden Einsatz dieser Präparate zu einem Wagnis. In dieser Weise werden aber – wie schon von *Abel* erwähnt – weiterhin in vielen Kliniken durch die Pharmaindustrie geförderte langzeitige Behandlungsserien durchgeführt und diese sogar dann noch fortgesetzt, wenn die chemotherapeutisch behandelten Patientenkollektive gegenüber den zytostatikafrei gebliebenen Patientenkollektiven ungünstiger abzuschneiden beginnen. Aber wie schnell ist die Lehrmedizin mit dem Vorwurf des „gewissenlosen Experimentierens" dann auf dem Plan, wenn es um den Einsatz längst bewährter, nichttoxischer und risikofreier Alternativmethoden geht!

Zur ethischen Berechtigung klinisch-therapeutischer Studien bei chronischen Erkrankungen hat sich *Füllgraff*, vormals Präsident des Bundesgesundheitsamtes, gelegentlich einer Diskussion wie folgt geäußert (zitiert bei *Kaufmann* [22]): „Selbst der kleinste Wirksamkeitsunterschied kann schließlich statistisch signifikant gemacht werden mit genügend Ausdauer, genügend Geld und riesigen Patientenkollektiven. Doch was bedeutet das? Es resultiert daraus die unkontrollierte Verschreibung eines Mittels an Scharen von Patienten, von denen bestenfalls wenige profitieren, alle aber dem Risiko unerwünschter Nebenwirkungen ausgesetzt werden." Diese Bemerkung bezieht sich zwar auf Studien präventiver Art, läßt sich aber explicite auf die onkologische Therapie anwenden. Denn beim Einsatz von Zytostatika sind unerwünschte Nebenwirkungen nicht nur ein „Risiko", sondern die konzeptbedingten, einkalkulierten und unvermeidlichen Begleiterscheinungen dieser Behandlungsmethode.

Auf dem 15. Internationalen Krebskongreß 1990 in Hamburg bezogen sich viele der über 200 Referate auf die Problematik der Chemotherapie. Aufrüttelnder und revolutionärer Höhepunkt war auch bei dieser Gelegenheit der Vortrag von *Abel*. Im übrigen gab es keine grundsätzlich neuen Erkenntnisse oder Erfahrungen. Teilweise verhandelte man über Fortentwicklungen bisher bekannter Präparate mit veränderter Halbwertzeit oder verringerter Toxizität, z.B. bei Ifosfamid (Holoxan), teilweise über die allenfalls für den krebsbehandelnden Praktiker wichtige Möglichkeit subkutaner und ambulanter Anwendung, auch als Langzeitinfusion. Die Zahl der bekannten Zytostatika wurde um einige Namen vermehrt, etwa durch das vorzugsweise in Italien erprobte Indazol-Derivat Lonidamin. Hinsichtlich der Kombinationen hörte man von Bemühungen um verbesserte Anpassung an die Chronobiologie und den Mitosezyklus der Tumorzelle im Sinne des schon lange bekannten „Timings“, wozu neuerdings sogar Supercomputer Verwendung finden. Aus dem Rahmen der Aggressivtherapie fielen Behandlungsversuche in Richtung Immunologie, Hyperthermie, Thermo-Chemotherapie und Thermo-Strahlentherapie. Ebenfalls noch in der Entwicklung befinden sich Verfahren der Implantation von immunologisch aktivierten Zellen oder Proteinen, insbesondere von genetisch potenzierten körpereigenen Stammzellen oder Lymphozyten, auch dies zum Teil in der Absicht, die Möglichkeiten der Chemotherapie zu erweitern, ihre Risiken zu verringern, ihre Nebenwirkungen zu mildern oder sie eines Tages ganz entbehrlich zu machen.

Das Fazit seiner Recherchen faßte *Abel* wiederum als „niederschmetternd“ zusammen, und es wurde ihm von den Kongreßteilnehmern diesmal nicht widersprochen. Selbst *Hossfeld*, der den ersten Aussagen von *Abel* noch ablehnend gegenübergestanden hatte, räumte jetzt ein, daß Chemotherapeutika nicht nur zu oft, sondern auch falsch und ohne die erforderliche Sachkunde angewandt worden seien. Mehrere weitere Experten wie *Maass* (Hamburg), *Kornhuber* (Frankfurt) und *Nagel* (Freiburg) verwiesen auf die sich allmählich vollziehende Umorientierung, nach der die Lebensqualität eines Patienten Vorrang vor der Lebensverlängerung habe. *Pfleiderer* (Freiburg) gestand ein: „Die Problematik der Chemotherapie ist die, daß wir keine andere Therapie haben.“ *Schmähl* (Heidelberg) gab den Feststellungen von *Abel* recht mit den Worten: „Bei 80% der bösartigen Tumore ist die Chemotherapie nutzlos.“ (Mitteilungen der „Gesellschaft für Biologische Krebsabwehr“ (GfBK) 28/1990). *Hossfeld* faßte den chemotherapierelevanten Teil des Kongresses folgendermaßen zusammen: „In den letzten 20 Jahren habe ich nicht nur den Segen, sondern auch mehr und mehr die Grenzen dieser Behandlungsart erfahren. Im nachhinein muß man feststellen, daß die Möglichkeiten der Chemotherapie überschätzt worden sind. Die Einsicht in die Grenzen dieser Therapie ist noch immer nicht so verbreitet, wie es sein müßte. Das Konzept unserer klinischen Studien war jahrelang falsch. Der Effekt der Therapie steht in keinem Verhältnis zu den Nebenwirkungen, die wir den Patienten zufügen. Das Leid der so behandelten Menschen ist unzureichend bedacht worden." (Der Spiegel 35/1990 „Viel Forschung, wenig Fortschritt").

Auf die Herausgabe der *Abel*schen Studie in ihrer endgültigen Fassung und Vollständigkeit 1990 im Hippokrates Verlag [3] sei besonders hingewiesen.

In Anbetracht einer immer offenbarer werdenden Stagnation und Insuffizienz aller krebstherapeutischen Bemühungen der Schulmedizin – nicht nur im Bereich der Zytostatika – mutete es grotesk an, daß *Jungi* [20], Medizinische Klinik C im Kantonspital St. Gallen, ausgerechnet während des Hamburger Kongresses summarisch gegen die Alternativmethoden zu Felde zog. Seine Ausführungen bewiesen einmal mehr den Mangel an eigener Erfahrung mit den von ihm verrissenen Methoden und Medikamenten, wenn er beispielsweise die Misteltherapie als eine „Frage der Dosierung" und ihre klinische Wirkung als „nicht bewiesen" bezeichnet. Solchen Kritikern kann nur die ernsthafte Beschäftigung mit dieser Richtung und ihrer reichhaltigen Literatur dringend empfohlen werden, bevor sie mit „fragwürdig", „unwissenschaftlich", „paramedizinisch" und anderen disqualifizierenden Prädikaten um sich werfen.

Dies ist nun auch in unserer Betrachtung der Punkt, um auf das Verhältnis der Chemotherapie zur Ganzheitsmedizin einzugehen. Allerdings muß dabei schon vom Konzept her eine totale Diskrepanz festgestellt werden. Denn es erinnert an einen Hochseilakt, das allein schicksalentscheidende körpereigene Ordnungs- und Repairvermögen mit der systemischen Untergrabung und Vernichtung eben dieser Fähigkeiten durch die Chemotherapie unter einen Hut bringen zu wollen (siehe oben bei *Schlitter*). Obwohl es zwischen diesen beiden Richtungen also keine Alternative zu geben scheint, fehlte es nicht an Versuchen, mit Vorsicht das eine zu tun und das andere nicht zu lassen. Den therapeutischen Erfolg entscheidet in diesem Fall nicht nur die Resistenz des Tumors, sondern auch die des Organismus gegen die chemische Keule. In dem Maß, in dem der angerichtete Schaden überwiegt, wird der Nutzen der Ganzheitstherapie in Frage gestellt. Gegebenenfalls kommt deshalb nur der zeitlich getrennte, alternierende Einsatz beider Behandlungsformen in Betracht, mit angemessener Erholungszeit des Organismus nach den toxischen Durchgängen. Bei gleichzeitiger Anwendung braucht man sich über die Erfolglosigkeit der alternativen Maßnahmen nicht zu wundern.

Erfahrungsgemäß werden mit den supportiven Methoden des psycho-neuro-vegetativen Ausgleiches, der konstitutionellen Umstimmung, der Beseitigung mesenchymaler Blockaden, der optimierten Zellatmung, der (vorwiegend ernährungsbedingten) Wiederherstellung des individuellen Säure-Basen-Verhältnisses, der zytoplasmatischen Substitution, der Symbioselenkung und all den anderen Möglichkeiten psychosomatischer Behandlung, die der Lehrmedizin nicht zur Verfügung stehen, erst die eigentlichen Grundlagen zur körpereigenen Überwindung der Krebskrankheit gelegt.

Aus dieser Fülle von Methoden und Medikamenten ragt seit 1920 als einer der bewährtesten ganzheitlich wirksamen Modulatoren die Mistel in ihrer von *Rudolf Steiner* angegebenen Zubereitung heraus. Es liegen hierüber unzählige beweiskräftige Einzel- und Kollektiverfahrungen vor, auf die hier nur generell hingewiesen werden kann. Von besonderer Bedeutung ist jedoch eine neuere, multizentrisch und prospektiv angelegte Langzeitstudie von *Gutsch* und Mitarbeitern [13]. Sie entstand aufgrund der Krankheitsverläufe von 692 Patientinnen mit Mammakarzinom der Klassifikation T_{1-3} N_{0-3} M_0 postoperativ eingeteilt in randomisierte Gruppen

a) mit Polychemotherapie behandelt,
b) mit einem Mistelpräparat behandelt,
c) unbehandelt verblieben.

Nach fünfjähriger Beobachtungszeit ergab sich im Schnitt eine Überlebensquote von 65% aller Patientinnen, wobei *keine* Überlegenheit der Chemotherapiewirkung gegenüber dem Effekt der Mistelbehandlung erkennbar war. Daß bei letzterer die subjektiven und objektiven Schäden der Zellgifte entfielen, durfte als besonderer Gewinn gebucht werden. Die Vorteile der Misteltherapie manifestierten sich außerdem eindeutig bei der Langzeitbehandlung der N_{0-3}-Gruppe hinsichtlich der Lebenserwartung. Diese schnitt unter den chemotherapiebehandelten Frauen sogar *etwas schlechter* ab als die Gruppe der *ohne jede Therapie* verbliebenen.

Solche Resultate sollten den Anhängern der radikalen und einseitig lokalpathologischen Richtung doch zu denken geben, zumal zahlreiche ähnlich instruktive Verläufe des Mammakarzinoms mit überwiegend günstigen Ergebnissen der Misteltherapie seit langem vorliegen, so von *Guenczler, Hoffmann, Kriele, Leroi, Müller-Färber, Salzer, Wrba* u. a. (Literaturangabe beim Verfasser).

Daß sich auch orthodoxe Kliniker der ganzheitsmedizinisch-biologischen Auffassung des Krebsgeschehens in Ergänzung ihrer konventionellen Methoden aufzuschließen beginnen, dafür sei als Vertreter mancher seiner nachdenklich gewordenen Kollegen hier Prof. *Schuppli*, Leiter der Medizinischen Klinik in Basel, genannt. Er verabreicht seinen Krebspatienten schon seit Jahren systematisch Mistelpräparate, offenbar überzeugt von deren adjuvant- und komplementär-therapeutischer Wirkung.

Ebenfalls von Bedeutung und für die künftige Forschung wegweisend ist die Verbindung der Chemotherapie mit den systemisch wirksamen immunstimulierenden Therapieformen, soweit sich diese – wie oben erwähnt – nicht gegenseitig paralysieren . Hierbei haben vor allem die (passive) Hyperthermie und die (aktive) Hyperpyrese als Ganzheits- oder auch Lokalanwendung ihren bereits bekannten Stellenwert als adjuvante Krebstherapeutika erwiesen. Weltweit bekannt, wenngleich in der westlichen Welt noch vorwiegend ignoriert, wurde die durch Prof. *von Ardenne* (Dresden) seit 20 Jahren entwickelte und verbesserte Krebs-Mehrschritt-Therapie (KMT), bestehend aus genereller Hyperthermie, endogen ausgelöster Hyperpyrese, Hyperazidose und Hyperoxie. In dieses Programm wird von Fall zu Fall niedrigdosierte Chemotherapie eingebaut, die an den labilisierten Krebszellen umso stärker anzugreifen vermag. Die in mehreren Kliniken des ehemaligen Ostblocks damit erzielten Therapieerfolge sind teilweise beachtlich, doch läßt sich der daran beteiligte Anteil der chemotherapeutischen Komponente schwer beurteilen, solange keine größeren Reihen vergleichbarer Studien vorliegen.

Über den rein medizinisch-rationalen und medizinisch-ethischen Aspekt hinaus läßt sich das Chemotherapieproblem noch aus geisteswissenschaftlicher Sicht betrachten. Es offenbart sich dabei in noch vielgestaltigerer und eindringlicherer Weise der nicht nur den Körperleib, sondern auch den metaphysischen Äther- und Astralleib des Menschen belastende Gebrauch solcher Gifte. In der nach anthroposophischen Gesichtspunkten erweiterten Heilkunde ist es nämlich weder für den Kranken noch für den Behandler gleichgültig, *wie* eine Heilung zustandekommt. Nur die Wiedergewinnung der Harmonie innerhalb der hierarchisch gegliederten dreifachen Wesenheit des Menschen gewährleistet echte Heilung. Wer sich mit Maßnahmen und Wirkungen auf der untersten, physischen Ebene begnügt, wie es die Lehrmedizin allgemein und speziell beim Krebsgeschehen zu tun pflegt, beseitigt Symptome, „heilt“ aber nicht.

Alle bisherigen chemotherapiebezüglichen Ausführungen werden auf geisteswissenschaftlicher Basis bestätigt und logistisch hervorragend ergänzt durch eine Studie von *Hoffmann* [16], Leiter der anthroposophisch-onkologischen Lukas-Klinik in Arlesheim (Schweiz). Sie enthält Gedanken und

Wegweisungen, die sich weit über die dogmatisch erstarrte, rational und linear ausgerichtete Medizin erheben und den Menschen als ganzheitliches, ebenso kosmisch wie irdisch gebundenes Wesen wieder in die Mitte des ärztlichen Aufgabenkreises stellen.

Schlußfolgerung

Unter Berücksichtigung aller vorliegenden Tatsachen, Erfahrungen und Eingeständnisse muß festgestellt werden, daß die Chemotherapie nicht den großen Durchbruch zur Lösung des Krebsproblems gebracht hat. Schuld daran ist, daß sie – wie die beiden anderen onkologischen Disziplinen – zwar auf die krebskranke **Zelle,** nicht jedoch auf den krebskranken **Menschen** und seine Notwendigkeiten ausgerichtet ist. Ihre unbestreitbaren Erfolge in der Onkologie des Kindesalters, bedingt und palliativ, jedoch nicht lebensverlängernd bei einigen anderen Geschwulsterkrankungen, sind erfreulich, wenngleich teuer erkauft. Ihre Toxizität und die dem Kranken dadurch zusätzlich zum Krebsgeschehen zugefügten Schäden an Leib und Seele geben – trotz aller Bemühungen der Forscher und Firmen – einer Hoffnung auf baldige Besserung dieser Situation wenig Raum. Die mit der Chemotherapie verbundenen Gefahren berechtigen nicht zu der aus der Versuchstierpraxis übernommenen noch häufigeren und intensiveren Anwendung, nur um Erfahrung zu sammeln und vielleicht den einen oder anderen punktuellen Erfolg zu buchen. Am schwersten aber fällt wohl ins Gewicht, daß nach einem halben Jahrhundert weltweiten Aufwandes an Forschung, gefördert mit Milliardenbeträgen, eingestanden werden muß: Chemotherapie nützt nur wenigen, bei der Mehrzahl der Geschwulsterkrankungen ist sie vergeblich und vermag das Leben nicht zu verlängern.

Unter diesen Umständen scheint der Einsatz aller Kräfte für die Erforschung und Anwendung schadstofffreier, ganzheitlich positiv wirksamer Mittel und Methoden aussichtsreicher und nützlicher zu sein als die vorwiegend zum kommerziellen Selbstzweck gewordene Jagd nach noch wirksameren, noch toxischeren Präparaten und noch raffinierteren Kombinationen derselben. Eine laufend verbesserte genreparative und immunmodulierende Therapie sollte zum Segen der Patienten immer häufiger an die Stelle der Chemotherapie treten und diese eines Tages überflüssig machen. Diskrete, aber ignorierte Zeichen sprechen darüber hinaus für einen nach der Jahrtausendwende unabwendbar werdenden totalen Wandel in der Krebsmedizin.

Literatur

[1] *Abel, U.:* Über den Informationsgehalt von Krebsüberlebenskurven. Münchner Med. Wschr. 126, 1984.

[2] *Abel, U.:* Verlängert die zytostatische Therapie das Überleben von Patienten mit fortgeschrittenen epithelialen Tumoren? Eine kritische Würdigung der publizierten Studien. Verlag Tumorzentrum Heidelberg Mannheim 1989.

[3] *Abel, U.:* Die zytostatische Chemotherapie fortgeschrittener epithelialer Tumore – eine kritische Bestandsaufnahme. Hippokrates Verlag, Stuttgart 1989, ferner in: Deutsche Zeitschrift für Onkologie 22, 1990, 23, 1991.

[4] *Bonadonna, G.:* Longterm prognosis of cancer after local treatment example brest cancer. Ann. Plen. Meeting of the EORTC, 1978.

[5] *Bonadonna, G.; Valagussa, P.:* Chemotherapy of breast cancer. Current views and results. Int. Journ. Rad. Oncol. Phys. 9, 1983.

[6] *Brunner, K.W.:* Adjuvante Tumortherapie – Wann überwiegt der Nutzen? Der Internist 22, 1981.

[7] *Burkert, H.:* Therapie-Schemata bei malignen Tumoren. Asta Onkologika, Bielefeld-Brackwede.

[8] *Cavalli, F.:* Medical Tribune 37, 1983.

[9] *Dold, U.:* Möglichkeiten und Grenzen zytostatischer Krebstherapie. Vortrag auf der Krebstagung der Ges. d. Ärzte f. Erfahrungsheilkunde 1975 in Baden-Baden.

[10] *Drings, P.:* Erfolge der Chemotherapie bei Tumorkranken. In: Diagnostik und Therapie in der Onkologie. Hrsg. Landesärztekammer Hessen, Verlag Kirchheim, Mainz 1981.

[11] *Fonatsch, Ch.* et al.: Krebs ist nicht gleich Krebs. Medical Tribune 12, 1991.

[12] *Goldhirsch, A.:* Mamma-Ca operiert – keine Lebensverlängerung durch adjuvante Therapie. The Lancet 8389, 1984.

[13] *Gutsch, J.* et al.: Prospektive Studie beim radikal operierten Mammakarzinom mit Polychemotherapie, Helixor und unbehandelter Kontrolle. Deutsche Zschr. f. Onkologie 4, 1988.

[14] *Hager, E.D.* (Hrsg.): Biomodulation und Biotherapie des Krebses. Bd. 1, Verlag f. Med. Dr. Ewald Fischer, Heidelberg 1986.

[15] *Hilfrich, J.:* Systemische Therapie des Mammakarzinoms. Vortrag auf dem Symposium des Förderkreises Onkologie 1988 in Bielefeld.

[16] *Hoffmann, J.:* Zur Problematik der Chemotherapie in der Lukas-Klinik. Bericht über die Mitarbeitertagung des Vereins für Krebsforschung 1987 in Arlesheim (Schweiz).

[17] *Hossfeld, D.K.; Pfleiderer, A.:* Stellungnahme der Arbeitsgemeinschaft Internistische Onkologie und der Arbeitsgemeinschaft Gynäkologische Onkologie der Deutschen Krebsgesellschaft zu einem Entwurf von *U. Abel.* Mitteilung der Deutschen Krebsgesellschaft 3/1989.

[18] *Howell, A.* et al.: Controlled trial of adjuvant chemotherapy with Cyclophosphamide, Methotrexate and Fluorouracil for breast cancer. The Lancet 2, 1984.

[19] *Huhn, D.; Herrmann, R.:* Medikamentöse Therapie maligner Erkrankungen. 2. verbesserte Aufl. 1990.

[20] *Jungi, W. F.:* Alternativmethoden in der Krebstherapie. Ein Onkologe zieht Bilanz. Medical Tribune 11, 1991.

[21] *Kadach, U.* et al. (Hrsg.): Hormone, Antihormone, Zytostatika zur adjuvanten Therapie des Mammakarzinoms. Schriftenreihe Aktuelle Onkologie Bd. 27, W. Zuckschwerdt Verlag, München-Bern-Wien 1984.

[22] *Kaufmann, R.:* Ideologie und Rationalität in der Krebstherapie. Deutsche Zschr. f. Onkologie 6, 1988.
[23] *Kubli, F.* et al. (Hrsg.): Neue Wege in der Brustkrebsbehandlung. Schriftenreihe Aktuelle Onkologie Bd. 8, W. Zuckschwerdt Verlag, München-Bern-Wien 1984.
[24] *Li, F.P.* et al.: Meet. Am. Ass. for Cancer Research, Los Angeles 1986.
[25] *Moser, K.; Stacher, A.:* Chemotherapie maligner Erkrankungen. Deutscher Ärzteverlag, Köln 1986.
[26] *Oye, R.K.; Shapiro, M.F.:* Reporting results from chemotherapie trials – does response make a difference in patients survival? JAMA 252, 1984.
[27] *Salzer, G.; Denck, H.:* Randomisierte Studie über medikamentöse Rezidivprophylaxe mit 5-Fluorouracil und Iscador beim resezierten Magenkarzinom. Krebsgeschehen 11, 1976.
[28] *Sauer, H.:* Adjuvante cytostatische Chemotherapie bei malignen Erkrankungen. Bayerisches Ärzteblatt 2, 1980.
[29] *Sauer, H.; Wilmanns, W.:* Internistische Therapie maligner Erkrankungen. Klinik der Gegenwart Bd. V, 1979.
[30] *Sauter, Ch.:* Keine Lebensverlängerung nach Verabreichung der gebräuchlichen Chemotherapie (CMF). Schweizer Med. Wschr. 12, 1983.
[31] *Schlitter, H.E.:* Zur Biologie zytostatischer Chemotherapie maligner Geschwulstkrankheiten. Erfahrungsheilkunde 9, 1987.
[32] *Schmähl, D.:* Wert und Gefahr der Krebs-Chemotherapie. Deutsche Med. Wschr. 30, 1963.
[33] *Schmähl, D.:* Entstehung, Wachstum und Chemotherapie maligner Tumore. Editio Cantor Verlag, Aulendorf 1970.
[34] *Schmähl, D.:* Krebs durch Zytostatika – künftig vermeidbar? Medical Tribune 39, 1986.
[35] *Schmähl, D.; Osswald, H.:* Karzinogene Zytostatika. Arzneimittelforschung 20, 1970.
[36] *Schneider, W.:* Strategien der Leukämiebehandlung. Deutsches Ärzteblatt 13/32, 1989.
[37] *Senn, H.J.:* Indikationen und Erfolgsaussichten der Chemotherapie maligner Tumore. In: *Brunner, K.W.; Nagel, G.A.:* Internistische Krebstherapie. Springer-Verlag, Berlin-Heidelberg-New York-Tokyo, 1979 und 1985.
[38] *Wrba, H.* (Hrsg.): Kombinierte Tumortherapie. Grundlagen, Möglichkeiten und Grenzen adjuvanter Methoden. Hippokrates Verlag, Stuttgart 1990.

Klinische Physiologie der Projektionssymptome

Von *O. Bergsmann*

1. Projektionssymptome

Reflektorische Krankheitszeichen sind Projektionen von Erkrankungen innerer Organe und Organen des Stütz- und Bewegungsapparates in die Körperhüllen oder auch in die Muskulatur. Sie sind die ältesten realen Diagnosehilfen. Da die zugrundeliegende Reflektorik sich nicht im Einbahnsystem erschöpft, sondern ein Netzwerk darstellt, dessen äußerster Teil das Projektionssymptom ist, kann von ihm ausgehend durch reflektorische bzw. regulatorische Therapie das erkrankte Organ beeinflußt werden. Dies war schon den alten Heilern bekannt, und Einreibungen, Umschläge, Wickel, Massagen, aber auch moderne Therapieformen finden dadurch ihre Berechtigung.

Erst die Veröffentlichungen von *Head* und *Mackenzie* an der Wende vom 19. zum 20. Jahrhundert brachten weltweite Untersuchungen in Gang, die einerseits der Systematik der reflektorischen Krankheitszeichen und andererseits den physiologischen und pathologischen Grundlagen ihrer Entstehung galten. Am Ende steht das heutige System der Sensomotorik mit ihren multiplen und in der Praxis kaum mehr durchschaubaren Vernetzungen. Überflüssig zu sagen, daß die Forschung noch keineswegs abgeschlossen ist.

Reflektorische Krankheitszeichen – projektive Symptome – manifestieren sich als Funktionsänderungen in Kutis, Subkutis, Perfusion und im Bewegungssystem. Sie werden von allen pathologischen Prozessen und Funktionsstörungen ausgelöst.

Der Aufbau der Symptome erfolgt vorwiegend über die Bahnen und Schaltsysteme der Sensomotorik, wobei es häufig zur Entgleisung der Regelsysteme im Sinne einer positiven Rückkoppelung als Ursache für die pathologische Variation physiologischer Funktionsabläufe kommt. In der Projektionszone werden alle Funktionen geändert, wobei Plus- und Minus-Variation möglich ist. Welche der Variationen ausgebildet wird, hängt von der Qualität, Ausdehnung und Dauer des Prozesses ab, wobei die Faustregel gilt:

- plus = akut
- minus = chronisch

Regeln der Projektion

Für die Entstehung der Symptome gelten folgende Regeln:
Die *Lateralitätsregel* sagt, daß bei Erkrankung eines einseitig angelegten Organs bzw. bei einseitiger Erkrankung eines bilateral angelegten Organs die reflektorischen Krankheitszeichen an der Seite der Erkrankung auftreten.

Nach der *Segmentregel* erscheinen die Reflexsymptome immer primär in jenen Dermatomen und Myotomen, die vom gleichen *segmental-regulatorischen-Komplex* (srK) angespeist werden wie das gestörte Organ. Bei den inneren Organen handelt es sich dabei nur um Thorakalsegmente.

Regel der Sekundärzonen

Nach *Head* kann jedes Organ neben den Projektionszonen in Thorakalsegmenten auch sekundäre Zonen in den Zervikalsegmenten (Nacken, Schulter) und im Trigeminusbereich auslösen. Als Leitsystem für die Entstehung dieser Reaktionen geben *Hansen* und *Schliak* den Grenzstrang an, doch ist nach unseren Beobachtungen auch ein reflektorisches Geschehen über den N. phrenicus möglich. Auch das System der kinetischen Ketten, das später besprochen wird, kommt als Leitschiene in Frage.

Segmentüberschreitung

Die homolaterale, segmentüberschreitende Ausbreitung der Symptome ist abhängig von:

- der Aktivität des auslösenden Prozesses
- der Sensibilität des/der Patienten(in)
- zusätzlichen Belastungen

und kann im Sinne der Generalisation bis zur Halbseitensymptomatik aufgebaut werden (Halbseitenreflex nach *Knotz*).

Seitenkreuzung der Symptome ist ein Zeichen der Beteiligung des Achsenorgans, wobei die kontralaterale Symptomatik meist den sekundären Funktionsstörungen im Bereich der Wirbelsäule zugeordnet werden kann.

Muskuläre Spannungssymptome mit oder ohne Spannungsschmerz werden segmental-regulatorisch ausgelöst, folgen aber in ihrem Verlauf den kinetischen Ketten des Bewegungssystems, wobei sie mehrere Myotome erfassen und viele Dermatomgrenzen überschreiten können. Der muskuläre

Hypertonus verändert seinerseits durch Axonreflex wieder den Turgor der nächstgelegenen Kutis und Subkutis.

Die *Maximalpunkte* in den Reflexzonen sind Stellen erhöhter Sensibilität. Dort werden Berührungsreize verstärkt, unangenehmer oder einfach „anders“ empfunden als an der übrigen Haut. Stärkerer Druck wird dort ausgesprochen schmerzhaft empfunden. Werden sie stark gereizt, so kann referred pain an weit entfernten Stellen ausgelöst werden, die aber immer im Verlauf der kinetischen Kette liegen, welcher der gereizte Muskel angehört. Im Bereich der reflektorisch angesprochenen kinetischen Ketten sind ebenfalls Maximalpunkte, die myofaszialen Trigger der manuellen Medizin, feststellbar. Diese liegen für jeden Muskel an stereotypen Stellen, meist am Übergang zu Sehne oder Ansatz und/oder im Muskelbauch.

Aus diesen Beziehungen ergibt sich eine palpatorisch erfaßbare pathogenetische Kette, die von der Symptomatik zum reflektorisch angesprochenen Segment bzw. zu den in diesem Bereich liegenden Bewegungssegmenten des Achsenorgans führt. Die Kenntnis dieser Zusammenhänge verkürzt und erleichtert das diagnostische Procedere und gibt sichere Hinweise auf die optimale Lokalisation für jede Form der Reflextherapie.

Bei Reflexzonen, die unmittelbar von inneren Organen ausgelöst werden, dominieren die Veränderungen in Kutis und Subkutis, während die Reflektorik des Achsenorgans primär die Muskulatur erfaßt.

Symptome der Projektion

Für die tägliche Praxis und für das diagnostische Screening sind die drei vordergründig erfaßbaren Funktionen wichtig:

- die Sensitivität
- der Turgor der Haut
- der Tonus der Muskulatur

Die Hypersensitivität in der Reflexzone war für *Head* das Leitsymptom bei der Entdeckung der nach ihm benannten Zonen. Dabei verwendete er drei Reizqualitäten:

- Berührungsreiz mit einer stumpfen Nadel oder dem Kopf einer Stecknadel. Die Berührung wird in der „Zone“ schärfer oder unangenehmer empfunden.
- Kneifen. Wird in der „Zone“ eine Hautfalte abgehoben und etwas gedrückt, so wird dieses Kneifen unangenehmer empfunden als in der normalen Haut.

- Wärmereiz in Form eines durch warmes Wasser erwärmten Schwammes wird in der Zone unangenehmer empfunden als außerhalb.

Nach eigener Erfahrung sind subtile Sensitivitätsuntersuchungen in der täglichen Routine zu zeitintensiv und auch weitgehend vom IQ des Patienten bestimmt. Aber bei Untersuchung der zarten Bauchhaut kann die Kneifprobe in Verbindung mit der palpatorischen Hautfaltentechnik zusätzliche Informationen bringen.

Die Änderung des Turgors ist vordergründig die führende Reflexsymptomatik von Kutis und Subkutis und kann am besten und schnellsten palpatorisch erfaßt werden. Da gleichzeitig auch die Durchströmung der kutanen und subkutanen Endstrombahn verändert ist, können im Symptomgebiet auch großflächige oder umschriebene Veränderungen der Hauttemperatur (Konvektion und Strahlung) sowie Veränderungen von elektrischen Parametern (Potential, Widerstand und Feldstärke) gemessen werden.

Tonusänderungen der Muskulatur mit oder ohne Schmerz sind die Hauptsymptomatik im Bereich des Bewegungsapparates. Sie sind praktisch nur palpatorisch erfaßbar, denn bisher sind alle Versuche der objektiven Messung sowohl elektromyographisch wie auch mit Tonometern verschiedenen Typs gescheitert.

Dies vor allem wegen zu geringer Genauigkeit und umständlicher Manipulation einerseits und übertriebenem Zeitaufwand und extremer Störbarkeit andererseits. Die Palpation vermittelt demgegenüber zwar einen nichtdokumentierten Befund, der aber dem Geübten in kürzester Zeit und mit geringem Arbeitsaufwand einen Einblick in das reflektorische Geschehen erlaubt. Der Spannungsschmerz ist an den Grad der Verspannung gebunden, jedoch bestehen erhebliche interindividuelle Unterschiede bezüglich der Schmerzempfindung.

Die Projektionssymptomatik geht wesentlich weiter als hier gezeigt werden kann, sie erfaßt alle biochemischen und biophysikalischen Parameter und verändert vegetative und somatische Regulationen und Reflexvorgänge.

2. Das System der Sensomotorik

Der Starter aller Regelvorgänge ist das Grundsystem nach *Pischinger*, in der von *Heine* aktualisierten Form. In der täglichen Praxis stehen die durch das sensomotorische System produzierten Symptome im Vordergrund.

Die vertikale Vernetzung

Die vertikale Vernetzung des Gesamtnervensystems ist mit einigen Einschränkungen hierarchisch gegliedert. In pathogenetischer Hinsicht ist die schon beschriebene Bahnung zentroperipherer feedback-Mechanismen von Bedeutung, die *Bykow* und *Kurzin* zum Postulat einer „kortiko-viszeralen Pathologie“ veranlaßte. Die Autoren haben, ausgehend vom bedingten Reflex (*Pawlow)* und den anschließenden Arbeiten von *Speransky* und seinen Mitarbeitern, ein pathogenetisches System entwickelt, das weitgehende Bestätigung durch *Veil* und *Sturm* erhalten hat.

In der vertikalen Hierarchie sind fünf differenzierte Organisationsstufen erkennbar (*Monnier, Schifter*).

- Die *peripher-spinale Stufe* ist für die klinisch-praktische Medizin der unmittelbar faßbare Teil des Regelsystems. Meist liegen auch Entstehungsort und Erfolgsorgan im Bereich der peripheren Regelsysteme, die als *segmental-regulatorischer Komplex* zusammengefaßt werden können. Auf dieser Stufe entstehen die verschiedenen Reflexe und peripheren Regelvorgänge mit den komplexen Interaktionen zwischen den einzelnen Teilsystemen.

- *Die rhombospinale Organisation.* Im Hinblick auf das Thema dieses Referates wäre die Trennung von peripher-spinaler und rhombo-spinaler Organisation gewaltsam. Reize, welche die Peripherie treffen, werden im segmental-regulatorischen Komplex verarbeitet, gleichzeitig aber auch segmentüberschreitend geschaltet, so daß praktisch immer eine komplexe Symptomatik entsteht.

- Die *rhombo-mesenzephale Stufe.* Die Formatio reticularis kann als Leitsystem der rhombospinalen Organisationsstufe angesprochen werden. Da in ihr die multiplen neuro-vegetativen Regulationsvorgänge koordiniert und dem Bedarf der vitalen Funktionen unterstellt werden und sie andererseits Steuerorgan eben dieser Vitalfunktionen ist, obliegt ihr primär die Stabilisierung des internen Milieus (*Monnier*). Damit ist sie auch das Schaltsystem für psychovegetative Koordination, von deren Funktion weitgehend die Vigilanz abhängt. Die Gammamotorik wird hier mit vegetativen Funktionen abgestimmt. Letztlich entstehen hier die Rhythmen der Vitalfunktionen, so daß der Substantia reticularis auch hohe Bedeutung im Bereich der Chronobiologie und beim Ablauf von Adaptionsmechanismen zukommt.

- Die *encephalo-hypophysäre Organisation (Hypothalamus).* Hier werden vorwiegend die zur Erhaltung von Individuum und Art nötigen Verhaltensmuster getriggert. Aggression-Angst, sexuelle Appetenz, Trieb zur Nahrungssuche etc., beginnen hier. Dazu ist Kontrolle und Analyse des inneren und äußeren Milieus Voraussetzung. Die vertikale Vernetzung mit der rhombo-mesenzephalen Stufe stellt die Beziehung zu Vitalfunktionen her, während die Aufwärtsvernetzung die Modulation und Ausrichtung der Verhaltensmuster bedingt.
- *Paläokortikale Organisationsstufe (limbisches System).* Die hypothalamisch vorprogrammierten Verhaltensmuster werden hier auf das äußere Milieu abgestimmt und zu differenzierten Aktionen zusammengefaßt.
- *Neokortikale Organisationsstufe.* Hier kommt es zur Vernetzung der kritisch-intellektuellen Beurteilung der Umwelt mit den aus der Subkortex aufsteigenden Trieben, Stimmungen und Verhaltensmustern. Die Integration von Sinnesrezeption und Lokomotion ermöglicht gezielte Bewegungen. Aber auch Projektionszonen vegetativer Organe sind vorhanden, wodurch eine Modifikation des Bewußtseins durch vegetative Afferenzen erfolgt. Die psychischen Phänomene bei somatischen Krankheiten (Gereiztheit, Depression etc.) entstehen hier, und es soll in diesem Zusammenhang daran erinnert werden, daß es nicht nur psychosomatische, sondern auch somatopsychische Reaktionen gibt.

Diese kurze Darstellung der vertikalen Vernetzung, die klinisch praktisch kaum erfaßt werden kann, soll die Weiterverarbeitung des im folgenden dargestellten peripheren Regulationsgeschehens skizzieren. *Brügger* hat wiederholt darauf verwiesen, daß die peripheren Erscheinungen des von ihm dargestellten „nozizeptiv-somatomotorischen Blockierungseffektes" nur unter Beteiligung höherer Organisationsstufen entstehen können.

Periphere Organisation der Informationsverarbeitung

Der Axonreflex

Die peripherste Stufe der neuralen Informationsverarbeitung ist zweifellos der von *W. R. Hess* inaugurierte Axonreflex. Bei punktuellem Reiz geringer Qualität werden die peripheren Vasomotoren angesprochen. Deren Erregung wird über den Vasomotorenplexus zentripetal weitergeleitet, um bei der nächstliegenden Gefäßverzweigung wieder zentrifugal zu laufen. Dadurch erfassen streng lokalisierte Reizquanten relativ große Gefäßareale, ohne die segmentale Verschaltung im Rückenmark passieren zu müssen. Je nach Reizstärke und vasomotorischer Sensibilität variiert die Größe des gereizten Areals. Der Erfolg des Axonreflexes kann allerdings nicht gegen die Wirkung von Gewebsmediatoren differenziert werden.

Die Metamerie

Die physiologische Grundlage der Organprojektionen und vice versa der Reflextherapie ist die metamere Organisation des Organismus. Der Oberbegriff „Segment" umfaßt eine von einer Nervenwurzel versorgte Scheibe des Körpers, die ihrerseits wieder in Dermatom, Myotom, Sklerotom und Neurotom differenziert werden kann. Infolge von Verschiebungen während der embryonalen Entwicklung ist der ideale Scheibenaufbau verzerrt, und die Details der metameren Segmente sind gegeneinander verschoben. So werden z. B. die unteren Zervikalsegmente und die beiden oberen Thorakalsegmente bei der Extremitätensprossung streifenförmig ausgezogen. Aber auch im Rumpfbereich kommt es zur Verschiebung zwischen Haut und Muskulatur, wie der Vergleich der Thorakaldermatome mit der aus gleicher Wurzel versorgten Interkostalmuskulatur zeigt. Besonders deutlich ist die Verschiebung des aus C3–C5 versorgten Diaphragmas gegenüber den zu den gleichen Segmenten gehörenden Dermatomen und Muskeln, die sicher bei der Entwicklung der Schulter-Nackenprojektion der Abdominalorgane eine wesentliche Rolle spielt.

Den Rückenmarkssegmenten sind über die neuralen Formationen des sympathischen Grenzstranges auch alle inneren Organe sensorisch und effektorisch angeschlossen, und auch die zu den metameren Segmenten gehörenden Bindegewebsformationen, Drüsen, Gefäße etc. sind auf dem gleichen Weg integriert.

Der segmental-regulatorische Komplex (srk)

Die Rückenmarksegmente sind die peripherste Ebene der neuralregulatorischen Interaktion aller an das jeweilige Segment angeschlossenen Substrate. Diese segmental-regulatorische Verschaltung ermöglicht viszero-kutane, kuti-viszerale, viszero-muskuläre usw. Reflexe, die aber, wie schon dargestellt, systematisch vernetzt sind, so daß nicht mehr von Reflexen sensu strictori gesprochen werden kann. Bei klinisch-praktischer Tätigkeit und Forschung müssen auch die Einzelreflexe nicht differenziert werden, so daß mit bewußter Unschärfe vom segmental-regulatorischen Komplex (srk) gesprochen werden kann.

Dem srk gehören trotz räumlicher Absonderung auch die Formationen des sympathischen Grenzstranges und seiner Ganglien an, über dessen Fasern alle das Segment betreffenden vegetativen Signale laufen und sensorische und effektorische Informationen von und zu den inneren Organen vermittelt werden. Analoges gilt für die peripheren Schaltstellen des Parasympathikus.

Wegen der extremen präparatorischen Schwierigkeiten infolge der Plexusbildung und ontogenetisch bedingter Verlagerung dieser Plexus und der Ganglien sind die letzten Zusammenhänge noch ungeklärt, doch steht fest, daß viszero-sensorische Informationen über Grenzstrang-ramus communicans griseus-Hinterwurzel das Rückenmark erreichen, während viszeromotorische Efferenzen über Vorderwurzelramus communicans albus zu den Grenzstrangganglien geleitet werden, wo sie geschaltet und an die Viszera weitergegeben werden.

Die Afferenzen von Haut- und Bewegungsapparat erreichen über den gemischten Spinalnerv – das Spinalganglion – die Hinterwurzel, die motorischen Vorderhornzellen. Selbstverständlich werden die Informationen auch auf zentripetale Bahnen geschaltet. Von den motorischen Vorderhornzellen werden efferente Impulse über die Vorderwurzel – den gemischten Spinalnerv an die Muskulatur weitergegeben.

Besonderheit der segmental-regulatorischen Verschaltung

Die rezeptiven Felder

Die dentritische Endverzweigung der sensorischen Neurone bringt es mit sich, daß stets ein ganzes rezeptives Feld von einem Nerv sensorisch versorgt wird, wobei die Überschneidung dieser Felder zur Ausbildung besonders empfindlicher Areale führt. Nach *Melzack* sind mehrfache Überschneidungen der rezeptiven Felder vor allem an den Dermatomgrenzen festzustellen, und der Autor bringt dieses Phänomen mit der Topik der Akupunkturpunkte in Zusammenhang.

Sensorische Mehrfachversorgung der Dermatome

Sicher ist, daß die einzelnen Dermatome sensorisch mehrfach, mindestens aber aus 3 Rückenmarkssegmenten versorgt sind. Wie auch die exakten Grenzen der Dermatome noch nicht restlos geklärt und wahrscheinlich auch individuell variabel sind, so ist auch die neutrale Versorgung für viele Dermatome noch nicht geklärt. Der Vergleich der von verschiedenen Autoren angegebenen Grenzen läßt vermuten, daß in den einzelnen Schemata immer nur jene Grenzen exakt erarbeitet wurden, die dem speziellen Interesse des jeweiligen Autors entsprechen.

Das gate control system (Hinterhorn-Eingang-Kontrolle)

Die afferenten Signale erreichen das Hinterhorn über Fasern verschiedenen Kalibers und mit entsprechend verschiedener Leitfähigkeit. Dabei gilt die Regel, daß vegetative Afferenzen und Informationen, Temperatur und Berührung betreffend, über die dünnsten (C, A-Delta)Fasern mit geringster Leitgeschwindigkeit, und die Afferenzen aus dem Bewegungsapparat über die dicksten Kabeln (Alpha-Beta) das Hinterhorn erreichen. Nach *Melzack* und *Wall* nehmen alle afferenten Fasern dort Kontakt an den Hinterhorn-Transmissionszellen, geben aber vorher Kollateralen an Kontrollzellen in der Substantia gelatinosa ab. Diese Kontrollzelle koppelt präsynaptisch auf den Endabschnitt der afferenten Fasern zurück. Afferenzen aus dicken Fasern erregen die Kontrollzelle, wodurch die ankommenden Signale gedrosselt werden. Afferenzen aus dünnen Fasern hemmen die Kontrollzelle – der Erfolg ist ungefilterter Einstrom der Signale. Daraus resultiert ein Kontrollmechanismus für den Hinterhorneingang, denn Überwiegen von vegetativen – nozizeptiven – Temperatur- und Berührungs-Informationen enthemmt die Transmissionszellen. Alle Signale werden aufgenommen und an die verarbeitenden Systeme weitergeleitet, wobei auch der srk verstärkt angespeist wird. Hingegen werden bei Überwiegen von Afferenzen aus dem Bewegungssystem die Afferenzen vermindert weitergegeben und der Hinterhorneingang gedrosselt, so daß ein Teil der Signale ausgefiltert wird und die verarbeitenden Systeme so entlastet werden.

Im Hinblick auf das Problem der Projektionssymptome ist die Eingangskontrolle insofern bedeutungsvoll, als bei Erkrankung innerer Organe, aber auch bei Entzündungen oder Funktionsstörungen durch Überwiegen von vegetativen Informationen aus dünnen Fasern mit Öffnung des gates zu rechnen ist. Die Folge ist die Ausbildung der Projektionssymptome und ab einem individuell verschiedenen Grad das Entstehen von Schmerzsensationen.

Die Konvergenztheorie, nach der vegetative Afferenzen aus den Eingeweiden und Signale von somatischen Sensoren im Hinterhorn konvergieren und gemeinsam zentripetal weitergeleitet werden, ist mit diesem Konzept vereinbar, ebenso die Bahnungstheorie.

Wenn auch über Details des gate control systems noch diskutiert wird, ist es in seinem Prinzip heute schon anerkannt und hat sich als brauchbares Modell für die Schmerzgenese, die Projektionssymptomatik, aber auch zur Erklärung therapeutischer Phänomene bei Neuraltherapie, Akupunktur, manueller Therapie und Massage erwiesen. Auch einige Formen der Elektrotherapie wirken – zumindest teilweise – über die Eingangskontrolle.

Die segmentalen Aktionssysteme

Die axon-reflektorische Vasomotion unter Umgehung des Rückenmarks wurde schon erwähnt. Sie ist sowohl sensorisch wie auch effektorisch aktiv und ist sicher auch in Ergänzung zu segmental-regulatorischen Vorgängen als Rückkopplungskreis von Bedeutung, z. B. bei der Ausbildung von Maximalpunkten. Hier fehlen aber einschlägige physiologische Untersuchungen.

Vegetative Effektoren

Die vegetativen Effektoren in Haut, Unterhaut und Muskulatur steuern die Funktion von Drüsen, glatter Muskulatur und vor allem der Vasomotion. Die palpatorisch erfaßbare Änderung des Turgors von Kutis und Subkutis wie auch technische Meßgrößen (Temperatur, Potential, Widerstand und Feldstärke) werden primär vasomotorisch gesteuert. Durch Querschnittsänderung, Aktion der arterio-venösen Anastomosen in Antagonismus zum Tonus der Hautmuskulatur, wobei auch die reaktive Zustandsänderung des Grundsystems (*Heine, Pischinger*) eine Rolle spielt, wird der Turgor des Gewebes verändert. Eigene Untersuchungen (*Bergsmann*) weisen darauf hin, daß im Rahmen der vegetativen Reaktionen der Ausbildung eines venösen Shunts über arterio-venöse Anastomosen erhöhte Bedeutung zukommt. Dadurch kommt es zur Änderung des Perfusionsdruckes in der

Peripherie mit aktiver Einflußnahme auf den Quellungszustand von Kutis und Subkutis.

3. Die Stellung der Muskulatur in der Projektion

An den Projektionssymptomen sind die segmental angeschlossenen Muskeln genau so beteiligt wie das vegetative System, die Haut etc. Werden sie über den segmental-regulatorischen Komplex angespeist, so erhöht sich ihr Tonus. Darüber hinausgehende Verschaltungen sind die Ursache für Besonderheiten der muskulären Projektionssymptome.

Die stereotype Antwort der Muskulatur auf pathische Informationen ist die gammamotorisch induzierte Erhöhung ihres Tonus. Obwohl die Muskeln etagenweise dem srk angeschlossen sind, ist ihre Verschaltung primär segmentüberschreitend, da jeder Muskel aus mindestens 2 Spinalsegmenten versorgt wird. Für die projektiven Symptome haben aber genetisch vorgegebene und sekundär programmierte Verschaltungen zu kinetischen Ketten wesentlich weitreichendere Konsequenzen. Sinn dieser Kettenprogramme ist der automatische Ablauf von Komplexbewegungen. Die entsprechenden Programme werden, soweit sie nicht genetisch vorgegeben sind, im Laufe der post-embryonalen Entwicklung über Zwischenneurone des spinalen und rhomboidalen Interneuron-Pools geschaltet. Beim Ablauf dieser Komplexbewegungen wird stets die ganze kinetische Muskelkette von den Akren bis zur Wirbelsäule bzw. dem vorderen Rumpf aktiviert, wobei auch Hemmungsmechanismen einprogrammiert sind. Jedes Training, jede handwerkliche Lehre dient letztlich dem Aufbau oder der Verbesserung der Bewegungsprogramme.

Eigene elektromyografische Studien zeigten, daß auch bei Durchführung von einfachen Komplexbewegungen (z.B. Armbeugen, Beinstrecken etc.) stets die Frequenz der Muskelpotentiale der gesamten Kette erhöht wird. Dies auch in scheinbar nicht beteiligten Muskeln. Ohne auf Details der Bewegungsphysiologie eingehen zu können, sei hier nur erwähnt, daß die Komplexverschaltung wesentlich weiter reicht als vordergründig feststellbar ist. So wird z.B. die Aktivität von Oberschenkel- und Unterarmmuskulatur durch die Atembewegung „mitgenommen".

Nicht nur die Alphamotorik folgt diesem Schaltschema der Bewegungsketten, auch der durch die Gammamotorik geregelte Muskeltonus wird durch dieses Schaltsystem ausgerichtet, so daß die reizbedingte Tonuszunahme, vom Reizort ausgehend, über weite Strecken verfolgt werden kann. Diese myotonischen Erscheinungen spielen als pseudoradikuläre Symptome bzw. als spondylogene Reizsymptome nach *Sutter* eine führende Rolle in der Genese des Spannungsschmerzes, worauf später noch eingegangen werden muß.

Die Tonusregelung

Der Muskeltonus wird durch zentrale Efferenzen aus dem Kleinhirn und der Formatio reticularis als Führungsgrößen geregelt. Die zerebellaren Signale beziehen sich auf die Stellung im Raum. In der Formatio reticularis wird der Muskeltonus auf Funktionszustand und Bedarf der vegetativen Vitalfunktionen abgeglichen. Die segmentale Schaltung erfolgt über die gammamotorischen Vorderhornzellen, deren Impulse die Längeneinstellung der Muskelspindel und damit deren Empfindlichkeit besorgen.

Die Muskelspindeln sind Längenfühler in der Muskulatur und haben zwei Funktionen:

- Sie dienen der Alpha-Motorik als Servosystem, indem jeder Alpha-Aktion Gamma-Impulse um Millisekunden vorauslaufen, wodurch die Spindeln verkürzt werden. Dies bedeutet Fazilitation der Alpha-Motorik.
- Über die Spindelaktivität wird die Haltung und Stellung im Raum peripher-automatisch geregelt und gegebenenfalls korrigiert.

Die Signale des Spindelapparates erreichen über Ia-Afferenzen via Hinterhorn die kleinen, tonischen Motoneuronen des Vorderhornes. Auf diese werden aber über Zwischenneurone auch heterogene Signale aus dem Segment (Viszera, Kutis etc.) geschaltet, wodurch die tonische Aktivität erhöht wird. Die Interneurone funktionieren aber auch als Erregungsspeicher und Antriebsverstärker und begünstigen darüber hinaus die Ausbreitung auf Nachbarsegmente. Vor allem unter dem Einfluß der heterogenen Signale aus den Viszera und anderen, dem Segment zugeordneten Strukturen, kann die normale Tonusregulation zum Hartspann entarten. Den reziproken Vorgang, die Tonusabnahme bei Schmerzabbau, konnten wir im therapeutischen Experiment mit rechnerassistierter Myographie verifizieren. Nach klinischen Beobachtungen und Erfahrungen ist aber der muskuläre Hypertonus gleichermaßen pathognomonisch für Erkrankungen innerer Organe und Funktionsstörungen des Bewegungsapparates. Dabei ist bei Organprojektionen die Interaktion mit sekundären Störungen der Achse meist die Regel.

Aus dem Mißverhältnis zwischen erhöhtem Tonus und reflektorisch verminderter Perfusion resultiert aber die degenerative Entgleisung von Metabolie und Clearance der Gewebe. In jedem Falle ist der muskuläre Hypertonus die Basis für Dysfunktionen und Schmerzzustände im Rahmen der Degenerationsleiden des Bewegungsapparates.

Kinetische Kette und Spannungsschmerz

Unter dem Einfluß von Dauerreizen wird der Muskeltonus erhöht. Dabei ist die Reizquelle von untergeordneter Bedeutung. Posttraumatische Reizzustände des Muskels werden wie reflektorische Reizzustände aus den Viszera oder aus verschiedenen Substraten des Bewegungsapparates (Sehnen, Bänder, Gelenke etc.) gleichermaßen mit Hypertonus beantwortet. Übersteigt der Tonus einen bestimmten, individuell verschiedenen Schwellenwert, so wird er schmerzhaft empfunden. Die Schmerzempfindung wird begünstigt durch gleichzeitig bestehende Perfusionsstörung, die den Abtransport von algogenen Metaboliten begünstigt.

Entsprechend dem Verlauf der kinetischen Ketten treten diese Schmerzen als unscharf begrenzte, segmentüberschreitende Symptome auf, die sich bei exakter Untersuchung deutlich von radikulären Symptomen unterscheiden. Nicht selten sind nur Teile des Hypertonus infolge Sekundärbelastungen schmerzhaft, wodurch diagnostische Unsicherheiten und Möglichkeiten der Fehlinterpretation gegeben sind. Die Sekundärfaktoren können banaler Natur sein. Am häufigsten beobachteten wir Mikrotraumen, Unterkühlungen, Arbeitsstereotypien mit lokaler Mehrbeanspruchung, aber auch Einstrahlung von Pathoinformationen über eine andere kinetische Kette. Hierher gehören auch die Reizwirkung lokaler Narben und meteorologisch bedingte elektromagnetische Felder.

Wir fanden bei subtiler Palpation, daß:

- Kinetische Ketten,
- Spannungs- und Spannungsschmerzsymptome und
- der Verlauf der myotendinären Meridiane der Akupunktur

weitgehend deckungsgleich sind.

Maximalpunkte der Muskulatur

Der entspannte ruhende Muskel ist palpatorisch homogen und weist bei mäßigem Druck keine Druckschmerzstellen auf. Anders die reflektorisch vorgespannte Muskulatur, die an stereotypen Stellen druckschmerzhaft ist und die bei mechanischem, chemischem oder physikalischem Reiz dieser Punkte in weit entfernten Gebieten, die aber in der kinetischen Kette des Muskels liegen, referred pain auslösen. Mitunter ist der Maximalschmerzpunkt und der Trigger des referred pain getrennt, aber unmittelbar benachbart.

Licht- und elektronenoptische Untersuchungen zeigten im Bereich der Trigger keine Entzündungszeichen, aber Degenerationserscheinungen, deren Grad mit der Aktivität des Triggers korrelierte.

Muskulatur und Achsenorgan

Das Achsenorgan ist, wie alle Organe, etagenweise in die segmentale Reflektorik eingebunden, wobei allerdings eine Höhenverschiebung zwischen den entsprechenden *Junghans*schen Bewegungssegmenten und den Spinalsegmenten besteht. Muskulärer Hypertonus, gleich welcher Genese, setzt das Achsensystem einseitigen Druck- und Zugbelastungen aus, die zwangsläufig zu Fehlstatik und dynamischen Funktionsstörungen führen. Daraus resultieren belastungsbedingte Degenerationen an Gelenksflächen, Kapseln und Bändern, die ihrerseits Pathoinformationen in die segmentale Regulation einspeisen und auch oft der vordergründige Auslöser algetischer Symptome sind.

Die Reaktion der Wirbelsäule auf Pathoinformationen aus inneren Organen kann je nach Beweglichkeit der betroffenen Abschnitte auch radiologisch als großbogige Skoliose (*Hansen* und *Schliak*) oder als kurzbogiger Knick (*Bergsmann* und *Eder*) beobachtet werden. Die Konkavität der Skoliose liegt in jedem Falle auf der Seite des auslösenden Prozesses. Die Mechanik der Wirbelsäule bringt es mit sich, daß Deviationen in einem Bereich kompensatorische gegensinnige Verstellungen in den Nachbarabschnitten bedingen, wodurch eine lokalisierte regulatorische Störung selten ist. Die Degenerationsvorgänge sind daher nicht isoliert, sondern erfassen früher oder später die gesamte Achse, wobei die Lokalisation der daraus resultierenden Beschwerdebilder durch Sekundärnoxen (Zweitschlag) bestimmt wird. Die kinetischen Ketten stehen in engem Konnex mit dem Achsenorgan, daher werden sie auch von sekundären Degenerationen (weitab vom eigentlichen Starter) angesprochen, so daß algetische Fernsymptome entstehen können. Dies scheint einer der Pathomechanismen für die sogenannten Fernstörungen beim Herdgeschehen zu sein.

4. Der diagnostische und therapeutische Wert von Triggerpunkten

Myofasziale Maximalpunkte, Maximalpunkte, Gelosen, Trigger etc. sind ein längst bekanntes Phänomen der Körperoberfläche. In der älteren klinischen Medizin hatten einige dieser Punkte pathognomonische Bedeutung wie z.B. *Mussy*scher-, *Lanc*scher-Punkt etc. Die in den letzten Jahrzehnten notwendig gewordene Auseinandersetzung mit den Funktionsstörungen des Bewegungsapparates und auch die Konfrontation mit dem System der Akupunkturpunkte brachte hier eine Fülle neuer Erkenntnisse, die noch nicht voll ausgewertet sind.

- Triggerpunkte sind palpable Areale über Muskeln, die bei Druckverstärkung lokal schmerzhaft sein können und bei Reizung im Bereich der kinetischen Kette, der der Muskel angehört, referred pain auslösen können. Ihre Lage ist für jeden Muskel stereotyp.
- Sie sind klinisch nur bei Hypertonus des Muskels erfaßbar.

Für diesen Fall hat sich die Bezeichnung aktiver TP eingebürgert, auf die sich die folgende Beschreibung bezieht:
Bei zarter Palpation tastet man über dem TP eine zarte Delle. Bei Druckverstärkung kann in der Tiefe ein hartes Band mit einem kleinen Knoten getastet werden. Die Druckempfindlichkeit kann erhöht sein, wobei auch in weit entfernt liegenden Gebieten Schmerzen (referred pain) ausgelöst werden. Diese übertragenen Schmerzen liegen aber immer im Verlauf der kinetischen Kette, der der Muskel angehört. Auch autonome Reaktionen wie Vasokonstriktion, Piloarrektion, Schweiß etc. können durch Reizung provoziert werden. Bei längerem Bestehen können sich um den TP Satellitentrigger entwickeln, so daß ganze Triggerareale entstehen. Nach eigenen Untersuchungen bestehen vor allem im Paravertebralbereich deutliche Unterschiede zwischen Insertionstendinosen und TP, wobei die erstere dicht neben den Ansätzen über den verspannten Muskeln liegen und maximal druckempfindlich sind, während tiefe TP dazwischen liegen, nicht druckempfindlich sind, aber eindeutig übertragene Spannungs- bzw. Schmerzsensationen in der entsprechenden kinetischen Kette auslösen.

Morphologie

Licht- und elektronenoptische Untersuchungen ergaben:

- Der inaktive Trigger unterscheidet sich nicht von normaler Muskulatur.
- Mit Zunahme der Aktivität treten im TP immer ausgeprägtere Degenerationszeichen auf, die von Fetteinlagerung, variabler Färbbarkeit der Muskelfasern und Vermehrung der Kerne innerhalb und außerhalb der Fibrillen bis zu schweren dystrophischen Erscheinungen mit Degeneration der Muskelfasern und interstitiellen Veränderungen führen.

Neuere morphologische Untersuchungen von *Heine*, an Akupunkturpunkten über Muskeln, die nach unseren klinischen Untersuchungen mit TP identisch sind, ergaben:

- Unter dem Punkt liegt eine Faszienlücke, durch die ein Gefäß-Nervenbündel aus der Tiefe zur Haut steigt. Dieses Bündel ist von einem Zylinder aus dichtem Grundgewebe umgeben. Ob in diesem Bereich eine ähnliche Formation in den Muskel eindringt, wurde nicht untersucht. Es kann aber aus dem Aufbau dieses Substrates auf intensive funktionelle Zusammenhänge zwischen Punkt und Muskulatur geschlossen werden, auf die später noch eingegangen wird, wie ja auch die muskulotendinären Meridiane und die kinetischen Ketten deckungsgleich verlaufen.

Diagnostische Parameter

In der praktischen Arbeit am Bewegungssystem ist die gekonnte *Palpation* die sicherste und auch ökonomischste Methode zur Orientierung.

Mit *Routineserologie* konnten bei Aktivität der TP keine auffälligen Werte festgestellt werden.

Thermografische Studien von *Fischer* zeigten erhöhte Temperaturen an aktiven TP, während wir an hochaktiven TP verminderte IR-Abstrahlung fanden. Im Abkühlungstest ergab sich, daß nach Wiedererwärmung die TP stärkere Temperaturveränderungen aufwiesen als die indifferente Haut.

Bioelektrische Untersuchungen verschiedener Autoren ergaben signifikante Zunahme des Leitwertes (Abnahme des Widerstandes) über TP, wobei der Grad der Zunahme mit der Aktivität korrelierte. Eigene Messungen von Potentialdifferenzen zeigten, daß der aktive TP ein geringeres Potential aufweist als sein inaktives Pendant.

Genese

Aus allen morphologischen Untersuchungen kann abgeleitet werden, daß das Phänomen TP nicht durch eine Entzündung in der Muskulatur hervorgerufen wird. Vielmehr handelt es sich um eine komplexe Funktionsstörung durch Interaktion vernetzter Regelkreise mit entartetem Einschwingverhalten.

Die Rolle des *Grundsystems* ist in diesem Zusammenhang noch nicht untersucht worden, doch kann aus den allgemeinen Funktionskriterien abgeleitet werden, daß der Muskel als permanent tätiges Organ in besonderem Maße von matrixgeregelter Energiezufuhr und Clearance abhängig ist.

Der *sensomotorische Weg* von der Dauerreizung zum muskulären Hypertonus wurde schon beschrieben. Im Zusammenhang mit der Genese muskulärer Degenerationen muß daran erinnert werden, daß pathische Reizsituationen nicht nur muskulären Hypertonus auslösen, sondern auf dem Wege über das vegetative Nervensystem auch zu Dysfunktionen der Endstrombahn führen. Daraus resultiert ein Mißverhältnis zwischen nutritivem Bedarf und vermindertem metabolischen Angebot.

Die *peristatische Dysfunktion* der Endstrombahn bedingt ihrerseits wieder Vermehrung von Thrombozyten in der Endstrombahn mit Freisetzung von Serotonin und Degranulation von Mastzellen mit Freisetzung von Histamin. Beide Substanzen erhöhen die Empfindlichkeit der Sensoren und begünstigen Dauerkontraktion. Histamin verstärkt darüber hinaus die Peristase mit entsprechendem Sauerstoffdefizit.

Histamin und *Polypeptide* werden auch durch Sauerstoffmangel, die dadurch bedingte Zelläsion und den daraus resultierenden Fibrinabbau gebildet. Dies führt zu weiterer Verstärkung der Peristase mit allen negativen Konsequenzen für die Nutrition.

Durch die *hypoxämisch* bedingte *Läsion* des sarkoplasmatischen Retikulums werden Kalziumionen frei. Durch die Vermehrung des Kalziums über längere Zeit werden die Sarkomere zu Dauerkontraktion veranlaßt, die so lange anhält wie ATP zur Verfügung steht.

Die Bildung aktiver TP ist demnach die Folge einer komplexen Regulationsstörung, die das Netzsystem der Muskelmetabolie erfaßt, wobei mehrere Auslösemechanismen denkbar sind. Die am häufigsten in Betracht kommende Startsituation ist aber sicher die Pathoinformation via Sensomotorik und hier wieder die langdauernde Belastung durch herdbedingte Dauerreize.

Diagnostik über Triggerpunkte

Unter der Voraussetzung der Palpation als diagnostisches Screening und zur Therapiekontrolle hat die Kenntnis der TP in mehrfacher Hinsicht hohen Stellenwert:

- Im Rahmen der *Organdiagnostik* werden in den Projektionszonen druckschmerzhafte Maximalpunkte gefunden, die die Abklärung der betroffenen Region oder des Organs mit klinisch-diagnostischen Mitteln unbedingt indizieren.
- Bei der Beurteilung von *Spannungsschmerzen* ist der Untersucher weitgehend von den oft unsicheren und irreführenden Angaben der Patienten unabhängig.
- Auch im Kleinkindesalter sind Spannungs- und Quellungszüge mit Triggern voll ausgebildet und palpatorisch leicht zu erfassen. Infolge der geringen Vorbelastung der Kinder ergibt sich dabei sogar ein wesentlich klareres diagnostisches Bild.
- Bei Spannungsschmerzsymptomen sind unschwer *Triggerstraßen* zu verfolgen, die der verspannten kinetischen Kette folgen. Verfolgt man diese Triggerstraßen, führen sie die palpierende Hand meist vom Symptomgebiet zum Ursprungsgebiet der Reflektorik.
- Die Kenntnis der referred-pain-Zonen eines Triggers ermöglicht den Umkehrschluß von bestimmten Schmerzgebieten auf den auslösenden Trigger. Dadurch werden mitunter überraschende Therapieeffekte durch Behandlung dieser Trigger möglich.
- Der Erfolg jeder effizienten Therapie kann am Muskeltonus und an der Stärke der Triggersymptome abgelesen werden.

Der therapeutische Einsatz von Triggerpunkten

Die Anwendung der Triggerbehandlung ist bewußt oder unbewußt in viele Therapiemethoden integriert. Viele Massagetechniken, Kryotherapie,

Akupressur, Akupunktur, Neuraltherapie, Softlasertherapie, topische Ozonbehandlung und Fazilitationstechniken stützen sich auf Triggerbehandlung oder werden dadurch effizienter gestaltet.

Über Akupunktur und Triggerbehandlung bedarf es hier keiner weiteren Erörterungen, da Akupunktur an sich zum größten Teil Triggerbehandlung ist. Verschiedene Regeln der Akupunktur können auch zwanglos durch die gesetzmäßigen Verschaltungen des Bewegungssystems erklärt werden, wie z.B. der Verlauf der muskulotendinären Meridiane mit den kinetischen Kettenschaltungen oder die Partnerregel mit dem Gesetz der reziproken Innervation, die Mutter-Sohn-Regel wieder mit den kinetischen Ketten usw.

Im Rahmen der Neuraltherapie stellt die Triggerinfiltration nur eine der möglichen Techniken dar, die aber nach eigener Erfahrung bei alleiniger Anwendung, z.B. bei ausgedehnten unklaren Schmerzsymptomen, die keinen anderen Therapieansatz erkennen lassen, und auch bei Funktionsstörungen der Wirbelsäule Gutes zu leisten vermag.

Es ist hier nicht der Ort, sämtliche aufgezählten Methoden im Detail zu besprechen. Es ist aber wichtig zu wissen, daß die Trigger ein guter Therapieansatz sind. Wichtiger ist noch das Phänomen des referred pain, das in der Therapie optimal ausgenützt werden kann. Dabei gibt es typische Zusammenhänge, die der Erfahrene auf den ersten Blick erkennt und von der Schmerzangabe auf den erfolgversprechenden Trigger schließt. Oft ist es aber nötig, von der vom Patienten angegebenen Schmerzstelle ausgehend den muskulären Hypertonus palpatorisch zu verfolgen und den Trigger zu suchen, der für die Schmerzsymptomatik verantwortlich ist.

Literatur

Bergsmann O.; Bergsmann R.: Einfache Neuraltherapie für die tägliche Praxis. Facultas Univ. Verlag, Wien 1988.

Bergsmann, O.; Bergsmann, R.: Projektionssymptome – Reflektorische Krankheitszeichen. Fakultas Univ. Verlag, Wien 1989.

Bergsmann, O.; Eder, M.: Funktionelle Pathologie und Klinik der Brustwirbelsäule. G. Fischer, Stuttgart 1982.

Brügger, A.: Die Erkrankungen des Bewegungsapparates und seines Nervensystems. G. Fischer, Stuttgart 1980.

Bykow, K.M.; Kurzin, I.T.: Kortiko-viszerale Pathologie. Volk und Gesundheit, Berlin 1966.

Fröhlich zit. nach *Popp*

Head, H.: Die Sensibilitätsstörungen der Haut bei Visceralerkrankungen. Hirschwald, Berlin 1898.

Heine, H.: Lehrbuch der biologischen Medizin. Hippokrates, Stuttgart 1991.

Hess, W.R.: Die Organisation des vegetativen Nervensystems. Karger, Basel/New York 1948.
Hildebrandt, G.: Therapeutische Physiologie. In: *Amelung, W.; Hildebrandt, G.:* Balneologie und medizinische Klimatologie. Bd. I. Springer, Berlin/Heidelberg 1985.
Hoff, F.: Fieber, unspezifische Abwehrvorgänge, unspezifische Therapie. Thieme, Stuttgart 1957.
Mackenzie, J.: Krankheitszeichen und ihre Auslegung. Kabitzsch, Würzburg 1911.
Monnier, M.: Physiologie und Pathophysiologie des vegetativen Nervensystems. Bd. I. Physiologie. Hippokrates, Stuttgart 1963.
Perger, F.: Kompendium der Regulationspathologie und -therapie. Sonntag, München 1990.
Pischinger, A.: Das System der Grundregulation. Karl F. Haug Verlag, Heidelberg 1957.
Popp, F.A.: Neue Horizonte in der Medizin. Karl F. Haug Verlag, Heidelberg 1987.
Schiffter, R.: Neurologie des vegetativen Nervensystems. Springer, Berlin/Heidelberg 1985.
Sutter, M.: Wesen, Klinik und Bedeutung spondylogener Reflexsyndrome. Schweiz. Rundschau f. Med. 63, 27, 1975.
Travell, J.G.; Simons, D.G.: Myofascial pain and Dysfunction. Williams & Wilkins, Baltimore 1983.

Von der Information zum Symptom

Von *O. Bergsmann*

Regulationsmedizin kann nur auf den Erkenntnissen der klinischen Medizin aufbauen. Dabei stellt sich frühzeitig die Frage, welche dynamischen – regulatorischen – Vorgänge hinter einer Symptomatik, einem Syndrom stehen. Dies zwingt zu prinzipiellen regulationsphysiologischen Überlegungen, denn ohne diese wäre praktische Regulationsdiagnostik und -therapie nicht verständlich.

- *Regulationsmedizin ist klinische Medizin, angereichert mit biokybernetischen Fakten.*

1. Regulation

Regulation ist in der Biologie, und daher auch in der Medizin, die Aufrechterhaltung des morphologischen und physiologischen Gleichgewichts im Organismus und somit lebenserhaltend.

Dabei dient die ungestörte Regulation zwei Prinzipien:

- Der Homöostase
- Der Ökonomie

Das Prinzip der Ökonomie besteht in optimaler Bedarfsdeckung bei geringstem Energieverbrauch und dient daher auch zur Leistungsoptimierung. Damit ist aber die Güte der Regulation auch ein Begriff der Leistungsfähigkeit und der Lebensqualität.

2. Information

Im Sinne der Regulationsmedizin ist Information jede interne oder externe Zustandsänderung. Führt sie zur Reaktion wird sie als Reiz bezeichnet.

Es werden unterschieden:

- Reize, die nur durch Vermittlung von Rezeptoren wirken, und
- Reize, die lebende Substanzen direkt affizieren.

In Hinblick auf die zivilisatorisch geänderten Umweltbedingungen muß mit einer weiteren Reizqualität gerechnet werden:

- Reize, die, ohne unmittelbare sinnliche Wahrnehmung auszulösen, neurale, humorale oder gewebliche Regelvorgänge stören.

Die reizbedingte lokale Erregung wird nach Transformation zentralwärts geleitet und führt zu verschiedenen Wirkungen:

- Bewußte Wahrnehmung
- Vegetative Reaktionen
- Motorischen Reaktionen (Reflex bis Verhalten)

Weitere Unterscheidungskriterien sind neben der Quantität die Qualitäten der Reize:

- aperiodisch
- periodisch

Wobei allerdings für einige aperiodische Reizqualitäten gilt, daß sie infolge körpereigener Pulse und Bewegungen indirekt phasisch wirken können.

3. Der Organismus, ein offenes schwingendes System

3.1 Das Netzsystem

Der menschliche Organismus muß, wie jedes lebende System, als ein selbstregulierendes offenes Netzsystem betrachtet werden. Da solche Systeme auch schwingungsfähig sein müssen, sind sie vierdimensional. Um geordnete Funktionsabläufe zu gewährleisten, müssen die organbezogenen und organübergreifenden regulatorischen Subsysteme hierarchisch gegliedert sein und einer zentral vernetzten Steuerung unterliegen. Aber auch die Peripherie muß koordiniert werden, um mögliche Aberrationen einzelner Subsysteme auszugleichen und um größere Funktionsareale unter Umgehung der neuralen und humoralen Einflußnahme zu koordinieren. Diese Funktion übernimmt das System der Grundregulation nach *Pischinger*, in dem jede Information, ob sie von außen oder von innen kommt, Reaktionen auslöst. Es ist auch der äußerste Teil der Regelkreise, der den afferenten und efferenten Schenkel der Reflexbögen zur Kreisfunktion schließt. Dies gilt für neurale, humorale und hybride Regelkreise und -systeme im gleichen Maße. In vielen Belangen der Regelung ist die Matrix auch als Stellwerk zu betrachten, dessen Aufgabe die Korrektur von Istwertabweichungen ist.

3.2 Die Rhythmen

Rhythmische Funktionen gewinnen in zunehmendem Maße Bedeutung für Diagnostik und Therapie, wobei die chronobiologische Forschung heute schon festgestellt hat, daß es praktisch keinen einzigen ruhenden Parameter gibt. Der Organismus ist hierarchisch rhythmisch (zeitlich) organisiert, wobei die Dauer der Schwingungen von wenigen Millisekunden bis zu Größenordnungen von Jahren reichen. Es gilt die Regel:

- Je komplexer das beobachtete System, desto länger die Schwingungsdauer.
- Langwellige Rhythmen werden von periodischen Umwelteinflüssen phasenreguliert bzw. synchronisiert.
- Kürzerwellige Rhythmen sind (vordergründig) autonom.

Bei den kürzerwelligen endogen-autonomen Rhythmen besteht eine funktionelle Gliederung: Stoffwechsel – Transport und Verteilung – Information. Diese Funktionen sind in Frequenz und Phase koordiniert, wobei im Idealfall Phasengleichheit und ganzzahliges Verhältnis besteht. Diese Koordination ist labil gegen Leistungserfordernis (Arbeit, Krankheit) und wird bei Ruhe, Schlaf, Genesung wiederhergestellt.

Für die regulationsmedizinische Diagnostik und Therapie haben, neben den klinisch verwerteten (EKG, EMG, EEG, Spiro etc.), die folgenden Rhythmen Bedeutung:

- circaanual
- circamensuell
- circaseptan
- circadian
- Puls-Atem-Quotient.

3.3 Zellulär und subzellulär ausgelöste Frequenzen

Abgesehen von den vegetativ gesteuerten physiologischen Rhythmen hat der Mensch ein Frequenzspektrum von 10 bis über 10^{15} Hz als technisch verifizierbare Werte. Die Schwingung biologischer Systeme hängt von deren Resonatorgüte (= 1/Dämpfung) ab. Das heißt, je kleiner die Dämpfung, desto länger hält eine Schwingung an. Vom menschlichen Organismus werden je nach ihrer Art elektromagnetische Impulse verstärkt, abgeschwächt, absorbiert oder durchgelassen.

Abgesehen von den atomaren und molekularen Frequenzen konnten neuere Forschungsergebnisse auf physikochemischem und biophysikalischem Gebiet nachweisen, daß elektromagnetische Felder zu den primären biologischen Signalen gehören, deren Informationsinhalt auf subzellulärer Ebene wirksam wird. *Fröhlich* konnte aus der Stärke der Zellwand von 0,0000006 cm und dem Ruhepotential (0,1 V) eine Membranfeldstärke 100 000 V/cm und eine Eigenfrequenz der Zellen im Mikrowellenbereich (ca. 1 TeraHz) errechnen. Unter dieser Voraussetzung erscheint die vieldiskutierte nichtthermische Wirkung von Mikrowellen durchaus möglich. Sie wird auch durch empirische Untersuchungen bestätigt.

Ein weiteres endogenes Signal sind die Biophotonen, die nach *Popp* der interzellulären Kommunikation dienen. Sie werden bei jedem Spinflip freigesetzt, der bei Übergang von einem molekularen Anregungszustand in einen anderen vor sich geht. Dabei spielt der Sauerstoff mit seinen drei verschiedenen Zuständen eine besondere Rolle, aber auch Reaktionen von Lipiden mit Phosphaten, Sauerstoff mit Fe (2+) und andere Reaktionen wurden als Biophotonenemitenten erkannt. Besondere Bedeutung als Strahlungsquelle hat vor allem die DNA, die nicht nur der stärkste Biophotonengenerator des Organismus, sondern auch ein Biophotonenspeicher ist. Die an sich geringe Energie der Biophotonen hat hohe Wirksamkeit, da sie kohärent schwingt und geeignet ist, andere Moleküle anzuregen. Dabei gibt es nach *Popp* kein Agens, das die Photonenemission nicht beeinflussen kann. In diesem Zusammenhang ist die Funktion des Grundsystems (Matrix) noch nicht untersucht. Es ist aber anzunehmen, daß es als Regelstrecke der Zellnutrition und Träger hoher Feldstärken, wozu noch die Schwingungsfähigkeit kommt, in dieses Geschehen eingebunden ist. Der Gedanke, daß im Feedback die DNA via Photonenemission die Funktion des Grundsystems verändert, ist naheliegend. Es wäre dadurch die Möglichkeit der schnellen Zustandsänderung des weichen Bindegewebes erklärbar. Da die Matrix auch als Radikalenfänger funktioniert und Biophotonen in Radikalen so lange gespeichert bleiben, bis diese einen Reaktionspartner gefunden haben, muß sie als Biophotonenspeicher akzeptiert werden.

In diesem Zusammenhang muß erwähnt werden, daß nach *Popp* die Akupunkturmeridiane Leitsysteme für Biophotonen darstellen. Tschechische Autoren haben darüber hinaus mit nicht kohärentem Licht nachweisen können, daß im Meridian Licht besser geleitet wird.

Ohne auf die vielen, zum Teil umwälzenden Erkenntnisse eingehen zu können, die am besten im Original (*Popp*) nachgelesen werden sollten, kann heute gesagt werden:

- Elektromagnetische Felder haben eine wesentlich höhere informativ-regulatorische Potenz als bisher angenommen wurde.
- Elektromagnetische Bioinformationen können auf allen Regulationsebenen wirksam werden.
- Da elektromagnetische Bioinformationen durch alle Agentien verändert werden können, ist auch die uniforme Wirkung differenter Therapieformen erklärbar.
- Es scheint angezeigt zu sein, alle bisher bekannten Fakten der Regulationsphysiologie, Regulationsdiagnostik und Regulationstherapie unter diesem Aspekt neu zu überdenken.

4. Regelsysteme

Im Gegensatz zur Reflektorik, die in offenen Reflexbögen vor sich geht, erfordert die Regelung kreisförmige Funktionsabläufe. Dabei bedingt die Netzfunktion des Organismus Vernetzung der Kreise zu interagierenden Subsystemen und Systemen. In der Praxis kann ein einzelner Regelkreis kaum beobachtet werden, da aber die beobachtbaren Subsysteme und Systeme, die beim Symptomaufbau eine Rolle spielen, nach dem gleichen Prinzip reagieren, steht hier der Regelkreis als Modell.

Im Sinne der normalen und der pathologischen Physiologie gibt es keine Stelle und kein Substrat des Organismus, die nicht Teil eines Regelsystems wären. Im Rahmen der Klinik gehören auch die Regulationsvorgänge der Sinnesorgane und der hormonellen Funktionen weitgehend zum Lehrstoff. Es wird aber meist mißachtet, daß alle Krankheitssymptome Zeichen der Regulationsänderung sind.

4.1 Das Regelkreismodell

Die *Funktionselemente* eines Regelkreises sind:

- Der *Sollwertgeber*, der meist außerhalb des Kreises liegt und die Führungsgröße vorgibt.
- Der *Sensor*, der in der Regelstrecke (geregeltes Substrat) den Istwert feststellt und an den
- *Regler* weitergibt. Dieser vergleicht den Istwert mit dem Sollwert und gibt bei Abweichungen entsprechende Signale (*Stellgrößen*) an das
- *Stellglied* weiter, welches die Korrektur der Regelstrecke entsprechend der Stellgröße vornimmt.
- Als *Störgröße* wird jeder externe oder interne Einfluß auf den Sollwert der Regelstrecke bezeichnet.

4.2 Die Rückkoppelung (Feedback)

Für viele der organischen Regelkreise sind die Einzelelemente bereits bekannt. Vom Ausgang eines Regelkreises wird stets ein Teil der Information mit verkehrtem Vorzeichen in den Eingang rückgespeist. Es handelt sich um *negative Rückkoppelung* (negatives Feedback), die für die Stabilität des Kreises oder Systems ausschlaggebend ist. Wird das Rückkoppelungssignal ohne Verpolung rückgespeist, entsteht ein positives Feedback, das den Kreis oder das System destabilisiert und Aufklingreaktionen auslöst. *Positive Rückkoppelung* im pathologischen Bereich entsteht nicht selten bei gestörter Interaktion zweier oder mehrerer Subsysteme, die bei herdbedingten Dysfunktionen des Kreislaufsystems beobachtet werden kann. Im Sinne der topologischen Dynamik würde daher der Herd Informationen auslösen oder Norminformationen so deformieren, daß ein strange attraktor entsteht unter dessen Einfluß die Trajektorien der Regelabläufe verändert werden.

4.3 Die Reglerfunktion

Die Funktion der Regler ist auf den physiologischen Bedarf des Systems abgestimmt, so daß Differential-, Integral- und Proportional-Regler unterschieden werden müssen.

Tab. 1:

	Einfacher Kreis	Komplexes System
Zeitkonstante	hohe Ansprechgeschw.	hohe stationäre Genauigkeit
Steuerkörper	neural	neurosekretorisch – hormonal
Regler	Differential-Proportional	Integral-Proportional
		(nach *Hildebrandt*)

4.5 Integrationsebenen (vertikale Vernetzung)

a) *Die peripher-spinale Stufe – segmental-regulatorischer Komplex.* Reflexe und periphere Regelvorgänge mit den komplexen Interaktionen in der peripherstenEbene.
b) *Die rhombospinale Organisation.* Organisation komplexer peripherer Symptome.
c) *Die rhombo-mesenzephale Stufe.* Koordination und Anpassung von Vitalfunktionen – Homöostase – psychovegetative Koordination – Vigilanz – Gammamotorik – Rhythmik.
d) *Die enzephalo-hypophysäre Organisation (Hypothalamus).* Arterhaltende Verhaltensmuster (Aggression-Angst, sexuelle Appetenz, Trieb zur Nahrungssuche etc.)
e) *Paläokortikale Organisationsstufe (limbisches System).* Die hypothalamisch vorprogrammierten Verhaltensmuster werden hier auf das äußere Milieu abgestimmt und zu differenzierten Aktionen zusammengefaßt.
f) *Neokortikale Organisationsstufe.* Kritisch-intellektueller Überbau, Beurteilung der Umwelt, Integration von Sinnesrezeption und Lokomotion, gezielte Bewegungen, Modifikation des Bewußtseins durch vegetative Afferenzen, psychische Phänomene bei somatischen Krankheiten (Gereiztheit, Depression etc.).

5. Informationsverarbeitung

Jeder unspezifische pathogene und jeder therapeutische Reiz wird im Prinzip nach dem gleichen Schema beantwortet. Das gleiche gilt für den Aufbau von Symptomen, die ja als Antwort des Organismus auf pathische Reize betrachtet werden müssen sowie für die Verarbeitung interner und externer banaler Informationen. Dabei spielt die Frage der Dimensionen der Systeme und der Informationen eine wesentliche Rolle.

5.1 Dimensionen

Tab. 2:

Eine Dimension	=	Ursache-Wirk-Prinzip, Monokausalität.
Zwei Dimensionen	=	+ Reflexbogen und Regelkreis auf peripherer, horizontaler Ebene, = Aktion – Reaktion und auch Rückkoppelung.
Drei Dimensionen	=	+ Biokybernetik unter Einbeziehung hierarchischer, vertikaler Organisation = systemische Vernetzung, multifaktorielle Pathogenese.
Vier Dimensionen	=	+ Zeit als Zeitfaktor in Pathogenese und Therapie, aber auch als Dauer, Periodik und Rhythmik der Informationen.

Der Arzt ist gewöhnt, im eindimensionalen ätiologischen und pharmakologischen Ursache-Wirk-Prinzip zu denken. Symptome entstehen aber in der Zeit und sind nicht starr, sondern dynamische Funktionsstörungen und daher vierdimensional, wobei ihre Behandlung in verschiedenen Dimensionsbereichen ansetzen kann.

5.2 Das aperiodische Reiz-Reaktions-Prinzip (RRP)

Die Antwort auf einen aperiodischen, unspezifischen Reiz erfolgt phasisch, das heißt vierdimensional. Die Dauer der Phasen wird von Dauer und Stärke des Reizes bestimmt, wobei kurzzeitige, schwache Reize in kurzer Zeit den Ausgangswert wieder erreichen. Stärkere Reize werden nicht peripher ausreguliert, sie beziehen höhere Integrationsstufen ein und lösen reaktive Perioden aus, die in Submultiplen der betroffenen Perioden verlaufen. Starke, langdauernde Reize, die auch zu Gewebsschäden führen, lösen Adaptationssyndrome aus.

Die Tabelle 3 zeigt, daß, abhängig von der Reizstärke, die einzelnen Phasen verschiedene Bedeutung erhalten. Die Dreigliederung bleibt aber erhalten. Der physiologische Unterschied zwischen Dreitakt und Gesamtumschaltung ist durch den Umstand gegeben, daß bei stärkerer Reizung mehr und höhere Integrationsstufen in die Reaktion einbezogen werden und da-

Tab. 3:

Modell	Reiz	Phase 1 trophohistotr.	Phase 2 ergotrop	Phase 3 trophohistotr.
vegetat. Dreitakt *Siedeck*	schwach – kurz	Bereitstellung	Reaktion	Erholung
vegetat. Gesamt-umschaltung *Hoff*	stärker, länger (Infekt)	flüchtig negativ	Kampfphase	Heilung oder Tod
a. A. S *Selye*	stark, lange, Läsion	Schock, Alarmreaktion	Widerstand	Erschöpfung oder Adaptation

(nach *Hildebrandt*)

durch eine komplexere Reaktion aufgebaut wird. *Hoff* hat keine Untersuchungen über eventuell auftretende reaktive Perioden angestellt. Nach den Untersuchungen von *Hildebrandt* und nach eigenen Beobachtungen erscheint dies aber wahrscheinlich. Da das Adaptationsmodell für die Pathogenese chronisch degenerativer Erkrankungen besondere Bedeutung hat, muß es später gesondert besprochen werden.

5.3 Die Regelgüte und ihre Entartung

Die Funktion eines Regelkreises (-systems) ist durch seine Regelgüte charakterisiert und kann durch Beobachtung des Einschwingverhaltens eines oder mehrerer Parameter bestimmt werden. Der optimalen Regelgüte entspricht gedämpftes Einschwingverhalten, bei dem das Regelziel in kürzester Zeit und mit geringstem Energieverlust erreicht wird, wodurch das Prinzip der Ökonomie gewahrt bleibt. Der Begriff der Regelgüte ist somit an die Vierdimensionalität der Systeme gebunden.

- *Darüber hinaus ist die Regelgüte ein Qualitätsbegriff.*

Die pathologischen Regelformen sind das *periodisch entartete, labile* Einschwingverhalten, bei dem durch schnelle und überschießende Auslenkung der Parameter das Regelziel primär überschritten wird, um erst in mehreren Nachschwankungen endgültig erreicht zu werden. Eine Sonderform der periodischen Entartung ist die *Aufklingreaktion*, bei der die Nachschwankungen immer höher werden, so daß die Kompensationsbreite überschritten wird und das ganze System in einer *Kippreaktion* zusammenbricht. Die zweite Möglichkeit der Dysregulation ist die *aperiodische, träge* Entartung, bei der das Regelziel verspätet oder nicht erreicht wird. Durch beide Entartungsformen geht Zeit und Energie verloren – sie entsprechen nicht dem Prinzip der Ökonomie –, und da es eine primäre Aufgabe der Regelung ist, die Lebensfunktionen in einem optimalen Bereich zu gewährleisten, ist dadurch ein pathogener Grenzbereich gegeben.

Auch die Periodik der Systeme kann regulatorisch entgleisen. Entsprechend den Gesetzen der Wellenmechanik kommt es bei Interferenz mit anderen Perioden zu Aufklingreaktionen, zu Dämpfung oder zur Ausbildung irregulärer Perioden. Dabei ist immer das erste Störungszeichen der Zerfall der ganzzahligen Ordnung der Rhythmen.

5.4 Ursachen der regulatorischen Entartung

- Eine Ursache ist der *Defekt der Systeme*, wozu nicht nur Erkrankungen der Regelstrecke gehören. Auf Defizite von Mediatoren, Hormonen, Enzymen etc. sowie von Substanzen, die an ihrem Aufbau beteiligt sind, müssen hier in Betracht gezogen werden. Auch die Blockierung von Elektrolyten durch pathologische Schwermetallbelastung gehören dazu. Die Folge dieser Defizite ist meist die aperiodische Entartung.
- Andererseits führt die *Vorbelastung der Regelsysteme durch Fremdenergie* zur Übersteuerung, die zur Labilität der Einschwingvorgänge führt. Dabei kommt es nicht so sehr auf die Stärke dieser Fremdenergie an als – besonders unter dem Aspekt der chronischen Krankheit – auf ihre Wirkdauer. Das typische Beispiel ist das chronische Irritationssyndrom (Herdgeschehen) mit der von ihm ausgelösten herdbedingten Regulationsstörung, die der Erschöpfungsphase im Rahmen eines Adaptationssyndroms entspricht.
- Periodische Vorgänge können durch Frequenzüberlagerung gestört werden. Es kommt dabei primär zu Interferenzerscheinungen und zur Entkoppelung der ganzzahligen Beziehungen; da diese aber das ökonomische Prinzip unterstützen, zur Leistungsminderung durch Desynchronisation. Dazu kommt die Verstellung der Ausgangswerte in Bezug zum natürlichen Rhythmus, so daß zusätzliche Reize nicht adäquat beantwortet werden.
- Die Vernetzung der Regelsysteme und die integrative Hierarchie muß bei der Beurteilung von Regulationstests beachtet werden: Eine in das

System eingegebene Störgröße (pathogener Natur oder auch Testreiz) kann in Abhängigkeit von der aktuellen Funktion an verschiedenen Ausgängen (gemessenen Substraten) differente Einschwingvorgänge auslösen. So kann bei Bestimmung der Elektrolyte ein Test aperiodische Entartung zeigen, während die Beobachtung von Schwingungen der Gefäßwand oder der Leukozytenreaktion derselbe Test periodisch entartetes, labiles Verhalten erkennen läßt.

- In jedem Fall stört die Entartung der Einschwingvorgänge die beiden teleologischen Grundprinzipien der Biokybernetik – Homöostase und Ökonomie. Der Organismus arbeitet in toto oder partiell unökonomisch, wodurch er sein Leistungslimit früher erreicht.
- Norm oder Entartung der Regelvorgänge sind ein Qualitätsbegriff (ein Qual), der das übliche Quantitätsdenken (Quant) ergänzen soll. Der diagnostische Horizont wird so beträchtlich erweitert.

5.5 Toleranz und Kapazität

Toleranz ist ein Phänomen, das primär die vorwiegend neurale Afferenz der Regelung betrifft, und ist daher reziprok dem Empfindlichkeitsgrad. In Begriffen der Pathogenese besteht Toleranzminderung, die bei allen Überempfindlichkeitsreaktionen, auch solchen, die unter dem Begriff der Allergie subsummiert werden, klinisch nachweisbar ist. In der Therapie wird durch Gewöhnung (Habituation) versucht, den Empfindlichkeitsgrad herabzusetzen (Reizkörpertherapie) oder Faktoren, die die Toleranz vermindern, auszuschalten (Herdsanierung, Störfeldtherapie).

Kapazität betrifft mehr die metabolisch-stoffliche Reaktion auf Reizinformationen, also die Reizverarbeitung auf höheren Integrationsebenen. In der Pathogenese ist hier die primär an Erschöpfung durch Dauerreize (Adaptationssyndrom nach *Selye*) zu denken. Therapeutisch kommt es zu Kapazitätssteigerung durch Training und kurmäßige Behandlung.

5.6 Das allgemeine Adaptationssyndrom (aAS)

Selye entwickelte die Lehre vom allgemeinen Adaptations-Syndrom (gAS), nach dem bei Dauerbelastung der Organismus durch Reaktion bzw. Erschöpfung des Hypophysen-Nebennierenrinden-Systems verschiedene Stadien durchmacht:

- Alarmreaktion (AR)
- Stadium der Resistenz (SR)
- Stadium der Erschöpfung (SE)
- Adaptationskrankheit

Abgesehen von der vierdimensionalen Betrachtung bedeuten diese Stadien vom Standpunkt der Regulationsphysiologie, daß die Sollwerte aller Parameter sinngemäß verstellt werden und die Regelkapazität nach Vergrößerung in den ersten Phasen später eingeschränkt wird. Während der Alarmreaktion besteht nach einem negativen Vorschlag maximale Auslenkung, die im Resistenzstadium in stabil erhöhte Werte bei erhöhter Kapazität übergeführt wird. Im Stadium der Erschöpfung sinken die Istwerte langsam ab, gleichzeitig wird aber auch die Kapazität eingeengt.

Das aAS kann praktisch bei jeder chronischen Krankheit beobachtet werden, und das Herdgeschehen (chronisches Irritationssyndrom) macht hier keine Ausnahme. Es ist vielmehr ein typisches Beispiel.

Selye hat schon in seiner Erstveröffentlichung darauf verwiesen, daß die Manifestation der Adaptationskrankheit von *konditionierenden Faktoren (conditioning factors)* abhängt. Das heißt, daß im Rahmen des aAS Subsysteme bzw. Systeme durch zusätzliche metabolische und/oder lokale Belastungen stärker erkranken als der übrige Organismus. Die Forderung nach anamnestischer Abklärung der Sekundärbelastung (Zweitschlag) bei jedem Herdgeschehen und im Rahmen der Neuraltherapie ist die praktische und auch logische Konsequenz aus dieser Erkenntnis.

- Die Lehre vom Adaptationssyndrom ist eine Grundlage für die Erforschung unspezifischer Abwehrvorgänge und sollte im Rahmen der neuen biochemischen Erkenntnisse auf diesem Gebiet überarbeitet werden.

5.7 Das lokale Adaptationssyndrom

Bei seinen Untersuchungen stellte *Selye* mitunter unerklärbare Abweichungen lokaler Befunde fest, aus welchen er auf die Möglichkeit eines lokalen Adaptationssyndroms schloß, ohne dieses Phänomen weiter zu verfolgen. Wir (die Arbeitsgruppe um *Pischinger*) fanden unabhängig davon bei klinischen Untersuchungen ein Phänomen, das erst als lokale Variation der Parameter und später als regulatorische Desintegration bezeichnet wurde. Unter dem Einfluß lokalisierter Belastungen werden Toleranz (neural) und Kapazität (metabolisch) in den Projektionsgebieten so verändert, daß es zu signifikanter Abweichung der Parameter und der Reizbeantwortung in den belasteten Gebieten kommt.

Dabei wird analog dem aAS primär die Toleranz und erst später die Kapazität verändert. Mit der Dauer der Affektion werden entsprechend der Vernetzung immer größere Gebiete in das Geschehen einbezogen, wodurch ein vielschichtiges Bild von nebeneinander bestehenden regulatorischen Variationen entsteht. Erst in späten Stadien wird durch Einbeziehung höherer Integrationsebenen ein aAS ausgebildet.

Tab. 4: Parameter, an welchen die Ausbildung lokaler Differenzen zweifelsfrei nachgewiesen wurde

- *Sensibilität der Haut*
  für Temperatur, Berührung, Druck, Mikrotrauma, elektrische Stromstärke, UV-Licht, Softlaser.
- *Tonus und elektromyografische Aktivität der Muskulatur*
- *Turgor der Haut und Unterhaut*
- *Kreislaufparameter*
  Hauttemperatur als Funktion der Endstrombahn, Ps-Pd im Schellongtest, postsystolischer Kurvenzug im Rheogramm, intravenöse Parameter infolge Dysfunktion der a. v. A. (BSG, Sauerstoffsättigung, kompletter Gascheck, Elektrolyte, ungesättigte Fettsäuren, Granulozyten und Lymphozyten (im Fingerbeerenblut)).
- *Reaktion des Gewebes nach chemischen Reizen*
  Tuberkulin, Kasein, Cantharis, Pyrexal u. v. m.
- *Elektrische Parameter*
  Widerstand (Leitwert),
  Kapazität,
  Potentialdifferenz,
  Speicherfähigkeit (als Funktionen des Kolloids Matrix).

(nach *Bergsmann*)

Diese Aufstellung zeigt, daß praktisch alle Regelvorgänge der regulatorischen Desintegration unterliegen und daß daher

- in einem desintegrierten Körperareal (Projektionszone) alle Reize anders beantwortet werden als im regulatorisch nicht angesprochenen übrigen Organismus.
- Unter dem Einfluß einer milden Zusatzbelastung (z. B. Orthostase) wird die regulatorische Desintegration deutlicher.

5.8 Interaktion von RRP und aAS

Die extreme Auslenkung der Parameter in der Alarmreaktion ist mit erhöhter Sensibilität (verminderter Toleranz) verbunden, so daß jeder Reiz überschießend beantwortet wird und dabei die Toleranzbreite überschreiten kann. Daraus können bei banalen und pathogenen Zusatzreizen, aber auch bei Regulationstests, systemische Kippreaktionen entstehen, die sich, abhängig vom konditionierten System, verschieden manifestieren. Kollaps, reaktiver Bronchospasmus, Exantheme, Schmerzmanifestationen, Durchblutungsstörungen, aber auch vegetativ dystone Zustandsbilder, reaktive Depressionen etc. können auf diesem Wege entstehen.

Im Tiefstand der Erschöpfung wird die Bandbreite der Oszillation der Parameter infolge Erschöpfung der Kapazität eingeengt. Die Reaktion auf Reize ist infolge Erschöpfung der Systeme vermindert. Es besteht Regulationsträgheit bis Regulationsstarre in den humoralen Systemen (*Perger*). Gleichzeitig besteht aber bei den vegetativ-neural geregelten Größen noch immer Labilität (*Bergsmann*). In dieser Situation können auch kleinste Reize zu regulatorischer Dekompensation und Kippreaktionen mit deletären Folgen führen.

Der Verlauf chronischer Krankheiten ist durch das bekannte Phänomen gekennzeichnet, daß minimale banale Reizsituationen Rezidive auslösen können. Legt man aber die Lehre vom Adaptationssyndrom diesen klinischen Erscheinungen zugrunde, erhält man ein klares Bild, das für die Rehabilitation wegweisend sein kann.

Die Reizbeantwortung und damit die Symptomstärke wird, abgesehen von der Reizstärke und der Phasenlage des Systems, von weiteren Fakten variiert:

- von der verminderten Toleranz – erhöhter Sensibilität – bei labiler Regulation;
- durch die Auslenkung des Systems, wobei die Ausgangswertregel (*Wilder*) gilt, nach der ein Parameter bei zusätzlichem Reiz nach der Gegenseite der Auswanderung verstellt wird;
- durch die eingeengte Bandbreite (Kompensationskapazität) des Systems oder der Systeme, die genetisch vorgegeben sein kann, die aber meist durch Erschöpfung bei langdauernder Belastung bedingt ist;
- durch positives Feedback zwischen zwei Systemen, das periodische Entartung bedingt. Die „normale" Bandbreite wird dabei in Relation zu der überschießenden Auslenkung der Parameter zu schmal. Hier dürfte vor allem mangelnde Abstimmung zwischen Sensorik und Motorik (im weitesten Sinn) entscheidend sein.

Die biologische Grundregel nach *Arndt-Schultz* sagt, daß

- kleine Reize erregen,
- große Reize lähmen,
- übergroße Reize zum Tod führen.

In Übereinstimmung mit den Stadien des aAS hat *Hildebrandt* diese Regel neu definiert:

- Schwache Reize, an die der Organismus adaptiert ist, verhindern das Absinken des Adaptationsniveaus.
- Stärkere Reize, die das Adaptationsniveau überschreiten, lösen adaptive Reaktionen aus.
- Stärkste Reize, die das Adaptationsniveau überschreiten, führen zum „systemic stress", zur Erschöpfung und zur Adaptationskrankheit.

6. Diagnostische Konsequenz

Die Regulationsdiagnostik hat erst Berechtigung nach klinisch-diagnostischer Abklärung, denn sie versucht, Art und Grad der Regulationsentgleisung und die möglichen Ursachen zu erfassen, um Ansatzpunkte zur Normalisierung bzw. zur regulationstherapeutischen Unterstützung der konventionellen Therapie zu erhalten. Es gibt viele regulationsspezifische Methoden, doch kann praktisch jede in der Medizin eingeführte Technik unter Regulationsgesichtspunkten eingesetzt werden – wesentlich ist nur die biokybernetische Betrachtung der Funktionsabläufe. Funktionstests der Atmung, des Kreislaufs, der Leistungsfähigkeit usw. gehören ja zum klinischen Repertoire.

- *Regulationsuntersuchungen sind Tests der regulatorischen Leistungsfähigkeit*

Der Großteil der praktikablen Methoden wurde von uns zur Bearbeitung der regulatorischen Desintegration (lokales Adaptationssyndrom) angewendet und ist unter 5.7 aufgezählt.

Zum Verständnis der häufigst verwendeten regulationsspezifischen Methoden muß daran erinnert werden, daß jeder Organismus auch als zusammengesetztes Kolloid beschrieben werden kann und daß daher bei der Interpretation der Ergebnisse Eigenarten von Kolloidsystemen berücksichtigt werden müssen. Dies gilt vor allem bei der Interpretation elektrodiagnostischer Befunde. Diese können unter Zugrundelegung elektrotechnischer Grundlagen nur schwer verstanden und gedeutet werden.

Die Palpation

In der täglichen Praxis ist die subtile Palpation von Kutis, Subkutis und Muskulatur die Methode der Wahl. Sie muß allerdings gelernt und gekonnt sein. Auch apparative Methoden müssen gekonnt und geübt sein und erfordern darüberhinaus teure Anschaffungen, und auch sie können Fehlergebnisse bringen. Für den Geübten besteht ein weiterer Vorteil in dem Umstand, daß eine Intensivanamnese simultan mit der Palpation durchgeführt werden kann. Dabei bringt die Rückkoppelung beider Methoden Zeitgewinn und zusätzliche Sicherheit. Die zarte Palpation erfaßt geringe Verquellungen in Kutis und Subkutis und Hypertonus in der Muskulatur sowie im Symptomgebiet und auch im Projektionsgebiet von unbemerkten Herden.

Der Elektrohauttest (EHT)

Der EHT nach *Gehlen* und *Standel* wird mit galvanischem Strom durchgeführt, wobei die indifferente Metallelektrode an einem Bein oder an der Hand angelegt wird. Die differente Elektrode ist ein befeuchteter weicher Pinsel (Dachshaar). Durch den Stromreiz wird die Haut gerötet, bleibt aber im indifferenten Gebiet rosa, während sie im Herdgebiet livide verfärbt wird. Oft tritt auch ein blasser Rand dieser Verfärbung auf. Da meist nicht der ganze Körper gepinselt werden kann, bedarf diese Methode schon massiver Verdachtsmomente aus der Anamnese, um ökonomisch eingesetzt zu werden. Im Rahmen der BFD wird unter den gleichen Kriterien der EHT mit einer Silber-Rollelektrode durchgeführt. Es werden dabei geringere Stromstärken verwendet. Diese Methode ist für den Patienten wesentlich weniger unangenehm als die Originalmethode.

Thermodiagnostik

Im Rahmen der Projektionen werden auch die entsprechenden Strecken der Endstrombahn umgestellt. Dabei ist ein plus bei Akutität und ein minus bei Chronizität zu erwarten. Die Hauttemperatur ist – ausgenommen Umgebungsfaktoren – primär Konvektionswärme, die durch das Blut antransportiert wird. Bei der Infrarotdiagnostik, die eine verfeinerte Temperaturmessung ist, spielt außerdem ein Strahlungskoeffizient, der mit ugf. 1

angenommen wird, eine Rolle. Er scheint auch vom Kolloidzustand verändert zu werden.

Bei statischen Untersuchungen sind die Projektionen aktiver Prozesse wärmer, die Zonen chronischer Prozesse und chronische Schmerzzonen eher kühler als die indifferente Haut. Sicher bestehen hier fließende Übergänge. Herde, die in den Gesichtsschädel projizieren, können sowohl mit Thermoelementen wie auch mit IR-Fühlern erfaßt werden.

Elektrodiagnostik

Für die Elektrodiagnostik gelten die gleichen physiologischen Voraussetzungen wie für die Thermodiagnostik. Dazu kommt aber, daß der Elektrotest im Kolloidsystem der Endstrombahn-Matrix durchgeführt wird. Da der Kolloidzustand durch die Ladungsverteilung bestimmt wird, sind die Meßergebnisse von den Qualitäten der Matrix unmittelbar abhängig.

Es können gemessen und verwertet werden:

- Widerstand (Leitwert)
- Potentialdifferenzen
- Speicherkapazität für elektrische Ladungen (Akumulator)
- Feldstärke
- R-C-Verhältnis

Die Feldstärkemessung (Anthroposkopie) ist eine wenig verwendete Methode. Es wird eine definierte Fremdfrequenz, definierter Leistung, in den Organismus eingespeist und die Feldstärke der Haut im Vergleich zu einem Eichwert gemessen.

Die am häufigsten verwendeten Meß- und Testmethoden bewerten die Veränderung des Widerstandes (Leitwert, Admitance) und sein Einschwingverhalten. Da Widerstände nur durch technischen Fremdstrom gemessen werden können, verändern sich die elektrophysiologischen Eigenschaften der Haut während der Messung und mit ihnen der Meßwert. Die Art der Veränderung gibt als Einschwingvorgang schon einen Hinweis auf die Regulationsfähigkeit des Systems, der diagnostisch verwertet werden kann.

- *Jede Messung mit Fremdstrom ist ein Reiz, der Einschwingvorgänge auslöst.*

Prinzipiell können Messungen über Flächenelektroden und über Punktelektroden durchgeführt werden. Bei ersteren bezieht sich das Meßergebnis auf Regionen (z.B. Quadranten), letztere nützen meist die aus dem Akupunktursystem bekannten Zusammenhänge zwischen bestimmten Punkten und Organen aus, wobei auch hier eigentlich Regionen gemessen werden, mit welchen die Organe in regulatorischer Beziehung stehen.

Die bekanntesten und gebräuchlichsten Methoden dieser Art sind die Elektroakupunktur nach *Voll* (EAV) und die bioelektronische Funktionsdiagnostik (BFD).

Decoder-Dermografie und Segment-Elektro-Dermografie sind Methoden zur Untersuchung mit Flächenelektroden, wobei die SEG sich mehr an der Metamerie orientiert, während die Decoder-Dermografie Veränderungen in den Quadranten feststellen will.

Die Herddiagnose ist die Hauptindikation dieser Methoden, und es ist allen gemeinsam, daß die Regulationsfähigkeit in der Reflexzone des Herdes eingeschränkt bis aufgehoben ist. Es gibt aber kein einheitliches elektrodiagnostisches Bild, das für Herdbelastung beweisend wäre.

Provokationsmethoden

Chronische Entzündungen werden durch Sekundärnoxen aktiviert, wobei ihre Symptome verstärkt werden. Auch der Herd reagiert in diesem Fall, und es entstehen lokale Symptome wie z.B. Zahnschmerzen, Tonsillitissymptome, Narbenschmerzen, Ausfluß etc. Es sind mehrere Methoden bekannt, die nach diesem Prinzip angewendet werden, wobei ein Reizkörper transkutan, subkutan oder auch intravenös verabreicht wird. Diese Tests, die heute relativ selten angewendet werden, erfordern intensive Aufklärung und Beobachtung der Patienten. Verlaufsbeobachtungen regulationsspezifischer Parameter nach Reizkörperapplikation sind die ältesten Regulationstests.

- In bezug auf Elektro-Regulations-Diagnostik muß daran erinnert werden, daß jede Messung mit Fremdstrom ein Reiz – eine Provokation – ist.

7. Therapeutische Konsequenzen

In der Akut- und Notfallmedizin führt im Regelfall das Symptombild zur Diagnose und diese zur Therapie. Ist dies aus irgendeinem Grunde nicht möglich, bleibt die – meist gering geschätzte – symptomatische Therapie, wobei hier schon häufig (und oft dem Arzt nicht bewußt) regulationsspezifische Maßnahmen gesetzt werden.

Erfolgreiche Therapie normalisiert die Regelvorgänge und in der Folge schwinden die Symptome. Letzteres wäre ein „hygiogenetischer" Selbstheilungsvorgang.

Nach *Hildebrandt* können verschiedene therapeutische Wirkprinzipien gegenübergestellt werden:

Tab. 5:

„Künstliche Therapie"	**„Natürliche Therapie"**
Direkte, primäre Wirkungen pathogenetisch orientiert	Indirekte, sekundäre Wirkungen Hygiogenetisch orientiert
1. Ausschaltung „Amputation" Antibiotische Th. u. a.	*1. Schonung* Entlastung Entstörung Abstinenz u. a.
2. Lenkung Funktionskorrektur Pharmakologische Gegensteuerung Künstliche Normalisierung u. a.	*2. Normalisierung* Selbstordnung Regularisierung Ökonomisierung Übung Unspezifische Resistenzsteigerung u. a.
3. Ersatz Substitution Prothetik Funktions- u. Organersatz passive Immunisierung u. a.	*3. Kräftigung* Training Leistungssteigerung durch Anpassung Spezifische Immunreaktionen u. a.

Durch die rasante Entwicklung der klinischen Medizin ist es heute im Akutbereich möglich, Therapieeffekte zu erzielen, die vor einem halben Jahrhundert an Wunder gegrenzt hätten. Hingegen ist der Bereich der chronischen Leiden, Degenerationen und der weitverbreiteten Befindensstörungen benachteiligt und zum Indikationsgebiet der Regulationstherapie geworden, da hier die Pharmatherapie nur wenig anbieten kann und überdies beim notwendigen Langzeitgebrauch die meisten Medikamente Nebenwirkungen auslösen.

Es ist hier nicht der Ort, alle Techniken und Formen der Regulationstherapie zu beschreiben. Die wichtigsten Wirkprinzipien können auch der voranstehenden Aufstellung von *G. Hildebrandt* entnommen werden. Hinzugefügt muß allerdings werden, daß mit der Zunahme der Umweltbelastungen immer mehr direkte Schäden an Regelsystemen beobachtet werden. *F. Perger* konnte zeigen, daß durch Ausschwemmung der toxischen Substanzen und Normalisierung der Spurenelemente und Elektrolyte die Regelvorgänge wieder normalisiert werden. Nach eigenen Beobachtungen kann angefügt werden, daß dies bei gleichzeitiger Herdtherapie deutlich schneller vor sich geht.

Literatur

Bergsmann, O.; Bergsmann, R.: Projektionssymptome. Reflektorische Krankheitszeichen. Fakultas Univ.-Verlag, Wien 1989.

Bykow, K.M.; Kurzin, I.T.: Kortiko-viszerale Pathologie. Volk und Gesundheit, Berlin 1966.

Fröhlich zit. nach *Popp*

Heine, H.: Lehrbuch der biologischen Medizin. Hippokrates, Stuttgart 1991.

Hildebrandt, G.: Therapeutische Physiologie. In: *Amelung, W.; Hildebrandt, G.:* Balneologie und medizinische Klimatologie. Bd. 1. Springer, Berlin/Heidelberg 1985.

Hoff, F.: Fieber, unspezifische Abwehrvorgänge, unspezifische Therapie. Thieme, Stuttgart 1957.

Monnier, M.: Physiologie und Pathophysiologie des vegetativen Nervensystems. Bd. 1. Physiologie. Hippokrates, Stuttgart 1963.

Perger, F.: Kompendium der Regulationspathologie und -therapie. Sonntag, München 1990.

Pischinger, A.: Das System der Grundregulation. Karl F. Haug Verlag, Heidelberg 1957.

Popp, F.A.: Neue Horizonte in der Medizin. Karl F. Haug Verlag, Heidelberg 1987.

Schiffter, R.: Neurologie des vegetativen Nervensystems. Springer, Berlin/Heidelberg 1985.

Silicium und seine Rolle im Grundsystem

Von Mark Bottu

Silicium ($Si(OH)_4$) ist in der Natur weit verbreitet und wird von den Tieren mit der Nahrung aufgenommen. Aus diesem Grunde nehmen wir an, daß das Silicium bei verschiedenen chemischen Prozessen, die in dem lebendigen Organismus ablaufen, eine wichtige Rolle spielt.

Multimolekulare organische Silicium-Verbindungen – die SILIKONE – werden seit 30 Jahren in der Medizin und der Pharmakologie als physiologisch neutrale Ausgangsmaterialien für Implantate, Drainagen, Tubi und andere Erfindungen verwendet. Auch finden sich diese Silikone als Grundlagen vieler Salben. Die biologisch aktiven, niedermolekularen organischen Silicium-Verbindungen und ihre Wirkungen in biologischen Organismen sind weniger bekannt. Die Bedeutung des Siliciums und der biologisch aktiven Silicium-Derivate in bezug auf den lebendigen Organismus wird zum einen von dem polnischen Wissenschaftler *W. Sedlak* [1] und zum anderen von verschiedenen russischen Autoren [2–5] beschrieben. Obwohl in der heutigen orthomolekularen Heilkunde dem Silicium nur wenig Bedeutung beigemessen wird, hat es immer eine wichtige Rolle in der biologischen Medizin gespielt, besonders in die Homöopathie.

Das Störfeld als neurohumorales Geschehen

1. Störfeld und Kybernetik

Kellner [6] hat das Störfeld auf drei Ebenen definiert. Histopathologisch gesehen ist es ein lympho-plasmozytäres Infiltrat um eine nicht abbaufähige Substanz – oft ein fremdes Material – und eine Desaggregation der Grundsubstanz. Dies findet im Basis-Bioregulationssystem statt.

Klinisch ist das Störfeld eine subchronische Entzündung des Bindegewebes. Es hat wenige oder gar keine lokalen Symptome und wirkt sich zuerst unter dem Einfluß von sekundären Belastungen in der unmittelbaren Umgebung aus, später auf weiter entfernt liegende Körperregionen, wo es ein pathologisches Geschehen verursacht und Fernstörungen entstehen läßt.

Kybernetisch ist das Störfeld eine Quelle subliminarer irritativer Impulse, die mit wechselnder Intensität die zellulären, humoralen und vor allem die neuralen Regelkreise belasten.

In diesem Störfeld finden sich kleine repetitive Impulse, die die normalen Regelkreise belasten können (Interferenzwert). Wenn sie nicht vom Organismus kompensiert werden können, fallen die negativen Feedback-Mechanismen aus, und es kann ein positives Feedback auftreten, wodurch die Zelle in die Refraktär-Phase versetzt wird. Einer der wichtigsten *kybernetischen Regelkreise* steht in Bezug zu dem Gate-Controll-System von *Melzack* und *Wall* [7]. Es ist unter anderem verantwortlich für die Schmerzkontrolle.

2. Die zentrale Rolle der Membranruhepotentiale

Die klassische Erklärung des „*Procain-Blocks*" [8] lautet ungefähr wie folgt: Da die Nervenbahnen zeitweise unterbrochen werden, werden die pathologischen Reflexe, die normalerweise über diesen Weg weitergegeben werden, gleichfalls gestoppt. Dies kann nicht die Wirkung des *Procains* in der Neuraltherapie erklären. Hier geschieht grundsätzlich etwas, das über die lokale Anästhesiewirkung weit hinaus geht und das nur eintritt, wenn die Anästhesie auf krankes, pathologisch verändertes Gewebe trifft, das sich in dem anormalen Zustand der Dauer-Depolarisation befindet. Hier bringen wir mit dem Lokalanästhetikum viel chemische Energie ins Gewebe, die der Zelle hilft, ihr Potential wieder aufzubauen. Darüber hinaus wird die Zellmembran noch stabilisiert, das heißt, vor zu schneller und zu weitgehender Entladung geschützt. Damit stellen wir einmal die normalen bioelektrischen und zum anderen die davon abhängigen normalen physiologischen Verhältnisse wieder her. Daraus kann man schließen, daß eine Hyperpolarisation der Zelle auftritt, die Veränderungen im Zellstoffwechsel (Ionen-Austausch) hervorruft. Humorale Regulationsmechanismen reduzieren die *Procain*-Konzentration in dem Gebiet, in das es injiziert wird. Als Folge davon sinkt das Membran-Ruhe-Potential (MRP) wieder auf seine ursprüngliche Höhe ab. Wenn die kranke Zelle es infolge eines verbesserten Stoffwechsels schafft, Stoffwechselschlacken und Toxine in den extrazellulären Raum (Grundsystem) in dieser kurzen Zeit auszuschleusen, erlaubt dies dem Membran-Ruhe-Potential, seine Normalwerte aufrechtzuerhalten. Falls dies nicht gelingt, steigt das MRP wieder auf seinen pathologischen Ausgangswert an.

In Zusammenarbeit mit *H. Lamers* haben wir in den vergangenen Jahren einige neue Konzepte ausgearbeitet, die eine weitere Erklärung des Störfeldgeschehens darstellen.

Zusammenfassend können wir sagen:

1. Das Wiederherstellen des Membranruhepotentials durch Procain hat wichtige Folgen auf der intrazellularen Ebene. Der Elektronengradient wird wiederhergestellt. Die Zelle arbeitet wie ein Elektrophoresebehälter, wodurch die Proteine ihre enzymatische Aktivität ausüben können.
2. Die Heilwirkung des Lokalanästhetikums Procain in der Neuraltherapie nach *Huneke* liegt in der Repolarisierung und Stabilisierung der Cytochromoxydase.
3. Das Silicium spielt eine wichtige Rolle bei der Stabilisierung des Basis-Bioregulationssystems.

Wir gehen näher auf die 1. und die 3. Aussage ein.

Neue Erkenntnisse über das Störfeld aus der molekularen Biologie

Für die Eliminierung der Störfelder ist die Wiederherstellung des Membran-Ruhe-Potentials sehr wichtig. Die Untersuchungen darüber gehen auf das „fluid-mosaic-Modell" von *Singer* und *Nicholson* (1972) [8] zurück. Dieses Modell basiert auf Untersuchungen an Lymphozyten und Erythrozyten. Danach können die Membranproteine die Zellmembran unbehindert passieren. Das bringt mit sich, daß die Ionenpumpe (Ionenkanal-Aktivität) symmetrisch und zufällig über die Zellmembran verteilt ist. Nach neueren Untersuchungen soll das nicht immer, sondern nur im Sonderfall so sein. Bei vielen Zelltypen ist die Ionenpumpe asymmetrisch über die Zellmembran verteilt. Diese Zellen sind in der Lage, in ihrem inneren Milieu einen Ionenfluß aufrechtzuerhalten. Die Konsequenz aus diesen Erkenntnissen darf nicht unterschätzt werden. Sie erklären nicht nur die Zellpolarität, sondern auch sehr wichtige Phänomene wie die embryonale Differenzierung und die prätranskriptionelle zytoplasmatische Kontrolle der „Gen-Expression". Diese Zellen sind elektrisch bipolar, und wir sprechen von „bifazialen Zellen". Transzelluläre Ionenströme produzieren auch Potentialgradienten, die die Verteilung von ionisierten zytoplasmatischen Komponenten, wie z. B. ionisierte Proteine, bestimmen. Nach *De Loof* [9] aktualisieren diese Neuentdeckungen die von *Kroeger* [10] 1963 aufgestellte Hypothese, nach der ein Gleichgewicht zwischen Na^+, K^+, Mg^+, Cl^-

Unifazialer „Fluid Mosaic“ Typ
Hier besteht eine freie laterale Bewegung der Membranproteine. Es existiert ein uniformes Membran-Ruhe-Potential mit einer „at random“-verteilung der Pumpsysteme. Ein intrazellulärer Gradient tritt also nicht auf. Unter dem Einfluß der Änderung des Membran-Ruhe-Potentials reagiert die Zelle nicht wie eine Elektrophorese-Kammer. In den Strukturen der Makromoleküle ergeben sich keine Veränderungen.

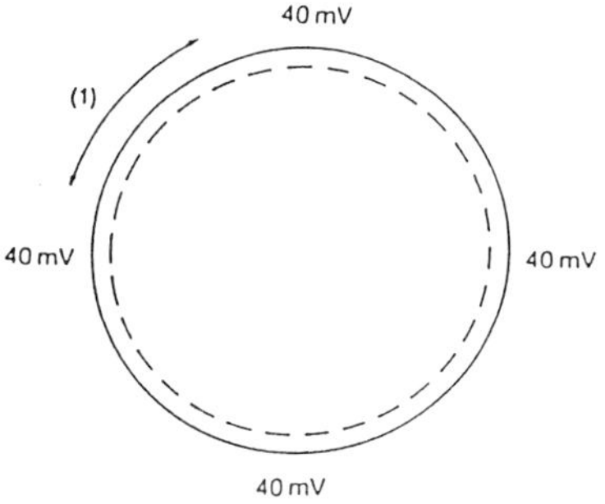

Bifazialer asymmetrischer Typ
Infolge der Asymmetrie besteht in der Zelle ein Ionengradient. Demzufolge funktioniert sie wie eine Elektrophorese-Kammer, die die unterschiedlichen Makromoleküle in einer bestimmten Konfiguration hält. Dies ermöglicht eine spezifische Enzymaktivität. Beim Einbruch des Potentialgradienten ändert sich allmählich der Ionengradient und demzufolge die Enzymaktivität einiger Enzyme. Es tritt eine Anhäufung von Stoffwechselschlacken auf.
Durch die Beseitigung des Störfeldes (Procaininjektion) wird der Ionengradient allmählich wiederhergestellt. Dadurch kann die Elektrophorese wieder stattfinden. Bei einer ausreichenden Ausschleusung von Stoffwechselschlacken kann die Zelle wieder ihre normalen Funktionen ausüben.

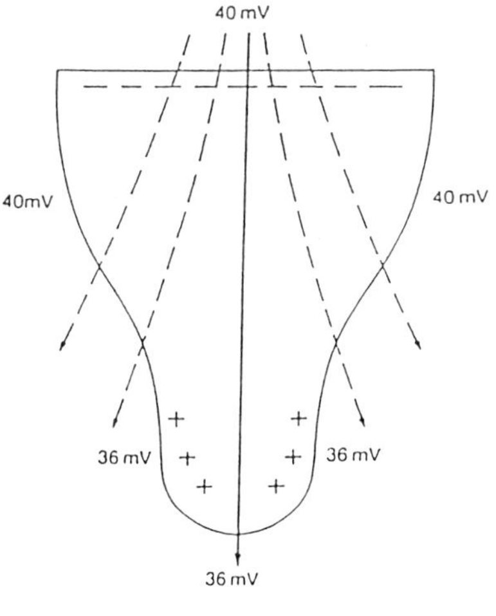

Abb. 1: Hypothese der intrazellulären Veränderungen durch ein Störfeld

und anderen Ionen die Grundlage für die prätransskriptionelle Kontrolle der „Gen-Expression“ darstellt.

Ionen können mit der Interaktion zwischen DNA und chromosomalen Proteinen interferieren (*Lezzi* 1970 [11] und *Lezzi* und *Gilbert* 1970 [12]. Die Ionenverteilung sollte bei der Aktivität bestimmter Enzyme, der Interaktion zwischen Proteinen und anderen Makromolekülen und der Konfiguration bestimmter Proteine ebenfalls eine Rolle spielen.

Unter normalen physiologischen und biochemischen Bedingungen besteht in der Zelle aufgrund der asymmetrischen Verteilung der verschiedenen Pumpsysteme und der Membran-Ruhepotentiale ein Ionengradient, welcher bewirkt, daß die Zelle wie ein Elektrophoresebehälter arbeitet. Hierdurch sollen die Proteine sowohl eine bestimmte elektrische Ladung als auch eine bestimmte Konfiguration zeigen. Also können sie ihre enzymatische Aktivität ausüben. Wenn nun infolge eines Traumas oder beispielsweise durch Ablagerung von Abfallstoffen im Basis-Bioregulationssystem ein Störfeld entsteht, folgt eine Depolarisation der Zellmembran. Hierdurch entfallen das normale Membran-Ruhepotential und die Asymmetrie. Sowohl der vorhandene Ionengradient als auch die elektrophoretischen Prozesse werden gestört. Die normalen enzymatischen Funktionen der Zelle können nicht mehr stattfinden. Eine dieser enzymatischen Funktionen steht in Zusammenhang mit der *Cytochromoxydase*, wie schon von *Lamers* [13] beschrieben. Durch die Störung der normalen enzymatischen Prozesse entstehen Toxine. Bleiben nun diese Toxine in der Zelle gelagert, entsteht eine weitere Störung der enzymatischen Prozesse. Die Zelle geht im weiteren Verlauf zugrunde. Wenn diese Toxine in das umgebende Milieu abgegeben werden, entsteht eine weitere Belastung des Basis-Bioregulationssystems der Umgebung, was mit weiteren Störungen des Membran-Ruhe-Potentials und der Ausbreitung der Störfeldaktivität verbunden ist.

Bast-Belpomme und *Roppe* [14] stellten fest, daß die *Katalase* bei Drosophila durch Ethanol aktiviert werden kann. Das Ethanol ist eine Substanz, welche die Membranpermeabilität und dadurch das Membranpotential verändert. Wir dürfen als Hypothese voranstellen, daß Procain, das ebenfalls das Membranpotential verändert (repolarisiert) und das durch Hydrolyse in Diethylaminoethanol und Paraaminobenzoesäure auseinanderfällt – also eine Ethanolgruppe hat – wonach die Störfeldaktivität verschwindet, eine gleichartige Wirkung auf die Zelle hat. Die vorher besprochenen Prozesse (Ionengradienten und Elektrophorese) verschieben sich in Richtung der Normalität, wodurch die enzymatische Aktivität wiederhergestellt wird.

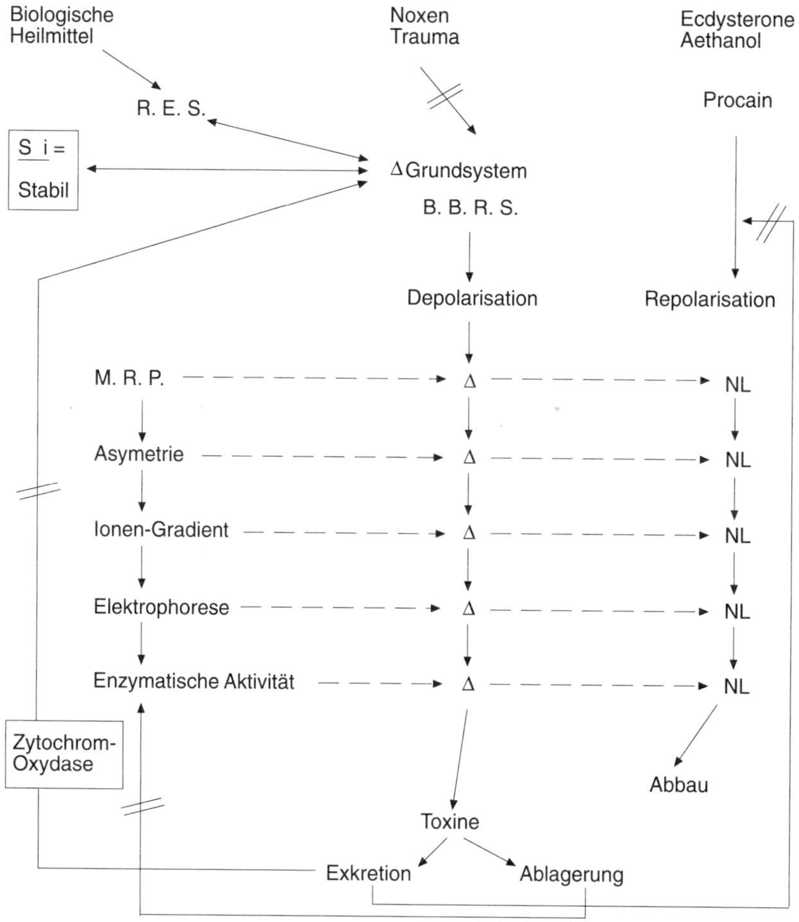
Biologische Heilmittel
Noxen Trauma
Ecdysterone Aethanol
R. E. S.
Procain
S i =
Stabil
ΔGrundsystem
B. B. R. S.
Depolarisation
Repolarisation
M. R. P.
Δ
NL
Asymetrie
Δ
NL
Ionen-Gradient
Δ
NL
Elektrophorese
Δ
NL
Enzymatische Aktivität
Δ
NL
Zytochrom-Oxydase
Abbau
Toxine
Exkretion
Ablagerung

Hierdurch werden die abgelagerten Toxine abgebaut. Da eine einmalige Procaininjektion sehr oft nicht in der Lage ist, alle ausgeschleusten Toxine abzubauen, sollen diese die stabilisierende und repolarisierende Wirkung des Procains hemmen. Die Störfeldaktivität stellt sich wieder ein, und die Notwendigkeit einer wiederholten Behandlung ist angezeigt.

Bei einem gleichförmigen Membranpotential („Fluid Mosaic" Modell) ist es schwierig zu begreifen, welchen Einfluß eine Veränderung des Membranruhepotentials auf die intrazellulären Proteine, insbesondere auf die Enzymwirkung haben soll. Nur bei einer bifazialen Zelle gibt es einen internen Gradienten, der eine Veränderung der interzellulären Elektrophorese und, damit verbunden, eine Veränderung der enzymatischen Aktivität der Proteine zur Folge hat. Es treten also zelluläre Veränderungen auf.

Wissenschaftliche Untersuchungen über Orthosilicium

Silicium ist stark vertreten in verschiedenen tierischen Geweben wie Arterien, Sehnen, Haut, Bindegewebe, Kornea- und Skleragewebe. Es ist ein strukturelles Element des Kollagens, besonders im Knorpel. Auch in verschiedenen pflanzlichen Fasern ist Silicium zu finden, sowie in der Pulpa der Zuckerrüben und des Rohrzuckers, im Stroma und der Haut der Nüsse, im Reis und im Weizen und auch im Alfalfa. Es kommt in der Zellulose nur in sehr beschränktem Maße vor. Silicium wird als Spurenelement in den Geweben aller lebendigen Organismen gefunden.

Nach *Voronkow* [15] tritt die Orthosiliciumsäure in Wettstreit mit der Ortho-Phosphorsäure um die Beteiligung an der Synthese von RNS und DNS und kann eine zum ATP (Adenosin-Triphosphat) analoge Substanz bilden.

Biochemie

Verschiedene wichtige biochemische und biophysische Probleme in bezug auf das Silicium sind bis heute nicht völlig geklärt. Ein Molekül Orthosiliciumsäure hat im Gegensatz zu einem Molekül Kohlensäure keine Doppelbindungen. Seine räumliche Struktur ist ein Tetraeder. Die Ecken werden von Sauerstoffatomen gebildet, den Kern dieses Tetraeders bildet ein Siliciumatom. Jedes Sauerstoffatom besitzt ein freies Elektron, wodurch dieses Tetraeder vier negative Ladungen besitzt (SiO_4^{4-}).

Diese Konfiguration zieht zwei grundlegende Konsequenzen nach sich.

1. Orthosilicium hat in Übereinstimmung mit der Schulze-Hardy-Regel potentialbildende Eigenschaften.
2. Es führt leicht zu Polymerisation. Es bildet nicht nur lineare Ketten, sondern auch Verzweigungen. Es gibt selbst dreidimensionale Konfigurationen von Orthosiliciummolekülen. Es bildet also größere Moleküle. Dadurch wird seine Wasserlöslichkeit vermindert. Orthosilicium selbst sowie seine ersten homologen Polymere lösen sich völlig im Wasser auf, während seine höheren Polymere sich nicht lösen, sondern kolloidale, gelartige Formen annehmen.

Aus den Untersuchungen von *Siever* [16] und von *Jones* und *Handreck* [17] *McKeaque* und *Cline* sowie *Schwarz* und anderen [18] folgt, daß die Löslichkeit von Silicium in verschiedenen Flüssigkeiten durch unterschiedliche Faktoren, wie den pH-Wert, die Temperatur und das Vorkommen anderer Ionen und Moleküle, beeinflußt wird. Der pH-Wert der Lösung ist einer der wichtigsten Faktoren, der die Löslichkeit der Siliciumsäure bestimmt. Nach *Hurd* und *Paton* [19] ist die Größenordnung der Orthosiliciumsäure-Polymerisation abhängig vom pH-Wert. In konzentrierten wäßrigen Natriumsilikat-Lösungen findet keine Polymerisation von Orthosiliciumsäure statt.

Bei Erhöhung der Wasserstoffionen-Konzentration beginnt eine Polymerisation und steigt an, wobei sie ihr Maximum im pH-Bereich 8–9 erreicht. *Greenberg* und *Sinclair* [20] zeigten, daß die Polymerisation ein Minimum bei einem pH-Wert von 2–4 erreicht.

Dieser Mechanismus ist um so wichtiger, da die Poly-Siliciumsäure nicht durch die semipermeable Membran diffundieren und auch so nicht assimiliert werden kann.

Johnson und *Volcani* [21] haben die Art und den Mechanismus der physiologischen Wirkung der Orthosiliciumsäure auf den mitochondrialen Stoffwechsel erforscht. Sie kultivierten Mitochondrien aus der Leber von Ratten in Kunststoffbehältern auf einem Nährboden ohne Silicium-Komponente.

Diesen Kulturen führten sie Orthosiliciumsäure in einer Konzentration von 1–3 nM/l zu und beobachteten die Aufnahme in die Zellen. Die Analyse der Verteilung des radioaktiven Isotops ^{31}Si zeigte, daß der größte Teil des Siliciums an die Proteine der Mitochondrien gebunden war. Die Menge des assimilierten $^{31}Si(OH)_4$ betrug 3–4 nM/mg Protein. Kleinere Mengen werden an die innere und äußere Membranoberfläche gebunden. Auch hat man geringe Mengen von Poly-Siliciumsäure in den Mitochondrien nachweisen können.

Nach *Johnson* und *Volcani* [21] sind bei der Assimilation des Siliciums verschiedene Mechanismen beteiligt. Welcher Mechanismus jeweils beteiligt ist, ergibt sich aus der Zusammensetzung des Nährbodens und der Möglichkeit zur Polymerisation des $^{31}Si(OH)_4$.

Biologische Untersuchungen

Hochinteressante Studien von *Carlisle* [22–23] zeigen, daß Orthosiliciumsäure bei Hühnern aktiv am Stoffwechsel der Knochen beteiligt ist, besonders an Orten, an denen ein hoher Calcium-Stoffwechsel stattfindet.

In einem Kontrollversuch zeigten Hühner, die auf eine siliciumarme Diät gesetzt wurden, innerhalb von 14 Tagen Anzeichen eines verminderten Wachstums. Sie waren kleiner und das Skelett sowie das Federkleid waren deutlich unterentwickelt. Auch der Schädel war kleiner und deutlich abgeflacht. Je jünger die auf siliciumarme Diät gesetzten Hühner waren, desto größer waren die auftretenden Veränderungen. Morphologische Untersuchungen zeigten, daß der Durchmesser der Knochen merklich kleiner und die Knochenhaut wesentlich dünner war.

Verminderte Elastizität der Knochen weist auf verringerten Mineralgehalt hin. Die Haut und die Mukosa sind atropisch und zeigen eine gelbliche Verfärbung an den Stellen, wo sonst die Mukosa-Membranen der Hühner, die eine siliciumreiche Diät erhalten, rosafarben sind. Eine Zugabe von 5 ppm Orthosiliciumsäure (50 mg/kg Futter) zur siliciumarmen Diät bedingt eine normale Entwicklung von Skelett und Federkleid, wobei das Gewicht um 33% zunimmt.

Den Einfluß von Silicium auf das Wachstum von Ratten untersuchten *Schwarz* und *Milner* [24]. Die Ergebnisse sind mit denen von *Carlisle* vergleichbar. Bei den auf eine siliciumarme Diät gesetzten Tieren waren die Knochen und die Schädel spröde und zerbrechlich, die Mineralstruktur war verändert, und die Pigmentierung der Schneidezähne führte zu einer Zerstörung des Zahnschmelzes. Das Gewicht der Tiere war 25–34% geringer.

Die Veränderungen des Skeletts sind hauptsächlich auf die Knorpelmatrix zurückzuführen.

Klinische Untersuchungen

Loeper und *Golan* [25] demonstrierten an Ratten, daß bei einer Arteriosklerose, die durch eine cholesterolhaltige Diät oder Adrenalin hervorgerufen wurde, der Siliciumgehalt in der Aorta auf 20% absinkt. Bei Zufuhr von Silicium wird der normale Siliciumgehalt der Arterienwand wiederhergestellt, und in der Aorta sind nur noch geringe oder keine arteriosklerotischen Veränderungen feststellbar.

Weitere Studien von *Loeper* und anderen [26] zeigen, daß immer dann, wenn arteriosklerotische Ablagerungen in menschlichen Arterien gefunden werden, eine deutliche Senkung des Siliciumgehaltes vorliegt. Eine gesunde Arterie enthält 14 mal mehr Silicium als eine pathologisch veränderte.

L. M. Morrison und *B. H. Ershoff* [25] vom Institute for Arteriosklerosis Research der Loma Linda Universität sowie japanische Wissenschaftler unter der Leitung von Kenjiro Izuka wiesen nach, daß die Verabreichung von Chondroitinsulfat, einer natürlichen, kollagenartigen, siliciumreichen Substanz, außerordentlich zweckmäßig bei der Behandlung von arteriosklerotischen Herzkrankheiten war.

Der Wirkungsmechanismus des Chondroitinsulfats und anderer Silicium-Verbindungen ist bis heute noch nicht eindeutig geklärt.

Dieser Mechanismus könnte einerseits im Zusammenhang mit einem cross-linking-Prozeß stehen, der die Arterienwand verstärkt, andererseits mit einer Inhibition der Hyaluronidase, die am Kollagen der Intima angreift.

A. Charnot [25] hat über verschiedene Jahre zahlreiche Patienten, die an schmerzhaften rheumatischen Erkrankungen sowie rheumatischer Arthritis, Osteoarthritis, M. Paget und therapieresistenten Ischiasbeschwerden litten, untersucht.

Die Verabreichung von Silicium bewirkte innerhalb einiger Monate eine deutliche Zunahme der Mobilität sowie eine Verminderung der Schmerzen in der Mehrzahl der Fälle.

Röntgenaufnahmen zeigten hierbei, daß die Verkalkung der verschiedenen Areale abnahm und in kalkarmen Arealen wieder ein normaler Kalkhaushalt feststellbar war.

Piekos [27] schätzte die biologische Aktivität der Aryloxysilatrane positiv ein. Er zeigte, daß sie eine selektiv bakteriostatische Wirkung speziell auf Escherichia coli ausüben. Darüberhinaus stellte er fest, daß die Aryloxysilatrane, verabreicht in einer Dosis von 50–175 mg/kg über 10 Tage, in Verbindung mit der gleichzeitigen Gabe von Cyclophosphamiden, das Wachstum von bei Mäusen inokulierten „Sarkomen 180“ um 70% reduzierten.

Synthese der Orthosilicium-Derivate

Ein biologisch brauchbares Orthosilicium-Präparat muß folgende Bedingungen erfüllen:

1. Es muß stark wasserlöslich sein.
2. Es darf in einem sauren Milieu seine Stabilität nicht verlieren, da es den Magen passieren muß.
3. In einem neutralen oder alkalischen Milieu muß es in der Lage sein, das Orthosilicium durch Hydrolyse leicht freizusetzen.

20 Jahre experimentelle Forschung haben erkennen lassen, daß diese Bedingungen von den hydratisierten Orthosilicium-Hydrochloriden der tertiären Aminoalkohole erfüllt werden.

Janczarski und Mitarbeiter [28] verwendeten für die Synthese zwei sekundäre Aminoalkohole, nämlich 2-Diethylaminoethanol und 2-Dimethylaminoethanol, die als Bestandteile bestimmter Medikamente wohlbekannt sind. Sie werden mit Siliciumtetrachloriden verestert.

Hierbei erhielt er folgende Formeln:

(F1) $Si(OCH_2CH_2N(CH_3)_2)_4 \cdot 4\,HCl \cdot 4\,H_2O$

(F2) $Si(OCH_2CH_2N(C_2H_5)_2)_4 \cdot 4\,HCl \cdot 4\,H_2O$

Diese Komponenten haben eine kristalline Struktur, sie sind leicht löslich in Wasser und in einer sauren Umgebung (pH 1–4) stabil. Selbst bei Überwärmung hydrolysieren sie nicht. Die Neutralisation dieser Lösungen und die darauffolgende Steigerung des pH-Wertes bis hin zu einem alkalischen Niveau verursachen eine Hydrolyse, eine Polykondensation und eine Ausfällung von unlöslichen kolloidalen Siliciumsäuren (hydratisiertes Silicium). Bei der Substanz der Formel F1 findet eine Hydrolyse beim Vorhandensein eines pH-Wertes von 5,1 statt, wohingegen bei der Substanz der Formel F2 ein pH-Wert von 4,3 ausreicht.

Wenn wir auf die gleiche Art und Weise diese Siliciumtetrachloride mit Cholinchloriden reagieren lassen, erhalten wir ein anderes Präparat:

(F3) $Si(OCH_2CHN(CH_3)_3)_4 \cdot 4\,Cl \cdot 4\,H_2O$

Es hat gleichartige Eigenschaften wie die Substanzen F1 und F2, vor allem hinsichtlich der Hydrolyse.

Roscizewski synthetisierte Alkoxysilane, wobei er von 2-Dialkylaminoethanol als Grundsubstanz ausging. Die von ihm synthetisierten Produkte R-2 und R-3 (F4) sind stark wasserlöslich, jedoch stärker hydrolyseresistent, selbst in leicht alkalischem Milieu (pH 6–8).

(F4) $H_2NCH_2CH_2NHCH_2CH_2CH_2-Si(OCH_2CH_2NR_2)_3$

wobei $R = C_2H_2$ oder $R = CH_3$ ist.

Die Komponenten nehmen die Form farbloser, leicht viskoser Öle mit einem Amoniak-Geschmack an. Sie bilden stark alkalische Lösungen, die durch Säuren wie HCl und andere, die in wäßriger Lösung bei einem pH-Wert von 2–6 stabil sind, angesäuert werden können.

K. Schwarz untersuchte 30 verschiedene Derivate der Orthosiliciumsäure und erhielt das Trimethoxydecanoxysilan, das folgende Formel beschreibt:

(F5) $CH_3(CH_2)_{11}-OSi(OCH_3)_3$

Woronkov [29] und *Lipniewicz* [30] veröffentlichten die Ergebnisse der russischen Untersuchung über biologisch aktive organische Siliciumverbindungen. Diese sind die sogenannten Silatrane, von denen die Alkoxysilatrane als Orthosiliciumderivate betrachtet werden können. Diese sind in der Formel F6 dargestellt. Sie sind weniger wasserlöslich und hydrolisieren leicht.

(F6) $RO\text{-}/Si(OCH_2CH_2)_3N$

wobei $R = CH_3$, C_2H_5 oder ein anderes Alkyl ist.

Als letzte Gruppe der biologisch aktiven Siliciumderivate kennen wir die Alkoxypseudosilatrane (F7), die von *Piekos* und Mitarbeitern [31] an der Medizinischen Akademie von Gdansk synthetisiert worden sind.

(F7) $RO-Si(OCH_2CH_2)_1NR'$ wobei $R = CH_3$, C_2H_5

$OCH_2CH_2NR''_2$ R' und $R'' = H, CH_3$ sind.

Pharmakologische Untersuchungen

Die Substanzen F1, F2 und F3 werden in Polen unter der Bezeichnung „Agesyl M 1", „Agesyl M 2" und „Agesyl M 3" produziert. Zuerst hatte man untersucht, ob sie die Bedingungen für biologisch aktive Orthosiliciumderivate erfüllen. Sie sind relativ löslich in Wasser und Säure und bleiben in einem sauren Milieu stabil. Selbst bei pH 1 konnte man keine Hydrolyse beobachten, auch nicht nach mehreren Stunden der Überwärmung. In einem neutralen oder leicht alkalischen Milieu werden sie dagegen schnell hydrolisiert, wobei die Konzentration der Orthosiliciumsäure ansteigt. Diese Eigenschaften machen sie resistent gegen die Magensäure und ermöglichen die Hydrolyse in einem Bereich, der weit entfernt vom Darm liegt, wobei die Substanz im Darm resorbiert und anschließend in die Blutbahn aufgenommen wird.

Die Produkte werden auch biologisch und pharmakologisch auf ihre Wirksamkeit untersucht. *Mazur* und Mitarbeiter [32] stellten fest, daß bei Ratten, die diese Präparate mehrere Wochen lang mittels einer Magenintubation in Form einer 10%igen wäßrigen Lösung (5 g/kg Körpergewicht) verabreicht bekamen, keinerlei pathologische Veränderungen auftraten. Im Gegenteil: Sie nahmen an Gewicht zu, und die Haare des Fells wurden dichter und länger.

In pharmakologischen Studien wurde nachgewiesen, daß „Agesyl M" der Bildung von Magenulzera entgegenwirkt. Bei Wistarratten werden auf verschiedene Arten, z.B. nach *Shay*, mit Reserpinen und nach der Streßmethode Ulzera hervorgerufen. Die Verabreichung von „Agesyl" stellt in hohem Maße eine Vorbeugung gegen das Auftreten von Ulzera dar. Diesen Effekt konnte man mit einer Dosis von 10 mg/kg erreichen. Bei der Verwendung höherer Dosen (bis 400 mg/kg) stoppte die Blutung vollständig, und die Anzahl der aufgetretenen Ulzera verminderte sich um 30–90%, abhängig von der vorher angewandten Induktionsmethode. Die Autoren schreiben die festgestellte Wirkung nicht den Absorptionseigenschaften und der lokalen schützenden Wirkung der Polysiliciumsäure zu, da die angewendeten Derivate in der Magenflüssigkeit nicht hydrolisierten.

In einer anderen Studie untersuchten *Janczarski* und Mitarbeiter [33] die Wirkung von „Agesyl M 3" und „Agesyl M 1" auf die bakteriostatischen Eigenschaften von Rhondomycinen in bezug auf die Mikroorganismen *Shigella flexneri* und *Salmonella paratyphi*, die resistent gegen dieses Antibiotikum sind. In Nährlösungen, die 10% dieses Produktes (berechnet als Orthosiliciumsäure) beinhalten, verringerte sich das Wachstum dieser Bakterien um 25% im Vergleich zu Kontrollkulturen. Andererseits inhibierte der Zusatz der inaktiven Rhondomycine zu diesem Medium das Bakterienwachstum zu 60%.

Orthosilicium, das aus der Hydrolyse von Natriumsilikat oder von Organosiliciumestern gewonnen und in derselben Konzentration dem Nährboden zugeführt wurde, verursachte keine signifikante Veränderung im Wachstum der Bakterien. Man konnte ebenfalls feststellen, daß die Verabreichung dieser Präparate an Ferkeln, die mit Antibiotika behandelt wurden, die Assimilation dieser Medikamente deutlich verbessern.

Laszewska [34] beschreibt Experimente, bei denen der Bildung von Ulzera mit einem gleichartigen Organosiliciumderivat (R2) entgegengewirkt wird. Sie verabreicht mittels Magenintubation an Ratten eine 20%ige Lösung dieses Derivats im physiologischen Serum mit HCl bis zu einem pH-Wert von 6,5 angesäuert. Wird dieses Präparat 8 Tage lang in einer Dosis von 0,4 g/kg verabreicht, so wird – im Vergleich zu einer Kontrollgruppe – die Anzahl der durch die Methode von *Niemegeors* und *Jensen* künstlich erzeugten Magenulzera um mehr als 60% vermindert. Was die durch Streß erzeugten Ulzera betrifft, so werden sie um 70–80% verringert, was mit einem vollkommenen Stop der Blutungen verbunden ist.

Im Licht dieser Ergebnisse gesehen muß Orthosiliciumsäure als eine für die lebendigen Organismen bedeutungsvolle Substanz betrachtet werden. Da die beschriebenen Orthosiliciumdevirate „Agesyl M“ eine einfache Methode darstellen, Silicium, ein wichtiges Spurenelement, lebendigen Organismen zuzuführen, ist es notwendig, sie sowohl pharmakologisch als auch klinisch weitergehenden Untersuchungen zu unterziehen.

Silicium als Schlüsselelement im Basis-Bioregulationssystem

Aufgrund der unterschiedlich verlaufenden Störungen, die man bei Versuchstieren als Folge eines Siliciummangels beobachten konnte, nehmen wir an, daß die physiologische Rolle des Siliciums nicht auf den Ablauf der Lebensprozesse eines einzigen Zell- oder Gewebetypes beschränkt ist, sondern für die Regulation bestimmter fundamentaler chemischer Reaktionen, die eine mehr allgemeine biologische Bedeutung besitzen, verantwortlich ist.

Dieses Problem ist von *Charnot* und *Peres* [35] weiter untersucht worden. Sie zeigen auf, daß der Silicium-Stoffwechsel in verschiedenen Zell- und Gewebearten sowie im Blut, in der Darmwand, in den Nägeln usw. sowohl bei männlichen, als auch bei weiblichen Ratten von verschiedenen Hormonen gesteuert wird. Sowohl beim männlichen als auch beim weiblichen Geschlecht sollen die Steroidhormone der Keimdrüsen eine wichtige Rolle spielen.

Unabhängig vom Geschlecht, sinkt die Menge des vorhandenen Siliciums in den untersuchten Geweben mit zunehmendem Alter der Versuchstiere.

Hier kann ein Zusammenhang mit der Wirkung des Ecdysterons, des wichtigsten membranstabilisierenden Hormons bei der Drosophila melanogaster gesehen werden (*Bast-Belpomme* und *Roppe*).

Vielleicht existiert auch bei der Drosophila eine Wechselwirkung zwischen Hormonen und Silicium in der Membranstabilisierung. Diese Hypothese sollte weiter untersucht werden.

Die biochemische Bedeutung und das Assimilationsverhalten der Orthokieselsäure (Orthosiliciumsäure) wurde bis heute hauptsächlich an Diathomae und Chrysophyceae untersucht. Im Tierreich untersuchte man seine Bedeutung an Spongia.

Sullivan und *Volcani* [36] sowie *Darley* und *Volcani* [37] zeigten, daß bei Süßwasser-Diatoma Cyclotella Cryptica und in Kulturen der Cylindrotheca Fusiformis, die in Orthosiliciumsäure gezüchtet werden, verschiedene essentielle Prozesse, wie die Synthese von Proteinen, DNS-Karotinoiden und Chlorophyll inhibiert werden.

Die Synthese von Lipiden wird hingegen gesteigert.

Darüber hinaus wachsen die Diatomeen schneller, wenn sie sich in einer Nährlösung mit einem Gehalt von 4 ppm Orthosiliciumsäure befinden. Daraus folgt, daß ab einer Konzentration von 4 ppm die Konditionen für ein Wachstum mit Zunahme immer günstiger werden.

Bei einer geringeren Konzentration, bis hin zum völligen Fehlen der Orthosiliciumsäure wachsen die Diatomae nicht, wobei sich in der Zelle vermehrt Fettropfen bilden.

Die Assimilationsrate der Orthosiliciumsäure verändert sich im Zusammenhang mit dem jeweiligen Stadium des Zellzyklus [38–39].

Hierbei ist zu beobachten, daß die Orthosiliciumsäure von der Diatomazelle nicht gespeichert wird. Die Speicherung der Fetttropfen in der Zelle bedeutet eine weitere Zerstörung der normalen enzymatischen Prozesse und eine Verhinderung der Normalisierung der intrazellulären Abläufe nach dem Ausschalten eines Störfeldes.

Hier finden wir einen zweiten wichtigen Ansatzpunkt für die Notwendigkeit des Siliciums bei der Vorbeugung oder dem Ausschalten von Störfeldern.

Johnson und *Volcani* [40] untersuchten die Art und den Mechanismus der physiologischen Wirkung der Orthosiliciumsäure auf den mitochondrialen Stoffwechsel.

Die Analyse der Verteilung des radioaktiven Isotops ^{31}Si zeigte, daß der größte Teil des Siliciums an die Proteine des Mitochondriums gebunden war. Kleinere Mengen waren an die innere und äußere Membranoberfläche gebunden. Auch Polysiliciumsäure ist in den Mitochondrien gefunden worden, jedoch nur in sehr kleinen Mengen.

Hier finden wir Anschluß an die Theorie von *Lamers*, in der die Cytochromoxydase im Mitochondrium die zentrale Rolle in der Ausschaltung des Störfeldes spielt.

Nach *Johnson* und *Volcani* sollen an der Assimilation der Orthosiliciumsäure verschiedene Mechanismen beteiligt sein. Dies ist abhängig von der Art des Nährbodens sowie von seiner Fähigkeit zur Polykondensation von $^{31}Si(OH)_4$.

De Korosy und *Taboch* [41] untersuchten die Oberflächenwirkung der Orthosiliciumsäure und zeigten, daß sie den elektrischen Widerstand der Lipidmembran beeinflußt.

Potentiometrische Messungen lassen vermuten, daß das Orthosilicium wie ein oberflächenaktiver Stoff (Surfactant) wirkt.

Bei einer geringeren Konzentration der Orthosiliciumsäure im Blut als 10^{-7} Mol erfolgt keine Änderung der Membranpotentiale der Erythrozyten, wogegen bei einer höheren Konzentration des Zellmembranpotential absinkt.

Bei einer Dosis von 2×10^{-5} M/l erhöht sich der dielektrische Widerstand der Lipidmembran von 10^{-7} Ohm/cm bis auf 10^{-4} Ohm/cm. Infolge dieser großen Änderung steigt die Permeabilität für Wasser auf ca. 40%.

Orthosiliciumsäure, die in die Blutbahn eingebracht wird, ändert das Potential der Erythrozyten-Membran.

Janczarski et al. [42] zeigten, daß Orthosiliciumsäure in einer Konzentration von 10^{-7} M/l keinen Einfluß auf das Membranpotential hat, die Steigerung auf 10^{-4} M/l jedoch eine Senkung des Potentials in einer Größenordnung von 36 mV zur Folge hat. Eine weitere Steigerung der Dosis kann bis zur Hämolyse der Erythrozyten führen.

Wenn wir diese Beobachtung von *Janczarski* mit denen von *Johnson* und *Volcani* im Zusammenhang sehen, erscheint es mehr als wahrscheinlich, daß das Silicium im Basis-Bioregulationssystem (das sogenannte Grundsystem von *Pischinger*) [43] eine zentrale Rolle spielt.

Infolge seines Einflusses auf das Membranpotential und seiner hauptsächlichen Resorption in die Mitochondrien ist das Eingreifen von Silicium in den Mechanismus der Stabilisierung und der Ausschaltung des Störfeldes, entsprechend der Theorie von *Bottu* [44] und *Lamers* [45], höchstwahrscheinlich.

Durch den stabilisierenden Einfluß des Siliciums auf das Grundsystem und die Zellmembran sollen die ausgeschalteten Störfelder durch das Stichphänomen daran gerhindert werden, erneut eine Depolarisation auszulösen. Somit wird keine neue Störfeld-Wirkung erzeugt.

Schlußbetrachtung

Im Licht dieser Ergebnisse darf man das Orthosilicium als eine wichtige Substanz für lebendige Organismen betrachten.

Das Auftreten von vielfältigen Störungen infolge eines Mangels von Orthosiliciumsäure bei Versuchstieren und bei erschöpften oder sehr alten Menschen zeigen, daß die Rolle der Orthokieselsäure nicht auf vitale Prozese einer Zell- oder Gewebeart beschränkt ist, sondern mit allgemeinen physiologischen Abläufen verbunden ist.

Diese Aussage stimmt mit der Theorie von *Sedlak* überein, die besagt, daß Siliciumverbindungen eine maßgebliche Rolle bei der Vorbeugung von Alterungsprozessen spielen, und zwar sowohl in ontogenetischer, als auch in phylogenetischer Hinsicht.

Die Verabreichung von Siliciumpräparaten hat nicht nur eine große Bedeutung für die Behandlung von Magenerkrankungen, sondern sie eröffnet gleichzeitig ungeahnte Perspektiven, sowohl in der Therapie von rheumatischen Gefäßerkrankungen als auch bei der Behandlung von Degenerationskrankheiten.

Nach den Untersuchungen von *Piekos* ist es erforderlich, auch die Einsatzmöglichkeiten von Orthosiliciumsäure als Adjuvans in der Krebstherapie zu überprüfen.

Daneben spielt es wahrscheinlich eine wichtige Rolle in der Stabilisierung des Basis-Bioregulationssystems.

Literatur

[1] *Sedlak, W.:* Kierunek-proczatek zycia (Narodziny palebiochemii krzemu). Redakcja Wydawnictw Kotolickiego Universytetu Lubelskiego. Lublin 1985.
[2] *Woronkow, M. G., Zielczan, G. I., Luckiewicz, E. J.:* Kremnij i zizn. Ryga 1978.
[3] *Fregert, S.:* Studies on silicon in tissues with special reference to skin. Acta Dermatovenerologica, t. 39 Suppl. 42, 55–89. Lund 1959.
[4] *Garson, L. R., Kirchner, L. K.:* Organosilicon Entities as prophylactic and therapeutic Agents. J. Pharm. Sci. 60, 8 (1971) 1113–1127.
[5] *Thayer, J. S.:* Organometallic compounds as living organisms. J. Organomet. Chem. 76 (1974) 272–275.
[6] *Kellner, G.:* Der Herd in experimentell-histologischer Sicht. Oester. Ärzte Ztg. 34 (1979) 15–16.
[7] *Melzack, R.:* The puzzle of Pain. Penguin books Ltd. Harmondsworth 1973.
[8] *Singer, S. J, Nicholson, G. L.:* The fluid mosaic model of the structure of cell membranes. Ann. N.Y. Ac. Sciences. 175 (1972) 720–731.
[9] *De Loof, A.:* The cell as a miniature electrophoresis chamber, Zool. Inst. of the University Louvain (pers. Mitteilung).
[10] *Kroeger, H.:* Chemical nature of the system controlling gene activities in insect cells. Nature London 200 (1963) 1234–1235.
[11] *Lezzi, M.:* Differential gene activation in isolated chromosomes. Int. Rev. Cytol. 29 (1970) 127–168.
[12] *Lezzi, M., Gilbert, L. I.:* Differential effects of K^+ and Na^+ on specific bands of isolated polytene chromosomes of Chironymus tetans. J. Cell. Sci. 6 (1970) 615–628.
[13] *Lamers, H.:* Die Heilwirkung des Lokalanästheticum Procain in der Neuraltherapie nach Huneke liegt in der Repolarisierung und Stabilisierung der Cytochromoxydase. VESTA-Forschung. Haan 1986 (Sonderdruck).
[14] *Bast-Belpomme, M., Roppe, M.:* Catalase is induced by ecdysterone and ethanol in Drosophila cells. Eur. J. Bioch. 121 (1982) 349–355.
[15] Siehe [2].
[16] *Siever, R.:* Geochemistry of silicon. In: Handbook of geochemistry (*K. H. Wedepohl* ed.), Vol. II – 1 Sec. 14: Silicon. Springer. New-York-Berlin-Heidelberg 1972.
[17] *Jones, L. H. P., Handreck, K. A.:* Silicea in soils, plants and animals. Adv. Agrom., 19 (1967) 107–149.
[18] *Schwarz, K., Ricci, B. A., Punser, S., Karvonen, M. J.:* Inverse relation of silicon in drinking water on atherosclerosis in Finland. The Lancet. 5, (1977) 538.
[19] *Hurd, C. B., Paton, H. W.:* Effect of a change of pH on the time of set of some acid gels. J. Phys. Chem. 44 (1940) 47–62.
[20] *Greenberg, S. A., Sinclair, D. J.:* The polymerization of silicic acid. J. Phys. Chem. 59 (1955) 435–440.
[21] *Johnson, R. N., Volcani, B. E.:* The uptake of silicic acid by rat liver mitochondria. Biochem. J. 172 (1978) 557–568.
[22] *Carlisle, E. M.:* Silicon als een essential element. Federation Proc. 33 (1974) 1758–66.
[23] *Carlisle, E. M.:* In vivo requirements for silicon in articular cartilage connectissue formation in the chick. J. Nutr. 106 (1976) 478–484.
[24] *Schwarz, K., Milner, D. B.:* Growth-promoting effects of silicon in rats. Nature 239 (1972) 333–334.
[25] Zitiert nach: *Passwater, R. A., Cranton, E. M.:* Trace Elements, Hair Analysis and Nutrition. Keats Publishing. New Canaan CT 1983, 215–221.

[26] Zitiert nach: *Pfeiffer, C. C., Gonthier, P.:* Equilibre Psycho-biologique & Oligo-Elements. Debard. Paris 1983, p. 327–330.
[27] *Piekos, R., Sujecki, R., Sankowski, M.:* Pseudosilitrane. Z. anorg. allgem. Chem. 454, 7 (1979) 187.
[28] *Janczarski, I., Mazur, A., Janczarski, M., Rosciewski, P.:* Biological and pharmacological properties of orthosilicic acid and its derivates and their action on living organisms. Polimery w Medycynie 13 (1983) 173–181.
[29] Siehe [2].
[30] *Lipniewicz, I., Lukasiak, J., Samet, A.:* Wstepne badania nad dzialaniem przeciwbakteryjnym 1-aryloksysilatranow. V Ogolnopolskie Sympozjum Krzemoorganiczne. Gdansk 1980. Streszczenia Komunikatow s. 58.
[31] Siehe [27].
[32] *Mazur, A., Janczarski, I., Lubaszka, E., Rosciszewski, P.:* Preparation of water soluble orthosilicic acid esters and some of their biological properties. The Fourth International Symposium on Organosilicon Chemistry, Moscow, Vol. I, Part 2, p. 8, Comm. No. 131.
[33] Siehe [28].
[34] *Laszewska, K.:* Experimental studies on inhibition of gastric ulcer formation in rats using a new silicone. Polimery w Medycynie, 3 (1973) 139–151.
[35] *Charnot, Y., Peres, G.:* Influences de la thyroidectomie sur l'absorption intestinale du silicium et le taux silicique de certains tissues chez le rat. Annales d'Endocrinologie 32 (1971) 397–402.
[36] *Sulivan, C. W., Volcani, B. E.:* Role of silicon in diatom metabolism. II. Endogenous nucleoside triphosphate pools during silicic acid starvation of synchronized Cylindrotheca fusiformis. Biochem. Biophys. Acta 308 (1973) 205–211.
[37] *Darley, W. M., Volcani, B. E.:* Role of silicon in diatom metabolism. Exptl. Cell. Res., 58 (1969) 334–342.
[38] *Sulivan, C. W.:* Diatom mineralization of silicic acid. II. Regulation of Si(OH) transport rates during the cell cycle of Navicula pelliculosa. J. Phycol 13 (1977) 86–91.
[39] Siehe [36].
[40] *Johnson, R. N., Volcani, B. E.:* The uptake of silicic acid by rat liver mitochondria. Biochem. J., 172 (1978) 557–568.
[41] *De Korosy, F., Taboch, M. F.:* Effect on colloidal silicic acid on lecithin bilayers. Biochem. Biophys. Acta 291 (1973) 608–661.
[42] *Janczarski, I., Witkowski, Janczarski, D.:* Effect of silicic acid on surface potential of erythrocytes. Acta Physiol. Pol. 29, 4 (1978) 343–348.
[43] *Pischinger, A.:* Das System der Grundregulation. Grundlagen für eine ganzheitsbiologische Theorie der Medizin. 8., erw. Auflage. Karl F. Haug. Heidelberg 1990.
[44] *Bottu, M.:* Stoorveld als Neuro-humoraal gebeuren. Belgisch Nederlandse Vereniging foor Neuraaltherapie-Regulatietherapie Vijfde Opendeurdagen der Neuraaltherapie, 1985, 43–57.
[45] Siehe [13].